walk&talk

Michael Jauch
Christian Meyer

# Frankreich

## Sprachführer Französisch
## Reiseknigge
## Praxistips

**walk&talk** Frankreich **Band 11**

**ISBN 3-927895-14-8**

**Thomas Schreiber Verlag**
**Holzwiesenstr. 25**
**81737 München**



**Umschlaggestaltung:**
Iris Steiner, München
**Satz:** Benno Kieselstein, Hamburg
**Belichtung:**
Studio Baller, München
**Mitarbeit:** Renate Dienersberger

Printed in Singapore

Kritik, Anregungen oder sonstige Mitteilungen sind jederzeit willkommen.
Alle Übersetzungen, Fachausdrücke, Fakten sind sorgfältig recherchiert. Für die Richtigkeit kann jedoch keine Gewähr übernommen werden.


| | | | | | |
|---|---|---|---|---|---|
| Auflage | 5. | 4. | 3. | 2. | 1. |
| Jahr dieses Druckes | 1999 | 98 | 97 | 96 | 95 |

Die letzte Zahl ist jeweils maßgeblich

Die Deutsche Bibliothek - CIP-Einheitsaufnahme

**Jauch, Michael:**
Frankreich : Sprachführer Französisch, Reiseknigge, Praxistips / Michael Jauch ; Christian Meyer. - 1. Aufl. - München : Schreiber, 1995
(Walk & talk ; Bd. 11)
ISBN 3-927895-14-8
NE: Meyer, Christian:; GT


ZURECHTKOMMEN VON ANFANG AN

# Einleitung



Es gibt viele Gründe, nach Frankreich zu reisen. Das beweisen 13 Millionen deutsche Besucher Jahr für Jahr. Die Landschaft, Sonne und Meer, das Essen und der Wein - allein die Vorstellung, dort zu leben wie der berühmte Gott in Frankreich, ist verführerisch. Neben Strand und Sonne sind es offenbar vor allem einige in Deutschland beliebte Klischees, die das Land so verlockend erscheinen lassen: Das savoir-vivre, der Franzose als Lebenskünstler, die leidenschaftliche Französin, das Land der Liebe - man könnte etliche weitere aufzählen.

Ist man dann dort, so lernt man ein ganz anderes Frankreich kennen. Ein Frankreich, in dem nicht etwa jeder Franzose baskenmützenbewehrt sein Baguette spazierenträgt, in dem vielmehr so manche Wunschvorstellung sich in Luft auflöst, Träume wie Seifenblasen zerplatzen und ziemlich widersprüchliche Gefühle zwischen Enttäuschung und Anziehung aufkommen können. Vielleicht sagen unsere Klischees auch mehr über ihre Urheber aus als über den eigentlichen Gegenstand. Doch bleibt es uns überlassen, sie zumindest teilweise aufrecht zu erhalten, einem ausgiebigen Essen zu frönen, uns die Sonne aufs Haupt brennen zu lassen und, ein ganz eigenes Lebensgefühl entfachend, am Mythos Frankreich teilzuhaben. Schließlich ist in Frankreich die Idee von der eigenen Nation das einigende Moment, ein allen gemeinsamer Traum, der entsprechend kultiviert wird. Das ist etwas, das viele auch hierzulande fasziniert. Trotzdem, vielleicht aber gerade deshalb ist uns der nahe Nachbar doch noch reichlich unbekannt und fremd geblieben.

**Über dieses Buch**

Dieser Sprachführer soll den Reisenden in die Lage versetzen, sich bei seiner Reise schnell zu orientieren und sämtliche Alltagssituationen in der Landessprache zu meistern. Die Redewendungen sind bewußt einfach gehalten und lehnen sich an die französische Umgangssprache an. Daneben sorgt unser ‚Reiseknigge' dafür, Sprache und Verhalten auch richtig zu interpretieren. Sachlich und praxisbezogen informiert dieses Buch über landestypische Konventionen, Vorlieben und Abneigungen und hilft so, die berühmten ‚Fettnäpfchen' zu vermeiden. Ein Minimum an grauer Theorie soll zu einem Maximum an Verständigung führen. Nur Mut, ist der Anfang erst gemacht, sind Sie im Nu in ein Gespräch verwickelt.

**Zum Aufbau des Buches**

Im Kapitel **Das Wichtigste** wird das Allernötigste zur ersten Verständigung erklärt. Für das Lebensnotwendigste auf Französisch ist man damit schon gewappnet. In der **Kurzgrammatik** am Ende des Buches wird eine kleine Einführung in die Grammatik der französischen Sprache gegeben. Schaut man sich diese beiden Kapitel schon vor der Reise in aller Ruhe an, so erleichtert dies das Lernen der Sprache vor Ort erheblich. Ansonsten gibt es zu allen Alltagsthemen Kapitel mit Texten, Redewendungen und Vokaballisten, an denen man sich orientieren kann. Die Texte sind dabei mehr als Tips und Hinweise: Viele Verhaltenstips - der „Reiseknigge" - sollen zu einem an Mißverständnissen möglichst armen, angenehmen Aufenthalt verhelfen.

Mit ■ sind aktive Redewendungen markiert, mit ◆ mögliche Antworten, die natürlich gerne auch vom Leser verwendet werden können. Im Text sind französische Ausdrücke **fett** gedruckt. Die Aussprache ist *kursiv* gedruckt. Die Wort-zu-Wort-Übersetzung ist dann angegeben, wenn der Satzbau wesentlich vom deutschen abweicht. Das erleichtert die Identifizierung der einzelnen Worte und ermöglicht es, die Redewendung leicht an unterschiedliche Situationen anzupassen. Vokabeln, die als Platzhalter fungieren, sind ebenfalls *kursiv* gedruckt.

**Verwendete Abkürzungen**

| | |
|---|---|
| m | männlich |
| f | weiblich |
| Ez bzw. sg. | Einzahl |
| Mz bzw. pl. | Mehrzahl |
| qn | quelqu'un (jemand) |
| qc | quelque chose (etwas) |
| svp | s'il vous plaît (bitte) |

**Die Lautschrift**

Zur Lautschrift vorab ein Hinweis: Bei umgangssprachlichen Ausdrücken steht der Satz in Lautschrift manchmal in umgangssprachlicher Kurzform, während die französische Schreibweise zum besseren Verständnis voll ausgeschrieben ist.
Für die französische Sprache gilt generell: Es ist sehr wichtig, die Wörter und Sätze sehr exakt auszusprechen, da sonst Mißverständnisse entstehen können.

| | |
|---|---|
| *ä* | dt. ä wie in Räte oder rette |
| *ã* | nasaliertes a wie in Chance, Orange (kein ng sprechen!) |
| *e* | kurzes e wie in bitte, fast wie ein kurzes ö |
| *eh* | langes e wie in Beet, das h nicht sprechen! |
| *ä̃* | nasaliertes ä wie in Bulletin, Cousin (kein ng sprechen!) |
| *ɔ* | dt. offenes o wie in offen |
| *õ* | nasaliertes o wie in Beton, Annonce (kein ng sprechen!) |
| *ö* | dt. geschlossenes ö wie in böse, Ödem |
| *ɔ̈* | dt. offenes ö wie in öffnen |
| *oa* | das o wird kurz, wie ein englisches wh (where) gespr. |
| *r* | dt. Kehl-r, wird fast wie ch in Dach gespr. |
| *~~sch~~* | stimmhaftes sch wie in Genie, Journal |
| *ɔ̈̃* | nasaliertes offenes ö wie in Parfum (nicht Parfüm), ähnelt dem *ä̃* (kein ng sprechen!) |

**Betonung**

Das Betonungszeichen ' steht immer vor der zu betonenden Silbe. In der Regel wird die letzte Silbe betont.

**Allgemeine Ausspracheregeln**

- **e** und **s** am Wortende werden nicht gesprochen.
- Vokale werden kurz gesprochen, am Wortende und vor **s** werden sie gedehnt.
- Vokale mit darauffolgendem **n** oder **m** werden in der Regel nasaliert.
- Die Endung **ion** wird *jõ*, **ent** wird *ã*, **ien** wird *jä̃* gesprochen.
- **é** ist das lange *e* von Beet
- **è** ist ein *ä*
- **ê** ist ein *ä*
- **u** und **û** sind ein *ü*
- **ô** ist ein *o* bzw. *ɔ̈̃*
- **â** und **à** sind *a*
- **au** wird *o* ausgesprochen
- **il** und **ille** am Ende eines längeren Wortes werden meist *ij* ausgesprochen
- **ou** wird *u* ausgesprochen
- **gn** wird *nj* ausgesprochen
- **c** wird vor **o, a, u** wie *k*, vor **e** und **i** wie *ß* gespr.
- **ç** ist ein *ß*
- **g** wird vor **a, o, u** wie *g*, vor **e, i** wie *~~sch~~* gespr.

# Allgemeine Tips

**Familie/Freunde/Intimsphäre**

*Siehe auch ‚Zwischenmenschliches'.*

Wenn man zu jemandem nach Hause eingeladen wird, ist das als Freundschaftsbeweis zu werten, ja man wird fast schon zum Familienmitglied. Die Diskretion, das den täglichen Umgang bestimmende formelle Verhalten fällt nun unter jenen Tisch, an dem man diniert, und erstaunlich schnell wird das ‚du' angeboten. Die Warmherzigkeit, die einem zuteil wird, ermöglicht ein wirkliches Kennenlernen und stellt dauernde Bindungen her. Es ist wichtig zu wissen, daß zwischen Innen und Außen, zwischen Freunschafts- bzw. Familienbeziehungen und dem Auftreten in der Öffentlichkeit erhebliche Unterschiede bestehen.

**Richtig angezogen**

*Siehe auch im Kapitel ‚Einkaufen' den Abschnitt ‚Kleidung'.*

Aufs äußere Erscheinungsbild wird bei den meisten Franzosen viel Wert gelegt. Kein Herr ohne Kravatte und perfekt sitzenden Anzug in der Geschäftswelt, keine Frau, die nicht topgestylt das Haus verläßt. Auch für die Schule oder Uni macht man sich hübsch. Vor allem die Frauen scheuen weder Geld noch Mühe, ihre Schönheit zur Geltung zu bringen - der hohe Umsatz an Kosmetik- und Modeartikeln zeugt davon. Gutes Aussehen wird mit Komplimenten kommentiert. Auch Behördengänge unternimmt man besser als gepflegte Erscheinung.

**Gesten/Umgangsformen**

*Siehe auch ‚Das Wichtigste' und ‚Zwischenmenschliches'.*

Unterschiedliche Gesten und Mimik, verschieden Begrüßungsformen und Gesprächshaltungen führen bei Nicht-Kenntnis zu Mißverständnissen, wie sie auch bei der gesprochenen Sprache auftreten, wenn man als Fremder nur die Hälfte versteht. Einige wichtige Dinge seien hier genannt:

- In der Privatsphäre ist der Handschlag zur Begrüßung nur unter Männern üblich, sonst gibt es **bises** (Küßchen auf die Wange). Kennt man sich nicht, so gibt man sich einfach die Hand.
- Bei der Anrede und auch während des Gesprächs sollte immer wieder ein **monsieur** oder **madame** eingeflochten werden. Auf Höflichkeit im Umgang miteinander wird großen Wert gelegt.
- Bei Gesprächen und Diskussionen sollte man nicht darauf warten, angesprochen zu werden - es könnte ein langes Warten werden. Also: den Faden aufnehmen, unterbrechen und einwenden ...

- Körperhaltung: Es fällt auf, daß Franzosen nicht einfach herumschlendern; man bewegt sich unter Anspannung aller Muskeln, möglichst viel Ausdruck wird durch die Bewegung der Schultern bewirkt. Auch ein relaxtes Sich-im-Stuhl-Hängenlassen ist selten zu beobachten.

**Gesten**

Ein wenig Zeichensprache: Der Ausruf Ohlala! gepaart mit einem heftigen Schütteln der Hand bedeutet soviel wie ‚Aufgepaßt!' oder ‚Oje', der Daumen am Kinn signalisiert dem Gegenüber eine kleine Gemeinheit (ätsch!), zeigt der Daumen nach oben, ist etwas ‚okay', zusammen mit dem Zeigefinger zu einem O geformt bedeutet er **c'est super** (spitze!). Zieht der Zeigefinger ein unteres Augenlied nach unten, gibt das zu verstehen: **mon œil**- „ich blicke durch ... verarsch mich nicht". Ein kurzes Streicheln über die eigene Wange zollt dem Gegenüber Anerkennung. Besonders beliebt beim Autofahren: Der nach oben angewinkelte Arm aus dem Fenster und ein lautes **chauffard!** (Sonntagsfahrer).

**Zeit**

Wer in Gaststätten oder auf öffentlichen Plätzen in gewohnter Manier den Blick nach der großen Uhr nach oben erhebt, wird immer wieder feststellen, daß da nichts (oder nur äußerst selten etwas) zu finden ist. Ungern werden die Franzosen an das tikkende Etwas erinnert, und so trotzt man, wenn möglich, Eile und Hektik. Es herrscht eine andere, flexiblere Auffassung von Zeit als bei uns.

**Behinderte**

Wie auch bei uns ist es in Frankreich für behinderte Menschen, die auf den Rollstuhl angewiesen sind, meist unmöglich, die Öffentlichen Verkehrsmittel zu benutzen. Auch in öffentlichen Einrichtungen vermißt man geeignete Vorrichtungen. Allerdings gibt es inzwischen fast überall Toiletten für Rollstuhlfahrer und, in neuen Gebäuden, geräumige Aufzüge.

**Rauchen**

Rauchen ist seit geraumer Zeit in der Öffentlichkeit verboten. Kneipen, Restaurants usw. müssen abgetrennte Raucherbereiche (**zones de non-fumeurs**) vorweisen. Nicht immer hält man sich an dieses Rauchverbot. Darf die Bistrotbesitzerin keinen Aschenbecher auf die Terassentische stellen, so fallen die Zigaretten eben diskret auf den Boden. Zigarettenwerbung - etwa im Kino - gibt es allerdings nicht, und auch die Zigarettenautomaten sucht der frustierte Raucher vergeblich: Tabakwaren gibt es nur im Tabakladen (**bureau de tabac**).

**Öffentliche Toiletten**

Um die öffentlichen Toiletten zu benutzen, benötigt man 2 FF, die in den Geldschlitz gesteckt werden. Schon öffnet sich die Schiebetür des exotisch anmutenden Wunderhäuschens, und es bleibt eine Viertelstunde Zeit, sein Geschäft zu erledigen - keine Sekunde mehr, denn dann öffnet sich die Tür wieder von selbst! Natürlich darf man auch früher raus ... In Gaststätten kann man die Toilette (**W.C.** *weh'ßeh*) auch dann benutzen, wenn nichts konsumiert wird. Auf Bahnhöfen und anderen öffentlichen Toilettenanlagen wirft man 1-2 Francs in das Körbchen des Putzdienstes.

**Strom und Wasser**

In manchen Gegenden und Städten ist das Trinkwasser aus dem Wasserhahn kaum genießbar, da stark gechlort. Wer darauf verzichten möchte, kauft die Trinkwasservorräte im Supermarkt. Für die französischen Steckdosen wird ein Adapter benötigt, alle elektrischen Geräte funktionieren damit einwandfrei.

**Trinkgeld**

In Restaurants Cafés und Bars wird üblicherweise ein Trinkgeld (**pourboire**) gegeben, auch wenn die Bedienung im Preis inbegriffen ist. Dieses läßt man nach dem Restaurantbesuch diskret auf dem Tisch liegen (5-10 FF). Auch Taxifahrer rechnen mit einer Aufrundung des Fahrpreises - nach eigenem Ermessen und ohne betonende Gesten. Im Café genügen auch 50 Centimes.

**Vorsicht**

Wer einen unnötigen Aufenthalt bei französichen Behörden vermeiden möchte, stellt sein Auto am besten nicht vor einer Einfahrt ab und läßt keine Wertsachen liegen. Für Handtaschen und Geldbeutel gilt: Neuralgische Punkte sind Bahnhöfe, Touristenzentren und der Strand. Siehe hierzu: Kapitel ‚Im Falle eines Falles'.

Der Verkehr fließt nicht ganz so durchorganisiert wie bei uns, das heißt, auch eine rote Ampel wird mal übersehen. Als Fußgänger also lieber zweimal hinschauen, bevor man die Fahrbahn überquert! Etwas für Mutige sind Fußgängerüberwege: Autofahrer halten erst bei beherztem Betreten der Straße.

**Hexagon**

Ein im Alltag, in den Medien, der Literatur oft verwendeter Begriff für Frankreich ist das Hexagon, was auf die sechseckige Form des Landes verweist, an die man sogar durch den Aschenbecher auf dem Bistrotisch erinnert wird. Es gibt unzählige sprachliche und optische Spielereien mit dieser geometrischen Form.

# Der „Franzmann" und „le boche"

Vor ein paar Jahrzehnten noch wurde die „Erbfeindschaft" zwischen Franzosen und Deutschen beschworen, die in drei blutigen Kriegen ihren traurigen Ausdruck fand. Die Aggression kam von deutschem Boden - ein Makel, der von der älteren französischen Bevölkerung noch immer auch auf die Touristen bezogen wird. 1963 pamphletierten Charles de Gaulle und Konrad Adenauer die neu erwünschte Freundschaft in einem Vertrag, der bis heute Gültigkeit besitzt und sich in einer engen politischen Zusammenarbeit beider Staaten spiegelt. Gemeindeverschwisterungen (**les jumelages**), Schüleraustausch und Kulturprojekte wie der Fernsehsender ARTE sind ebenfalls Sinnbild dieser neuen Verständigung. Jedoch gehen die Sprachkenntnisse der jeweiligen Partnersprache sowohl in Frankreich als auch Deutschland zurück. Und die Ängste vor dem Gegenüber nehmen trotz aller Völkerverständigung kaum ab. Vor allem in Frankreich ist die Angst vor einem neuen deutschen Faschismus der obrigkeitstreuen Deutschen (abfällig: **les boches**), denen Kulturlosigkeit und Provinzialität nachgesagt wird, ungebrochen. Zum anderen ist Deutschland so etwas wie ein großer Bruder der Ökonomie, die eigene Produktion und Stabilität, das Wirtschaftswachstum werden am Nachbarn jenseits des Rheins (**le voisin d'outre-Rhin**) gemessen. Zurückhaltendes, höfliches und anständiges Auftreten vor allem im Umgang mit älteren Menschen ist aus all diesen Gründen wichtig!

**Literaturtips**

Pierre Bourdieu, „Die feinen Unterschiede"
H.W. Klein/Hartmut Kleineidam, „Grammatik des heutigen Französisch"
Kurt Tucholsky „Ein Pyrenäentagebuch"
Michel Vovelle, „Die Französische Revolution"
Ulrich Wickert, „Frankreich - eine wunderbare Illusion"

# Das Wichtigste

Dieses Kapitel ist dazu gedacht, die wichtigsten Ausdrücke und Wendungen zu erläutern, mit deren Hilfe sich in Frankreich das Lebensnotwendigste erklären läßt und bereits eine minimale Verständigung möglich ist.

| | | |
|---|---|---|
| Ja | *u'i* | **Oui** |
| Nein | *nõ* | **Non** |
| Doch | *ßi* | **Si** |

**Einleitung von Fragen**

**Est-ce que**-*äßke* (ist - es - daß) und **Qu'est-ce que**-*käßke* (was - ist - es - daß) können fast alle Fragen einleiten und zeigen lediglich an, daß eine Frage folgt. Es ist zwar auch möglich, die Fragen ohne diese Wendung zu stellen, macht das ganze aber schwieriger. Vor die Einleitung **est-ce que** kann man dann andere Fragewörter wie *wann, wo, warum, wie* etc. stellen, um die Frage genauer zu bestimmen (Seite 19).

■ Kommst du?
*'äßke tü w'jã*
**Est-ce que tu viens?**
[Frage] - du - kommst

■ Was ist das?
*'käßke 'ßä*
**Qu'est-ce que c'est?**
was [Frage] - es - ist

■ Wo kann man hier essen?
*'u äß'kõ pö mã'~~sch~~eh i'ßi*
**Où est-ce qu'on peut manger ici?**
wo - [Frage] - man - kann - essen - hier

**Gibt es ... ?**

**Il y a**-*il'ja* (gibt es) kann ebenfalls vielfältig verwendet werden, auch als Frage in Kombination mit **est-ce que, où est-ce que** etc.:

■ Es ist ein Unfall passiert!
*il'ja õ_akßi'dã*
**Il y a un accident!**
es - da - hat - einen - Unfall

■ Gibt es *Brot*?
*äßkil'ja dü 'pã*
**Est-ce qu'il y a *du pain*?**
[Frage] es - da - hat - von dem - Brot

■ Wo gibt es einen *Supermarkt*?
*'u äßkil'ja ɔ̃ süpärmar'scheh*
**Où est-ce qu'il y a un *supermarché*?**
wo - [Frage] - es - da - hat - einen - Supermarkt

■ Was ist (los)?
*käßkil'ja*
**Qu'est-ce qu'il y a?**
was [Frage] - es - da - hat

**Wo ist ...? und Ich möchte ...**

Des weiteren sind noch **où est**-*u 'ä* (wo ist) und **je voudrais**-*~~sch~~e wu'drä* (ich möchte) gut zu gebrauchen:

■ Wo ist *die St. Pierre-Kathedrale* ?
*u 'ä la kateh'dral ßã p'jär*
**Où est *la cathédrale St. Pierre*?**

■ Ich möchte *einen Milchkaffee*, bitte.
*~~sch~~e wu'drä ɔ̃ ka'feh 'kräm ßilwu'plä*
**Je voudrais *un café crème*, svp.**

**Svp - bitte**

**S'il vous plaît**- *ßilwu'plä* (bitte) hängt man an fast jede Frage, Bitte oder Aufforderung; es klingt niemals zu höflich. Offizielle Abkürzung ist **svp**, und so wird es auch in diesem Buch verwendet. **S'il te plaît**-*ßilte'plä* ist die Duzvariante.

**Merci - danke**

**Merci**-*mer'ßi* (danke) hört man in Frankreich sehr häufig. Es bedeutet auch gleichzeitig *nein danke*, wenn man ein Angebot ablehnt. Auf **merci** antwortetet der Frankophile **de rien**-*de ri'ã* (nichts zu danken) oder **je vous en pries**-*~~sch~~e 'wus_ã 'pri* (ich bitte Sie darum).

**Entschuldigung**

Will man sich entschuldigen, etwa im Gedränge oder wenn jemand Platz machen muß, so sagt man **pardon**-*par'dõ* (Verzeihung), woraufhin der Angesprochene sich ebenfalls entschuldigt - **pardon**! Bei einem schwerwiegenderen Vergehen ist der Übeltäter *bestürzt, erschüttert* - **je suis désolé**(**e**)-*~~sch~~e süi dehsɔ'leh* oder er *entschuldigt* sich ganz einfach - **excusez-moi**-*ekßkü'seh mo'a* bzw. beim Duzfreund **excuse-moi**-*ekß'küs mo'a.*

Um nicht mit der Tür in's Haus zu fallen, wenn er jemanden auf der Straße etwas fragen will, leitet der höfliche Urlauber sein Begehren ebenfalls mit **excusez-moi** oder **pardon** ein.

# Begrüßung

Das Wichtigste und Interessanteste an der Begrüßung (**salutation**) in Frankreich sind die Küßchen (**les bises**). Je nach Region gibt man sich deren zwei, drei oder gar vier auf die Wange, Jugendliche manchmal nur einen. Für Franzosen aus verschiedenen Gegenden, die sich gerade kennenlernen, ist die Frage nach der ortsüblichen Küßchenanzahl (**chez vous on en donne combien?**) ein beliebter Gesprächsanfang - wie etwa bei uns das Thema Wetter.

| | | |
|---|---|---|
| *von morgens bis etwa um sechs Uhr nachmittags:* | | |
| Guten Tag | *bõ'~~sch~~ur* | **Bonjour** |
| *nach 18 Uhr:* | | |
| Guten Abend | *bõßo'ar* | **Bonsoir** |
| *vor dem Zubettgehen:* | | |
| Gute Nacht | *bɔn nü'i* | **Bonne nuit** |
| *sonst:* | | |
| Hallo | *ßa'lü* | **Salut** |
| Auf Wiedersehen | *ɔrwo'ar* | **Au revoir** |
| Tschüß | *ßa'lü, tschau* | **Salut, Ciao** |

An **bonjour**, **bonsoir** und **au revoir** muß man immer **madame/mesdames**-*ma'dam/meh'dam* (meine Dame/n) bzw. **monsieur/messieurs**-*möß'jö/meß'jö* (mein/e Herr/en) oder **messieurdames**-*meßjö'dam* (meine Damen und Herren) hängen. **Madame, monsieur, messieurdames** ist auch häufig alleine als Begrüßung zu hören.

**Floskeln**

*Mehr dazu im Kapitel ‚Zwischenmenschliches'*

| | | |
|---|---|---|
| Meine Glückwünsche! | *fehlißitaß'jõ* | **Félicitations!** |
| Herzlichen Glückwunsch zum Geburtstag! | *~~sch~~oa'jö aniwär'ßär* | **Joyeux anniversaire!** |
| Prost Neujahr! | *bɔn a'neh* | **Bonne année!** |
| Zum Wohl! | *a la ßã'teh* | **A la santé!** |
| Viel Glück! | *bɔn 'schãß* | **Bonne chance!** |
| Viel Spaß! | *a'müs to'a/amü'seh 'wu b'jã* | **Amuse-toi!**(*sg.*)/ **Amusez-vous bien!**(*pl.*) |
| Viele Grüße an Isabelle! | *mehs_amit'jeh a isa'bäl* | **Mes amitiés à Isabelle!** |
| Das ist schade! | *ßä dɔ'ma~~sch~~* | **C'est dommage!** |
| Schönen Tag/Abend! | *bɔn ~~sch~~ur'neh/ßoa'reh* | **Bonne journée/ soirée!** |
| Gleichfalls! | *de 'mäm* | **De même!** |

# Anrede

**Du/Sie**

Beim Einkaufen und Erledigen von Bank- und Postgeschäften, Hotel- und Zugreservierungen etc. ist es immer angebracht, sein Gegenüber zu siezen (**vouvoyer**). Ältere Menschen siezt man, sogar junge Leute siezen sich anfangs. Hat man jedoch Gemeinsamkeiten, ist Student, arbeitet im gleichen Betrieb oder praktiziert dieselbe Sportart, so geht man schnell zum Du über (**tutoiement**). Der erste Kontakt, die Vorstellung erscheint immer etwas förmlich, eine Bekanntschaft kann sich aber schnell erwärmen und sehr herzlich werden.

Die französische *Du*-Form ist am **tu**-*tü* zu erkennen, in geschriebener Form auch am *s* am Ende des Verbs.

■ Triebst du Sport?
*tü fä dü 'ßpɔr*
**Tu fais du sport?**

Das **vous**-*wu* (Sie) ist im Französischen die zweite Person Plural, heißt also wörtlich *Ihr*. An den Verbstamm wird in der Regel ein langes -**ez**-*eh* gehängt.

■ Möchten Sie etwas Wein?
*wu pre'neh dü 'wã*
**Vous prenez du vin?**

**Anrede**

Wichtig bei den formellen Siez-Kontakten ist es auch, des öfteren ein **madame** oder **monsieur** einzuflechten sowie mit **s'il vous plaît**, **merci** und **pardon** nicht zu geizen. Das **salut** würde sich als Begrüßung oder Verabschiedung zu salopp anhören.

Hat der Ansprechpartner irgendeinen Titel und möchte man ihm gegenüber Respekt bezeugen, so kann man diesen Titel, zumindest beim **bonjour** und **au revoir**, an **madame/monsieur** anhängen.

■ Guten Abend, Frau Professorin.
*bõßo'ar ma'dam le prɔfe'ßɔ̈r*
**Bonsoir, madame le professeur.**

*Unter Duzfreunden:*

■ Gib mir bitte den Käse, Pierre.
*p'jär paß mo'a le frɔ'masch ßilte'plä*
**Pierre, passe-moi le fromage, s'il te plaît.**

# Verständigung

Bei Verständigungsschwierigkeiten können diese Ausdrücke weiterhelfen:

---

■ Ich spreche kein/kaum Französisch.
*~~sch~~e ne parl 'pa/'gär le frã'ßä*
**Je ne parle pas/guère le français.**

---

■ Ich habe nicht verstanden.
*~~sch~~e neh 'pa kõ'pri*
**Je n'ai pas compris.**

---

■ Bitte wiederholen Sie das langsam.
*ßilwu'plä rehpeh'teh le lãt'mã*
**Svp, répétez-le lentement.**

---

■ Schreiben Sie es bitte hier auf.
*ßilwu'plä ehkri'weh le i'ßi*
**Svp, écrivez-le ici.**

---

■ Was bedeutet ...?
*ke wö 'dir*
**Que veut dire ...?**
was - will - sagen

| | | |
|---|---|---|
| Stift | *ßti'lo* | **le stylo** |
| Zettel | *bu de pap'jeh* | **le bout de papier** |

**Mit Händen und Füßen**

| | | |
|---|---|---|
| dies | *ße'ßi* | **ceci** |
| hier | *i'ßi* | **ici** |
| eine Sache | *ün 'schos* | **une chose** |
| Wo? | *u* | **Où?** |
| Was kostet das? | *ßa kut kõb'jã* | **Ça coûte combien?** |
| Das ist zu teuer! | *ßä 'tro schär* | **C'est trop cher!** |
| Schau (hier)! | *re'gard (i'ßi)* | **Regarde (ici!)** |
| Schauen Sie (hier)! | *regar'deh (i'ßi)* | **Regardez (ici!)** |

# Wo und wohin

In diesem Abschnitt sollen einige Redewendungen vorgestellt werden, die auf der Suche nach dem rechten Weg helfen können.

---

■ Wie komme ich bitte zum *Eiffelturm*?
*pur a'leh a la tur ä'fäl*
**Pour aller à *la Tour Eiffel*?**
für - gehen - zu - dem - Eiffelturm

---

■ Ist das der Weg zur *Place de la Comédie*?
*ßä b'jã le sch'mã de la plaß de la kɔmeh'di*
**C'est bien le chemin de la *place de la Comédie*?**
es ist - gut - der - Weg - für - den - ...

---

■ Führt diese Straße zum *Amphitheater*?
*ßät rü 'män a lãfiteh'atre*
**Cette rue mène à l'*amphithéâtre*?**
diese - Straße - führt - zu - dem Amphitheater

---

■ Gibt es ein *Postamt* hier in der Nähe?
*äßkil'ja ɔ̃ bü'ro de pɔßt prä di'ßi*
**Est-ce qu'il y a un *bureau de poste* près d'ici?**
[Frage] es - da - hat - ein - Büro - von - Post - nahe - von hier

---

**Wie weit ...?**

■ Ist es noch weit bis *Tours*?
*ßät_ã'kɔr lo'ã pur ari'weh a 'tur*
**C'est encore loin pour arriver à *Tours*?**
es ist - noch - weit - für - ankommen - zu - Tours

---

■ Wie weit ist es bis zum *musée Cantini*?
*ßä a kõb'jã de 'mätre o mü'seh kãti'ni*
**C'est à combien de mètres au *musée Cantini*?**
es ist - zu - wieviel - von - Metern - zum - Museum - Cantini

---

■ Wie lange läuft man von hier *ins Zentrum*?
*kõb'jã de 'tã äß'kõ marsch di'ßi o 'ßãtre*
**Combien de temps est-ce qu'on marche d'ici *au centre*?**
wieviel - von - Zeit - ist es - daß man - läuft - von hier - zum - Zentrum

---

**Wo ist ...?**

■ Wissen Sie, wo *das Hotel de France* ist?
*wu ßa'weh u se 'truw lo'täl de 'frãß*
**Vous savez où se trouve *l'hɔtel de France*?**
Sie - wissen - wo - sich - findet - das Hotel de France

# Fragen

*Wer?/Wen?*
***Qui?***

■ Wer geht mit mir ins Kino?
*ki wa o ßi'neh a'wäk mo'a*
**Qui va au ciné avec moi?**
wer - geht - ins - Kino - mit - mir

■ Wen hast du für heute abend eingeladen?
*ki a'tü ãwi'teh pur ße ßo'ar*
**Qui as-tu invité pour ce soir?**
wen - hast du - eingeladen - für - diesen - Abend

*Wem?*
***A qui?***

■ Wem schenkst du den Rotwein?
*a'ki dɔne'ra 'tü le wã 'ru~~sch~~*
**A qui donneras-tu le vin rouge?**
an - wen - wirst geben du - den - Wein - rot

*Von wem?*
***De qui?***

■ Von wem stammt diese verrückte Idee?
*de ki 'wjã ßät i'deh 'dãg*
**De qui vient cette idée dingue?**
von - wem - kommt - diese - Idee - verrückt

*Welche/r/s?*
***Quel/le/s?***

■ Welchen Bus müssen wir nehmen?
*käl ä le 'büß kõ do'a 'prãdre*
**Quel est le bus qu'on doit prendre?**
welches - ist - der - Bus - den man - muß - nehmen

*Wie?*
***Comment?***

■ Wie heißt du?
*kɔ'mã tü ta'päl*
**Comment tu t'appelles?**
wie - du - dich nennst

*aber:*

■ Wie alt bist du?
*käl a~~sch~~ a 'tü*
**Quel âge as-tu?**
welches - Alter - hast du

■ Wie spät ist es?
*käl ɔ̈r ät_'il*
**Quelle heure est-il?**
welche - Stunde - ist es

*Was?*
***Que?***

■ Was willst du?
*ke vö 'tü*
**Que veux-tu?**

*Wo?/Wohin?*
***Où?***

■ Wo bist du?
*u ä 'tü*
**Où es-tu?**

■ Wohin gehst du?
*u wa 'tü*
**Où vas-tu?**

*Woher?*
***D'où?***

■ Woher kommst du?
*du 'wjã tü*
**D'où viens-tu?**

*Wann?*
***Quand?***

■ Wann war die französische Revolution?
*kãd_eh'tä la rehwɔlüß'jõ frã'ßäs*
**Quand était la révolution française?**
wann - war - die - Revolution - französische

*Aber:*

■ Wann fährt der Zug nach *Orléans* ab?
*a käl 'ör par le trã pur ɔrleh'ã*
**A quelle heure part le train pour *Orléans*?**
zu - welcher - Stunde - verläßt - der - Zug - nach - Orléans

*Wieviel?*
***Combien?***

■ Wieviel Geld hast du dabei?
*kõ'bjã dar'~~sch~~ã a'tü ßür to'a*
**Combien d'argent as-tu sur toi?**
wieviel - von Geld - hast du - auf - dir

*Warum?*
***Pourquoi?***

■ Warum ist die Banane krumm?
*purko'a la ba'nan ät_'äl kur'beh*
**Pourquoi, la banane, est-elle courbée?**
warum - die - Banane - ist sie - krumm

# Landkarte/Stadtplan

*Eigennamen sind im Kapitel ‚Reiseziele' aufgeführt.*

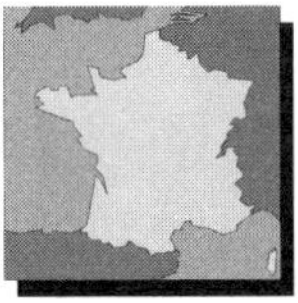

Wichtige Ausdrücke zum Verstehen von Stadtplänen (**plan de ville**) und Landkarten (**carte routière**):

| | | |
|---|---|---|
| **l'aéroport** *m* | *a'ehro'pɔr* | Flughafen |
| **l'autoroute** *f* | *oto'rut* | Autobahn |
| **le barrage** | *ba'ra~~sch~~* | Staudamm |
| **le boulevard** | *bul'war* | breite Straße |
| **le carrefour** | *kar'fur* | Kreuzung |
| **le centre-ville** | *'ßãtre 'wil* | Innenstadt |
| **la chaussée** | *schɔ'ßeh* | Fahrbahn |
| **le chemin** | *sch'mã* | Weg |
| **la cité** | *ßi'teh* | Altstadt |
| **le col** | *kɔl* | Gebirgspaß |
| **la déscente** | *deh'ßãt* | Gefälle |
| **l'église** *f* | *ehg'lis* | Kirche |
| **la fleuve** | *flöw* | Fluß |
| **la gare** | *gar* | Bahnhof |
| **la gare routière** | *gar rut'jär* | Busbahnhof |
| **l'itinéraire** *m* | *litineh'rär* | Straße/Route |
| **le lac artificiel** | *lak artifiß'jäl* | Stausee |
| **le marché** | *mar'scheh* | Markt |
| **le métro** | *meht'ro* | U-Bahn |
| **le mont** | *mõ* | Berg |
| **la montée** | *mõ'teh* | Steigung |
| **la montagne** | *mõ'tanje* | Gebirge |
| **le parcours pittoresque** | *par'kur pito'räßk* | landschaftlich schöne Strecke |
| **le parking** | *par'king* | Parkplatz |
| **le péage** | *peh'a~~sch~~* | Mautstelle |
| **la périphérique** | *pehrifeh'rik* | Umgehungsstraße |
| **la plage** | *pla~~sch~~* | Strand |
| **la police** | *po'liß* | Polizei |
| **le pont** | *põ* | Brücke |
| **le port** | *pɔr* | Hafen |
| **la promenade** | *prɔm'nad* | Flanierstraße |
| **P.T.T.** | *pehteh'teh* | Post |
| **le quartier** | *kart'jeh* | Stadtviertel |
| **la rue** | *rü* | Straße (in der Stadt) |
| **le sens unique** | *ßãß_ü'nik* | Einbahnstraße |
| **S.N.C.F.** | *äßänßeh'äf* | Bahnbüro/-hof |
| **la sortie** | *ßɔr'ti* | Ausfahrt |
| **la station-service** | *ßtaß'jõ ßär'wiß* | Tankstelle |
| **le syndicat d'initiative** | *ßãdi'ka dinißja'tiw* | Touristenbüro |
| **le village** | *wi'la~~sch~~* | Dorf |
| **la ville** | *wil* | Stadt |
| **le virage** | *wi'ra~~sch~~* | Kurve |
| **la voie** | *wo'a* | Weg |

# Richtungsangaben

rechts
*a 'dro'at*
**à droite**

links
*a 'gosch*
**à gauche**

geradeaus
*tu dro'a*
**tout droit**

dort
*la'ba*
**là-bas**

hier
*i'ßi*
**ici**

vor
*de'wã*
**devant**

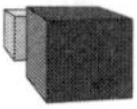

hinter
*däri'jär*
**derrière**

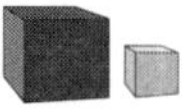

neben
*a kɔ'teh*
**à côté**

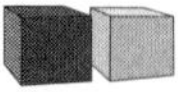

gegenüber
*ã 'faß*
**en face**

am Anfang
*o deh'bü*
**au début**

am Ende
*a la 'fã*
**à la fin**

oben
*ã 'o*
**en haut**

unten
*ã 'ba*
**en bas**

rückwärts
*ãn_ari'jär*
**en arrière**

da
*la*
**là**

da hinten
*la däri'jär*
**là derrière**

über
*ßür*
**sur**

unter
*ßu*
**sous**

auf
*ßür*
**sur**

an der Kreuzung
*o kar'fu*
**au carrefour**

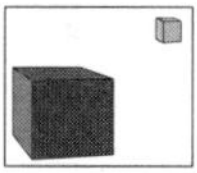

weit (von)
*lo'ã (de)*
**loin (de)**

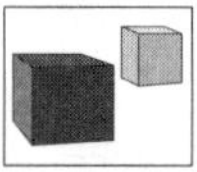

nahe/nahe bei
*prɔsch/prä de*
**proche/près de**

an der Ecke
*o ko'ã*
**au coin**

*Ziehen*

*Drücken*

*Geschlossen*

*Geöffnet*

# Zahlen

Große Zahlen bereiten beim Lernen einer Sprache am Anfang auch große Schwierigkeiten. Aber auf solche stößt man im Französischen nur bei den Jahreszahlen. Zur Sicherheit:

■ Können Sie mir die Zahl bitte aufschreiben?
*puri'jeh 'wu meh'krir le 'schiffre ßilwu'plä*
**Pourriez-vous m'écrire le chiffre, svp?**
könnten Sie - mir aufschreiben - die - Zahl - bitte

## Ordnungszahlen

*Die **Grundzahlen** siehe auf der hinteren Umschlagseite.*

| | | |
|---|---|---|
| 1. | *prem'jeh/prem'jär* | **premier,** ***1er m/*** **première,** ***1ère f*** |
| 2. | *'dösjäm* | **deuxième,** ***2e*** |
| 3. | *tro'asjäm* | **troisième,** ***3e*** |
| 4. | *'katrjäm* | **quatrième,** ***4e*** |
| 5. | *'ßãkjäm* | **cinquième,** ***5e*** |
| 6. | *'ßisjäm* | **sixième,** ***6e*** |
| 7. | *'ßätjäm* | **septième,** ***7e*** |
| 8. | *ü'itjäm* | **huitième,** ***8e*** |
| 9. | *'nöwjäm* | **neuvième,** ***9e*** |
| 10. | *'disjäm* | **dixième,** ***10e*** |
| 15. | *'kãsjäm* | **quinzième,** ***15e*** |
| 23. | *wãtro'asjäm* | **vingt-troisième,** ***23e*** |

## Brüche

| | | |
|---|---|---|
| 1/2 | *ɔ̃/ün de'mi* | **un** ***m*****/une** ***f*** **demi** |
| 1/3 | *ɔ̃ t'jär* | **un tiers** |
| 1/4 | *ɔ̃ 'kar* | **un quart** |
| 1/8 | *ɔ̃ ü'itjäm* | **un huitième** |
| 2,5 | *dö wir'gül 'ßãk* | **deux virgul cinq** |
| etwa zehn | *ün di'sän* | **une dixaine** |
| ein Dutzend | *ün du'sän* | **une douzaine** |
| etwa zwanzig | *ün wã'tän* | **une vingtaine** |
| etwa einhundert | *ün ßã'tän* | **une centaine** |

# Zeitangaben

| | | |
|---|---|---|
| abends | *le ßo'ar* | **le soir** |
| am Wochenende | *le wik'änd* | **le week-end** |
| diesen Montag | *lɔ̃'di* | **lundi** |
| diese Woche | *ßät ße'män* | **cette semaine** |
| donnerstags | *le ~~sch~~ö'di* | **le jeudi** |
| gegen Mittag | *wär mi'di* | **vers midi** |
| gestern | *jär* | **hier** |
| heute | *o~~sch~~urdü'i* | **aujourd'hui** |
| in diesem Jahr | *ßät a'neh* | **cette année** |
| in einem Jahr | *dãs_'ɔ̃n_ã* | **dans un an** |
| in einem Monat | *dãs_ɔ̃ mo'a* | **dans un mois** |
| in einer Stunde | *dãs_'ün ɔr* | **dans une heure** |
| in einer Woche | *dãs_ün se'män* | **dans une semaine** |
| jetzt | *mãt'nã* | **maintenant** |
| jährlich | *anü'äl* | **annuel** |
| letzten Sonntag | *di'mãsch därn'jeh* | **dimanche dernier** |
| manchmal | *kälkefo'a* | **quelquefois** |
| Mittwoch, der 5.10. | *märkre'di le ßãk ɔk'tɔbre* | **mercredi, le cinq octobre** |
| monatlich | *mãsü'äl* | **mensuel** |
| morgen | *de'mã* | **demain** |
| morgens | *le ma'tã* | **le matin** |
| nachmittags | *laprämi'di* | **l'après-midi** *m* |
| nächste Woche | *la se'män prɔ'schän* | **la semaine prochaine** |
| nachts | *la nü'i* | **la nuit** |
| nie | *~~sch~~a'mä* | **jamais** |
| oft | *ßu'wã* | **souvent** |
| seit drei Tagen | *depü'i tro'a ~~sch~~ur* | **depuis trois jours** |
| selten | *rar'mã* | **rarement** |
| täglich | *kɔtid'jã* | **quotidien** |
| tagsüber | *pã'dã la ~~sch~~ur'neh* | **pendant la journée** |
| übermorgen | *a'prä de'mã* | **après demain** |
| von Zeit zu Zeit | *detãs_ã'tã* | **de temps en temps** |
| vor drei Tagen | *il'ja tro'a ~~sch~~ur* | **il y a trois jours** |
| vorgestern | *a'wãt_jär* | **avant-hier** |
| vormittags | *le ma'tã* | **le matin** |
| wöchentlich | *ehbdoma'där* | **hébdomadaire** |

## Wochentage

| | | |
|---|---|---|
| Tag | *le ~~sch~~ur* | **le jour** |
| Montag | *'lɔ̃di* | **lundi** |
| Dienstag | *'mardi* | **mardi** |
| Mittwoch | *'märkre'di* | **mercredi** |
| Donnerstag | *'~~sch~~ödi* | **jeudi** |
| Freitag | *'wãdre'di* | **vendredi** |
| Samstag | *'samdi* | **samedi** |
| Sonntag | *'dimãsch* | **dimanche** |

## Monate

| | | |
|---|---|---|
| Monat | *mo'a* | **le mois** |
| Januar | *~~sch~~äw'jeh* | **janvier** |
| Februar | *fehwri'jeh* | **février** |
| März | *marß* | **mars** |
| April | *aw'ril* | **avril** |
| Mai | *mä* | **mai** |
| Juni | *~~sch~~u'ã* | **juin** |
| Juli | *~~sch~~üi'jä* | **juillet** |
| August | *ut* | **août** |
| September | *ßä'tãbre* | **septembre** |
| Oktober | *ɔk'tɔbre* | **octobre** |
| November | *no'wãbre* | **novembre** |
| Dezember | *deh'ßãbre* | **décembre** |

## Jahreszeiten

| | | |
|---|---|---|
| Jahreszeit | *ßä'sõ* | **la saison** |
| Frühling | *prã'tã* | **le printemps** |
| Sommer | *leh'teh* | **l'été** |
| Herbst | *lo'tɔn* | **l'automne** |
| Winter | *li'wär* | **l'hiver** |

## Französische Feiertage (les jours de fête)

*Dazu kommen regionale und lokale Feiertage.*

| | | |
|---|---|---|
| 1. Januar | *~~sch~~ur de 'lãn* | **Jour de l'an** |
| Ostern | *pak* | **Pâques** |
| 1. Mai | *fät dü tra'waj* | **Fête du travail** |
| 8. Mai | *fã de 'gär* | **Fin de guerre** |
| Christi Himmelfahrt | *aßãß'jõ* | **Ascension** |
| Pfingsten | *pãt'kot* | **Pentecôte** |
| 14. Juli | *aniwär'ßär de la rehwolüß'jõ frã'ßäse* | **Anniversaire de la révolution française** |
| 15. August (Mariä Himmelfahrt) | *aßõpß'jõ* | **Assomption** |
| 11. November | *armiß'tiß* | **Armistice** |
| 25. Dezember | *no'äl* | **Noël** |

*Beim Datum gibt es eine weitere Besonderheit: „Es ist der siebte August" heißt im Französischen „**On est le sept août**", wörtlich übersetzt also „<u>man ist</u> der sieben August".*

■ Welches Datum ist heute?
*õn_ä le kõb'jã o~~sch~~urdü'i*
**On est le combien aujourd'hui?**
man - ist - der - wieviel - heute

■ Heute ist der *27. März.*
*nu ßɔm le wã'ßät marß*
**Nous sommes le *vingt-sept mars.***
wir - sind - der - siebenundzwanzigste - März

■ Wann ist Dein Geburtsdatum?
*käl ä ta 'dat de nä'ßãß*
**Quelle est ta date de naissance?**

# Die Uhrzeit

■ Wieviel Uhr ist es?
*käl ɔ̈r ät_'il*
**Quelle heure est-il?**

■ Es ist ...
*il 'ä*
**Il est ...**

13 Uhr
*ün 'ɔ̈r*
**une heure**

14.05
*dös_ɔ̈r'ßãk*
**deux heures cinq**

15.15
*tro'as_ɔ̈r eh 'kar*
**trois heures et quart**

16.20
*'kat_ɔ̈r 'wã*
**quatre heures vingt**

17.30
*'ßãk ɔ̈r eh de'mi*
**cinq heures et demi**

18.40
*'ßät ɔ̈r mo'ã 'wã*
**sept heures moins vingt**

19.45
*ü'it ɔ̈r mo'ã le 'kar*
**huit heures moins le quart**

20.55
*'nöw_ɔ̈r mo'ã 'ßãk*
**neuf heures moins cinq**

8.00
*ü'it ɔ̈r dü ma'tã*
**huit heures du matin**

20.00
*ü'it ɔ̈r dü ßo'ar*
**huit heures du soir**

Mittag
*mi'di*
**midi**

Mitternacht
*minü'i*
**minuit**

# Ankunft

Viele Zollabfertigungsanlagen an der deutsch-französischen Grenze (**frontière franco-allemande**) scheinen wie verlassen. Kontrollen werden nur noch stichprobenweise durchgeführt, besonders an den Grenzübergängen der Autobahnen (**autoroutes**). Wer auf das Auto (**voiture**) verzichtet und im Zug (**train**) über die Grenze kommt, wird eventuell nach dem Ausweis oder nach mitgeführten Waren gefragt. Mit den neuen EU-Regelungen ist der Grenzverkehr jedenfalls unkompliziert geworden. Auch bei der Ankunft auf den großen Flughäfen (**aéroport**) wird man beim Vorzeigen des Ausweises meist ohne weitere Kontrollen durchgelassen.

## Fragen/Anweisungen an der Grenze

◆ Ihren Ausweis, bitte!
*wɔtre kart didãti'teh ßilwu'plä*
**Votre carte d'identité, svp!**

◆ Haben Sie etwas zu verzollen?
*wus_a'weh kälk'schos a dehkla'reh*
**Vous avez quelque chose à déclarer?**

■ Nein, ich habe gar nichts (zu verzollen).
*'nõ, ~~sche~~ neh ri'ã dü 'tu (a dehkla'reh)*
**Non, je n'ai rien du tout (à déclarer).**

■ Ich weiß nicht. Muß ich das hier verzollen?
*~~sche~~ne ßä 'pa il fo dehkla'reh ße'ßi*
**Je ne sais pas. Il faut déclarer ceci?**
ich - nicht - weiß - nicht - man - muß - verzollen - dieses

◆ Öffnen Sie bitte ihren Koffer!
*uw'reh wɔtre wa'lis, ßilwu'plä*
**Ouvrez votre valise, svp!**

## Paßkontrolle

| | | |
|---|---|---|
| Arbeitserlaubnis | *pär'mi de tra'waj* | **le permis de travail** |
| Aufenthaltsgenehmigung | *pär'mi de ßeh'~~sch~~ur* | **le permis de séjour** |
| Aufenthaltsdauer | *dü'reh de ßeh'~~sch~~ur* | **la durée de séjour** |
| Augenfarbe | *ku'lör dehs_'jö* | **la couleur des yeux** |
| Beruf | *profäß'jõ* | **la profession** |
| Einreise | *lã'treh* | **l'entrée *f*** |
| Familienstand | *eh'ta de fa'mij* | **l'état *m* de famille** |
| Geburtsort | *ljö de nä'ßãß* | **le lieu de naissance** |
| ledig | *ßehliba'tär* | **célibataire** |
| Vorname | *preh'nõ* | **le prénom** |
| Nachname | *nõ (de fa'mij)* | **le nom (de famille)** |
| Paßkontrolle | *kõ'trɔl deh paß'pɔr* | **le contrôle des passeports** |
| Personalausweis | *kart didãti'teh* | **la carte d'identité** |

| | | |
|---|---|---|
| Staatsangehörigkeit | *naßjɔnali'teh* | **la nationalité** |
| verheiratet | *mari'jeh* | **marié,e** |
| Visum | *wi'sa* | **le visa** |
| Waren | *marschã'dis* | **les marchandises *f*** |
| Wohnort | *domi'ßil* | **le domicile** |
| Zoll | *du'an* | **la douane** |
| Zollabfertigung | *pa'ßa~~sch~~ ã du'an* | **le passage en douane** |
| Zollbeamter | *la~~sch~~ã de du'an/ duan'jeh* | **l'agent *m* de douane/ le douanier** |
| zollpflichtig | *ßumi a la du'an* | **soumis à la douane** |
| zollfrei | *a äk'ßã de dro'a* | **à exempt de droits** |
| Zollkontrolle | *wi'sit de du'an* | **Visite de douane** |

## Gepäck

■ Mein Gepäck ist nicht angekommen.
*meh ba'ga~~sch~~ ne sõ pas_ari'weh*
**Mes bagages ne sont pas arrivés.**

■ Wann wird es eintreffen?
*kã wõt_ils_ari'weh*
**Quand vont-ils arriver?**

## Gibt es ...?

■ Gibt es ...?
*il'ja ...*
**Il y a ...?**

■ Wo kann ich ... finden?
*u pu'rä ~~sch~~e tru'weh*
**Où pourrais-je trouver ...?**

| | | |
|---|---|---|
| eine Bank | *bãk* | **une banque** |
| einen Bus in die Stadt | *loto'büs pur la 'wil* | **l'autobus *m* pour la ville** |
| ein Café | *ka'feh* | **un café** |
| einen Geldautomaten | *gi'schä otoma'tik* | **un guichet automatique** |
| die Gepäck-aufbewahrung | *kõ'ßinje* | **une consigne** |
| einen Kofferkuli | *schari'o a ba'ga~~sch~~* | **un chariot à bagages** |
| ein Schließfach | *kõ'ßinje otoma'tik* | **une consigne automatique** |
| ein Telefon | *tehleh'fɔn* | **un téléphone** |
| die Touristen-information | *o'fiß dü tu'risme* | **un office du tourisme** |

# Öffentliche Verkehrsmittel

## Busfahren

Busfahren ist in Frankreich einfach. Ein **billet**-*bi'jä* (Ticket) oder **carnet**-*kar'nä* (Ticketheft) ist beim Fahrer oder im **bureau de tabac** um die Ecke zu haben. Den Fahrschein stempelt man dann beim Losfahren im Bus ab und kann innerhalb einer gewissen Zeitspanne (die steht auf der Rückseite) damit in der Stadt mehrmals umsteigen, um zur Zielhaltestelle zu gelangen (in manchen Städten ist nur einmal Umsteigen erlaubt). Das städtische Busnetz (**réseau du transport urbain**) ist in Zonen eingeteilt, und entsprechend den zu durchquerenden Zonen ist ein Ticket zu lösen. Um Strecken und Fahrtzeiten zu kennen, holt man sich am besten einen Gesamtfahrplan (**plan du reseau de bus**) bei der städtischen Busgesellschaft (**societé des transport urbains**).

Fahrpläne sind zwar auch an den Haltestellen (**les arrêts**) angeschlagen, aber manchmal verwirrend, und die Anschlüsse (**les correspandances**) sind nicht aufgeführt.

*Siehe auch unter „Überlandbus" im Kapitel „Von Ort zu Ort".*

Kommt der Bus angebraust, muß man manchmal winken, damit er hält. Der Busfahrer macht meist eine fragende Geste, um sich zu vergewissern, ob jemand mitfahren möchte.

## Busfahren

| | | |
|---|---|---|
| Abfahrtszeit | *lör dü deh'par* | **l'heure *f* du départ** |
| anhalten | *arä'teh* | **arrêter** |
| aussteigen | *dehßã'dre* | **descendre** |
| Bus | *kar* | **le car** |
| einsteigen | *mõ'teh* | **monter** |
| Endhaltestelle | *a'rä fi'nal/tärmi'nüß* | **l'arrêt *m* final/le terminus** |
| Fahrkarte | *bi'jä* | **le billet** |
| Fahrkartenheftchen | *kar'nä* | **le carnet** |
| Fahrplan | *ãdika'tör* | **l'indicateur *m*** |
| Fahrpreis | *pri dü trãß'pɔr* | **le prix du transport** |
| Haltestelle | *la'rä* | **l'arrêt *m*** |
| Mehrfachkarte | *bi'jä de ... kurß* | **le billet de ... course** |
| Monatskarte | *kart mãßü'äl* | **la carte mensuelle** |
| Richtung | *diräkß'jõ* | **la direction** |
| Schalter | *gi'schä* | **le guichet** |
| Straßenbahn | *tram* | **le tram** |
| Tageskarte | *kart dü 'schur* | **la carte du jour** |
| U-Bahn | *ßutä'rã* | **le souterrain** |
| umsteigen | *schã'scheh de car* | **changer (de car)** |
| Wochenkarte | *kart ehbdoma'där* | **la carte hébdomadaire** |

■ Welcher Bus fährt ins Zentrum?
*käl ä le 'kar pur le ßãtre 'wil ßilwu'plä*
**Quel est le car pour le centre ville, svp?**

■ Fährt er direkt?
*ßä di'räkt*
**C'est direct?**

■ Wo ist bitte die Haltestelle vom Bus *Nummer 14*?
*ßilwu'plä u ä la'rä dü büß nümeh'ro qua'tors*
**Svp,où est l'arrêt du bus *numéro 14*?**

■ Können Sie mir zeigen, wo ich aussteigen muß?
*wu pu'weh mãdi'keh la 'u ~~sche~~ do'a deh'ßãdre*
**Vous pouvez m'indiquer là où je dois déscendre?**

■ Muß ich hier aussteigen?
*~~sche~~ do'a deh'ßãdre i'ßi*
**Je dois déscendre ici?**

■ Warten Sie, ich möchte aussteigen.
*atã'deh ~~sche~~ wö deh'ßãdre*
**Attendez, je veux déscendre.**

■ Öffnen Sie bitte die Tür.
*uw'reh la 'pɔrt ßilwu'plä*
**Ouvrez la porte, svp.**

*Um vorbeigelassen zu werden:*

■ Darf ich?
*par'dõ*
**Pardon?**

# Taxifahren

Taxifahren ist auch in Frankreich ziemlich teuer. Den Preis zeigt das Taxameter an; Handeln ist unüblich. Zu finden sind Taxis am Bahnhof, an zentralen Plätzen und vor großen Hotels. Mit etwas Glück erwischt man auch an der Straße ein freies (zu erkennen am leuchtenden Dachschild). Oder man ruft sie per Telefon - **taxi radio**.

Vor der Fahrt ist es ratsam, die ungefähre Fahrzeit zu erfragen, um unfreiwilligen Stadtrundfahrten vorzubeugen. Danach kann man unbeschwert am Chauffeur die neuerworbenen Französischkenntnisse ausprobieren. Nach hoffentlich angenehmer Konversation ist es üblich, beim Aussteigen ein Trinkgeld (**le pourboire**) zu geben.

**Taxi**

| | | |
|---|---|---|
| besetzt | *ɔkü'peh* | **occupé** |
| Entfernung | *diß'tãß* | **la distance** |
| fahren nach | *a'leh a* | **aller à** |
| Fahrpreis | *pri de la 'kurß* | **le prix de la course** |
| Fahrt | *kurß* | **la course** |
| frei | *'libre* | **libre** |
| langsam | *lã* | **lent** |
| nah | *'prä* | **près** |
| schnell | *ra'pid* | **rapide** |
| Taxi | *tak'ßi* | **le taxi** |
| Taxifahrer | *scho'fɔ̈r de tak'ßi* | **le chauffeur de taxi** |
| Taxistand | *plaß de woa'tür* | **la place de voitures** |
| Taxiuhr | *takßa'mätre* | **le taxamètre** |
| weit | *lo'ã* | **loin** |

■ Ich hätte gerne ein Funktaxi zu/nach ...
*~~sche~~ wud'rä kõmã'deh õ tak'ßi rad'jo a lo'täl de la 'pä ßilwu'plä*
**Je voudrais commander un taxi-radio à ..., svp.**
ich - würde wollen - bestellen - ein - Funktaxi - zu ...

■ Wo ist hier der nächste Taxistand?
*u ä la prɔ'schän plaß de woa'tür*
**Où est la prochaine place de voitures?**

■ Sind Sie frei?
*wus_ät 'libre*
**Vous êtes libre?**

■ Wie lange dauert die Fahrt zum ... ungefähr?
*~~sch~~üß'ko ... ßa dür kõb'jã de tã ãwi'rõ*
**Jusqu'au ..., ça dure combien de temps environ?**
bis zum - ... - das - dauert - wieviel - von - Zeit - ungefähr

■ Was wird sie ungefähr kosten?
*kõb'jã ßa kut'ra ãwi'rõ*
**Combien ça coûtera environ?**
wieviel - dies - wird kosten - ungefähr

**Unterwegs**

■ Ist es noch weit?
*ßät_ã'kɔr lo'ã*
**C'est encore loin?**

■ Wo sind wir jetzt?
*nu ßɔm 'u mãt'nã*
**Nous sommes où maintenant?**

■ Fahren Sie etwas schneller/langsamer, ich habe es eilig.
*dehpä'scheh 'wu/ralãti'ßeh õ pö ~~sche~~ ßü'i prä'ßeh*
**Dépêchez-vous/ralentissez un peu, je suis pressé.**

■ Halten Sie bitte hier an.
*arä'teh i'ßi ßilwu'plä*
**Arrêtez ici svp.**

■ Der Rest ist für Sie.
*le räß'tã ä pur 'wu*
**Le restant est pour vous.**

# Métro

Die **métro** in Paris ist eine Welt für sich. Neben Berufstätigen, Geschäftsleuten, Reisenden usw. trifft man hier auch die Obdachlosen (**clochards** oder, moderner und weniger romantisierend: **sans abri**); die Métrobahnhöfe beherbergen auch viele fliegende Händler, Musizierende und andere Lebenskünstler. Es präsentiert sich ein Querschnitt der sozialen und kulturellen Vielfalt der Stadt. Mit der ersten Métro, die früh morgens losfährt, beginnen die Menschenmassen zu strömen. Besonders zu Zeiten des Berufsverkehrs (**heures de pointe**) ist alles so voll, daß kein Stück Asphalt mehr zu sehen ist. Spätestens, wenn die letzte U-Bahn nachts um 0.30 Uhr ihren Ausgangsbahnhof verläßt, darf die Frage nach einem paradoxen Verhältnis zwischen französischem Individualismus und Massenverhalten gestattet sein. Wenn Sie sich länger in Paris aufhalten sollten, versäumen Sie die **métro** nicht und besorgen Sie sich eine **carte Orange**, die es wochenweise oder für den ganzen Monat gibt - Paßbild erforderlich! Sie ist gültig auch für alle anderen öffentlichen Verkehrsmittel. Mit einem Zehnerticket (**carnet**) ist Metrofahren ebenfalls günstiger. Zwischen ein und fünf Uhr morgens, wenn die Metro ihre wohlverdiente Nachtruhe hält, gibt es einmal stündlich eine Buslinie, die von der **place du châtelet** bis zur Stadtgrenze fährt.

---

■ Welche Linie fährt zur Station *les halles*?
*pur la ßtaß'jõ leh 'al ßä 'käl 'linje*
**Pour la station *les halles*, c'est quelle ligne?**

---

■ Muß ich umsteigen?
*~~sch~~e do'a schã'~~sch~~eh de 'trã*
**Je dois changer de train?**

---

■ Ist das die Richtung *zum Bahnhof Montparnasse*?
*ßä b'jã la diräkß'jõ dü gar mõpar'naß*
**C'est bien la direction *du Gare Montparnasse*?**

**Métro**

| | | |
|---|---|---|
| Berufsverkehr | *ör de po'ãt* | **les heures *f* de pointe** |
| Fahrkarte | *bi'jä* | **le billet** |
| Fahrkartenautomat | *bijäte'ri otɔma'tik* | **le billeterie automatique** |
| Linie Nr. ... | *lin'je nümeh'ro* | **la ligne numéro ...** |
| Monatskarte | *kart mãsü'äl* | **la carte mensuelle** |
| Wochenkarte | *kart ebdoma'där* | **la carte hébdomadaire** |

# Unter-kunft

**Hotel**

Die Hotels (**hôtel**) in Frankreich sind nach Sternen kategorisiert. Ein billiges, aber akzeptables Hotelzimmer ist so schon für weniger als 50 DM zu bekommen. Das ist dann zwar sehr schlicht, aber nicht selten zentral gelegen. Erheblich günstiger wird es, wenn man zu zweit unterwegs ist. Dann halbiert sich der Betrag, denn die Zimmerpreise sind meist unabhängig von der Personenanzahl. Zwei-Sterne-Hotels gibt es zwischen 60 DM und 100 DM, in den darüberliegenden Preiskategorien bekommt man alles, was von einem luxuriösen Hotel erwartet wird. Viele Hotels, besonders in Paris, haben statt einem Nachtportier einen Nummerncode (**code de nuit**), mit dem sich die Tür öffnen läßt, wenn man erst spät zurückkommt.

**Ferienwohnung**

Sehr beliebt sind die **gîtes ruraux**-*schit rü'ro*, Ferienwohnungen im Dorf, am Meer oder auf dem Land. Zustand und Inventar werden regelmäßig kontrolliert. Der Vorteil, die Ferien in ländlicher Umgebung zu verbringen, liegt auf der Hand: Man ist abseits vom üblichen Touristenstreß und findet Kontakt zur einheimischen Bevölkerung. Oder man wohnt in seinem Domizil am Meer, sucht sich die schönsten Strände selbst aus und unternimmt Ausflüge in die nahe Umgebung. Detaillierte Informationen gibt die **Féderation nationale des gîtes ruraux de France**, 35, rue Godot-de-Mauroy, 75009 Paris.

**Jugendherberge**

Für eine Nächtigung in einer der über 200 Jugendherbergen (**auberges de la jeunesse**) braucht man einen internationalen Jugendherbergsausweis (**carte internationale**), der auf Wunsch überall ausgestellt wird und 15-20 DM kostet. Es gibt wunderschöne Herbergen im **château**-*scha'to* (Schloß) oder irgendwo zwischen Weinreben in einem alten Bauernhaus - da darf ein Weinkeller mit Gelegenheit zur **dégustation**-*dehschüßtaß'jõ* (Weinprobe) nicht fehlen. Ebenso aber sind sehr dürftige Unterkünfte darunter. Jedenfalls ist die Jugendherberge immer ein guter Ort, andere Reisende kennenzulernen - und zudem sind Kost und Logis sehr billig. Oft wird ein umfangreiches Freizeitprogramm angeboten, und die jungen Angestellten haben den einen oder anderen Tip auf Lager, was das Nachtleben in der Umgebung angeht.

# Hotel

**Erkundigungen**

■ Können Sie mir ein Hotel *in der Innenstadt* empfehlen?
*pu'weh 'wu me rekɔmã'deh ɔ̃_o'täl o ßãtre 'wil*
**Pouvez-vous me recommander un hôtel *au centre ville*?**

■ Ich brauche eine Unterkunft, die nicht zu teuer ist.
*~~sch~~eh beso'ã dɔ̃ lo~~sch~~e'mã pa tro 'schär*
**J'ai besoin d'un logement pas trop cher.**
ich habe - nötig - von einer - Unterkunft - nicht - zu - teuer

**Gibt es … Zimmer?**

■ Gibt es da … Zimmer?
*äßkil'ja deh 'schãbre*
**Est-ce qu'il y a des chambres …?**

| | | |
|---|---|---|
| billige | *mo'ã 'schär* | **moins chères** |
| große | *grãd* | **grandes** |
| helle | *klär* | **claires** |
| komfortable | *kõfɔr'table* | **comfortables** |
| kleine | *p'tit* | **petites** |
| nette | *agreh'able* | **agréables** |
| ruhige | *trã'kil* | **tranquilles** |
| schattige | *õ'brös* | **ombreuses** |
| sonnige | *ãßɔlä'jeh* | **ensoleillées** |

■ Kennen Sie ein anderes billiges Hotel?
*kɔnä'ßeh 'wu ɔ̃n_'otre o'täl mo'ã 'schär*
**Connaissez-vous un autre hôtel moins cher?**

**An der Rezeption**

■ Haben Sie Zimmer frei?
*äßke wus_a'weh deh 'schãbre 'libre*
**Est-ce que vous avez des chambres libres?**

◆ Es ist alles belegt.
*tut_ä kõ'plä*
**Tout est complet!**

◆ Für eine oder zwei Personen?
*pur 'ün u 'dö pär'ßɔn*
**Pour une où deux personnes?**

**Ich möchte ...**

■ Ich möchte ...
*~~sch~~e wu'drä*
**Je voudrais ...**

| | | |
|---|---|---|
| ein Einzelzimmer (mit großem Bett) | *ün 'schãbre a ɔ̃ (grã) li* | **une chambre à un (grand) lit** |
| ein Doppelzimmer | *ün 'schãbre a dö pär'ßɔn* | **une chambre à deux personnes** |
| ein Zimmer mit zwei Betten | *ün 'schãbre a'wäk dö li* | **une chambre avec deux lits** |
| ... mit/ohne Dusche | *a'wäk/sã dusch* | **... avec/sans douche** |
| ... mit Bad | *a'wäk ßal de 'bã* | **... avec salle de bains** |
| ... nach hinten gelegen | *ki dɔn a la 'kur* | **... qui donne à la cour** |

**Hat das Zimmer ...?**

■ Hat das Zimmer ...?
*äßkil'ja ... dã la 'schãbre*
**Est-ce qu'il y a ... dans la chambre?**
[Frage] es - da - hat - in - dem - Zimmer

| | | |
|---|---|---|
| Bad | *ün ßal de 'bã* | **une salle de bains** |
| Dusche | *ün dusch* | **une douche** |
| Fenster | *ün f'nätre* | **une fenêtre** |
| Fernsehapparat | *ün teh'leh* | **une télé** |
| Klimaanlage | *ɔ̃ klimati'ßör* | **un climatiseur** |
| Radio | *ün poßt de rad'jo* | **une poste de radio** |
| Toilette | *ɔ̃ weh'ßeh* | **un W.C** |
| Warmwasser | *de 'lo 'schod* | **de l'eau chaude** |
| Waschbecken | *ɔ̃ lawa'bo* | **un lavabo** |

**Was kostet ...?**

■ Wieviel kostet ein Zimmer *mit großem Bett?*
*kõ'bjã kut ün 'schãbre a ɔ̃ 'grã 'li*
**Combien coûte une chambre *à un grand lit*?**

◆ Wie lange haben Sie vor zu bleiben?
*kõ'bjã de 'tã dehsi'reh wu räß'teh*
**Combien de temps désirez-vous rester?**

■ Gibt es eine Ermäßigung, falls wir länger als *zwei Tage* bleiben?
*wu do'neh ün rehdükß'jõ ßi õ räßt plü ke dö '~~sch~~ur*
**Vous donnez une réduction si on reste plus que *deux jours*?**
Sie - geben - eine - Ermäßigung - wenn - man - bleibt - mehr - als - zwei - Tage

■ Das ist zu teuer. Haben Sie kein billigeres Zimmer?
*ßä tro 'schär wu na'weh 'pa de schãbre mo'ã schär*
**C'est trop cher. Vous n'avez pas de chambre moins chère?**

◆ Sie müssen im voraus bezahlen.
*il fo pä'jeh ãn_a'wãß*
**Il faut payer en avance.**

**Das Zimmer**

■ Könnte ich das Zimmer sehen?
*äßke ~~sche~~ pö wo'ar la 'schãbre*
**Est-ce que je peux voir la chambre?**

■ Es gefällt uns nicht. Bitte zeigen Sie uns ein anderes.
*ßa ne nu plä 'pa ßilwu'plä mõ'treh nus_ün 'otre*
**Ça ne nous plaît pas. Svp montrez-nous une autre.**

◆ Dieses hier ist mit Blick auf's Meer.
*woa'la ße'ßi dɔn a la 'mär*
**Voilà! Ceci donne à la mer.**
hier - dieses - gibt - zu - das - Meer

■ Ja das ist gut. Hier möchte ich bleiben.
*ü'i ßä b'jã ~~sche~~ prã ßäl'ßi*
**Oui c'est bien. Je prends celle-ci.**
ja - das ist - gut - ich - nehme - dieses hier

■ Ist das Frühstück im Preis inbegriffen?
*äßke le pe'ti deh~~sch~~ö'neh ä kõ'pri*
**Est-ce que le petit déjeuner est compris?**

■ Wo kann ich mein Auto parken?
*'u äßke ~~sche~~ pö ga'reh ma woa'tür*
**Où est-ce que je peux garer ma voiture?**

■ Kann es die Nacht draußen stehenbleiben?
*~~sche~~ pö la lä'ßeh de'ɔr pã'dã la nü'i*
**Je peux la laisser dehors pendant la nuit?**
ich - kann - das - lassen - draußen - während - die - Nacht

**Fragen**

◆ Haben Sie gut geschlafen?
*wus_a'weh b'jã dɔr'mi*
**Vous avez bien dormi?**

■ Wann gibt es Frühstück?
*kãd_äß'kõ prã le pe'ti deh~~sch~~ö'neh*
**Quand est-ce qu'on prend le petit déjeuner?**
wann - man - nimmt - der - kleine - Mittagessen

■ Können Sie mich um *6.00 Uhr* wecken?
*puri'jeh 'wu me rehwä'jeh a 'ßis 'ör ßilwu'plä*
**Pourriez-vous me réveiller à *6.00 heures* svp?**

■ Meine Zimmerschlüssel bitte.
*meh 'kleh ßilwu'plä*
**Mes clés svp.**

■ Wann wird das Zimmer aufgeräumt?
*a käl 'ör wjã'dra le ßär'wiß de 'schãbre?*
**A quelle heure viendra le service de chambre?**
zu - welcher - Stunde - wird kommen - der - Service - von - Zimmer

■ Können Sie meine Wertsachen bitte ins Schließfach legen?
*ßilwu'plä puri'jeh wu kõßin'jeh mehs_a'fär*
**Svp pourriez-vous consigner mes affaires?**

◆ Sie wünschen?
*wu dehsi'reh*
**Vous désirez?**

**Haben Sie ...?**

■ Kann ich ... bekommen?
*puri'jeh wu me dɔ'neh*
**Pourriez-vous me donner ...?**

■ Haben Sie ...?
*ßilwu'plä wus_a'weh*
**Svp vous avez ...?**

| | | |
|---|---|---|
| einen Adapterstecker | *õn_adap'tör* | **un adapteur** |
| eine Bettdecke | *ün kuwär'tür* | **une couverture** |
| Eiswürfel | *deh gla'ßõ* | **des glaçons *m*** |
| ein Handtuch | *ün ßärw'jät* | **une serviette** |
| ein Kopfkissen | *õn_ɔrä'jeh* | **un oreiller** |
| Schreibpapier | *dü pap'jeh a eh'krir* | **du papier à écrire** |
| ein Stück Seife | *ün p'jäß de ßa'wõ* | **une pièce de savon** |
| einen Stadtplan | *õ 'plã de 'wil* | **un plan de ville** |

**Wo ist ...?**

■ Wo ist ...?
*ßilwu'plä 'u ä*
**Svp où est ...?**

| | | |
|---|---|---|
| die Dusche | *la dusch* | **la douche** |
| die Küche | *la küi'sin* | **la cuisine** |
| der Konferenzraum | *la 'ßal de rehün'jõ* | **la salle de réunion** |
| der Portier | *le pɔrt'jeh* | **le portier** |
| das Telefon | *le tehleh'fɔn* | **le téléphone** |
| die Toilette | *le weh'ßeh* | **le W.C** |
| mein Zimmer | *ma 'schãbre* | **ma chambre** |

**Probleme?**

| | | |
|---|---|---|
| Es gibt kein ... | *iln'ja 'pa de* | **il n'y a pas de ...** |
| ... funktioniert nicht | *ne marsch 'pa* | **... ne marche pas** |
| ... ist kaputt | *ät_ã 'pan* | **... est en panne** |
| ... stinkt | *pü* | **... pu** |
| ... ist schmutzig | *ä 'ßal* | **... est sale** |

■ Der Wasserhahn tropft.
*le robi'nä kul*
**Le robinet coule.**

■ Das Bett ist noch nicht neu bezogen.
*õ na 'pas_ã'kɔr 'mi deh 'dra o 'li*
**On n'a pas encore mis des draps au lit.**

■ Das Bett quietscht.
*le 'li 'grãß*
**Le lit grince.**

■ Das W.C ist schmutzig.
*le weh'ßeh ä 'sal*
**Le W.C. est sale.**

■ Der Abfluß ist verstopft.
*lehkul'mã ä bu'scheh*
**L'écoulement est bouché.**

■ Die Glühbirne ist durchgebrannt.
*lã'pul ä brü'leh*
**L'ampoule est brûlée.**

■ Können Sie das in Ordnung bringen/reparieren?
*wu puri'jeh re'mätre ßela ã_ɔrdre*
**Vouz pourriez remettre cela en ordre?**

◆ Geht klar.
*ßät_ãtã'dü*
**C'est entendu.**
das ist - verstanden

**Abreise**

■ Ich möchte heute abreisen.
*~~sch~~e wu'drä par'tir o~~sch~~urdü'i*
**Je voudrais partir aujourd'hui.**

■ Wann muß man das Zimmer räumen?
*'kãd_äßkil 'fo ki'teh la schãbre*
**Quand est-ce qu'il faut quitter la chambre?**
wann - [Frage] man - muß - verlassen - das - Zimmer

■ Ich möchte bitte zahlen.
*ladiß'jõ ßilwu'plä*
**L'additon svp.**
die Rechnung - bitte

■ Akzeptieren Sie Kreditkarten?
*wus_akßäp'teh leh kart de kreh'di*
**Vous acceptez les cartes de crédit?**

■ Geben Sie mir bitte meine Sachen aus dem Schließfach.
*ßilwu'plä rã'deh 'moa mehs_a'fähr dü kɔfre 'fɔr*
**Svp rendez-moi mes affaires du coffre-fort.**
bitte - geben Sie mir zurück - meine - Sachen - von dem - S.

■ Könnten Sie ein Taxi rufen?
*puri'jeh'wu mape'leh ɔ̃ tak'ßi*
**Pourriez-vous m'appelez un taxi?**

■ Vielen Dank! Es hat mir hier gut gefallen.
*mär'ßi bo'ku ßa ma bo'ku 'plü i'ßi*
**Merci beaucoup! Ça m'a beaucoup plû ici.**

## Hotel

| | | |
|---|---|---|
| abreisen | *par'tir* | **partir** |
| Appartement | *apart'mã* | **l'appartement *m*** |
| Aufzug | *laßã'ßɔr* | **l'ascenseur *m*** |
| ausgebucht | *kõ'plä* | **complet** |
| Aussicht | *wü* | **la vue** |
| Balkon | *bal'kõ* | **le balcon** |
| Bedienung | *sär'wiß* | **le service** |
| Bettdecke | *kuwär'tür* | **la couverture** |
| Doppelzimmer | *schãbre a dö pär'ßɔn* | **la chambre à deux personnes** |
| Einzelzimmer | *schãbre a 'ɔ̃ li* | **la chambre à un lit** |
| Fernsehen | *teh'leh* | **la télé** |
| frei | *libre* | **libre** |
| Frühstück | *pe'ti dehschö'neh* | **le petit déjeuner** |
| Gepäck | *leh ba'gasch* | **les bagages *m*** |
| Halbpension | *de'mi pãß'jõ* | **la demi-pension** |
| Heizung | *scho'fasch* | **le chauffage** |
| Hotel | *lɔ'täl* | **l'hôtel *m*** |
| Kissen | *lɔrä'jeh* | **l'oreiller *m*** |
| Kleiderbügel | *'ßãtre* | **le cintre** |
| Kost und Logis | *la table ä la lo'schi* | **la table et la logis** |
| Kühlschrank | *fri'go* | **le frigo** |
| Licht | *lüm'jär* | **la lumière** |
| Lichtschalter | *lãtärüp'tɔr* | **l'interrupteur *m*** |
| Luftmatratze | *mat'la pnöma'tik* | **le matelas pneumatique** |
| Netzspannung | *wɔl'tasch* | **le voltage** |
| Rezeption | *rehßäpß'jõ* | **la réception** |
| reservieren | *rehsär'weh* | **réserver** |
| schlafen | *dɔr'mir* | **dormir** |
| Schlüssel | *kleh* | **la clé** |
| Schrank | *larmo'ar* | **l'armoir *m*** |
| Spiegel | *miro'ar* | **le miroir** |
| Stockwerk | *leh'tasch* | **l'étage *m*** |
| Stuhl | *schäs* | **la chaise** |
| Swimming-Pool | *pi'ßin* | **la piscine** |
| Trinkwasser | *lo pɔ'table* | **l'eau *f* potable** |
| übernachten | *lo'scheh pur la nü'i* | **loger pour la nuit** |
| Vollpension | *pãß'jõ kõ'plät* | **la pension complète** |
| Waschbecken | *lawa'bo* | **le lavabo** |
| wecken | *rehwä'jeh* | **réveiller** |
| Wecker | *reh'wäj (ma'tã)* | **le réveil (-matin)** |
| wiederkommen | *rewe'nir* | **revenir** |
| wohnen | *abi'teh* | **habiter** |
| Zimmer | *'schãbre* | **la chambre** |
| Zimmernummer | *nümeh'ro de la 'schãbre* | **le numéro de la chambre** |

Glühbirne
*lã'pul*
**l'ampoule** ***f***

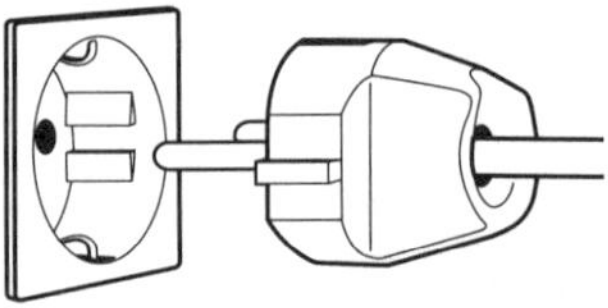

Steckdose
*'pris*
**la prise**

Stecker
*'fisch de kõ'takt*
**la fiche de contact**

Wasserhahn
*rɔbi'nä*
**le robinet**

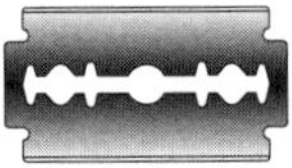

Rasierklinge
*lam de raso'ar*
**la lame de rasoir**

Abfluß
*lehkul'mã*
**l'écoulement** ***m***

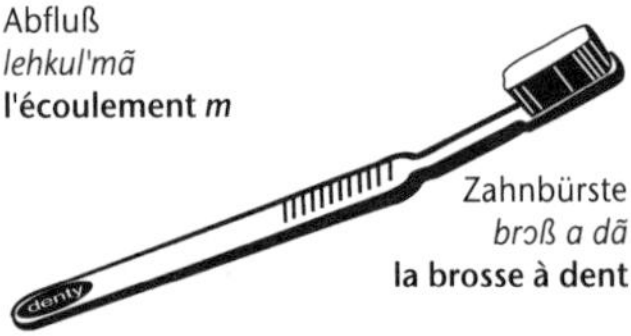


Zahnbürste
*brɔß a dã*
**la brosse à dent**

Zimmerschlüssel
*kleh de 'schãbre*
**la clé de chambre**

Handtuch
*ßärw'jät*
**la serviette**

Bettwäsche
*lãsch de 'li*
**le linge de lit**

Bett
*li*
**le lit**

Kopfkissen
*lɔräi'jeh*
**l'oreiller** ***m***

Lampe
*lãp*
**la lampe**

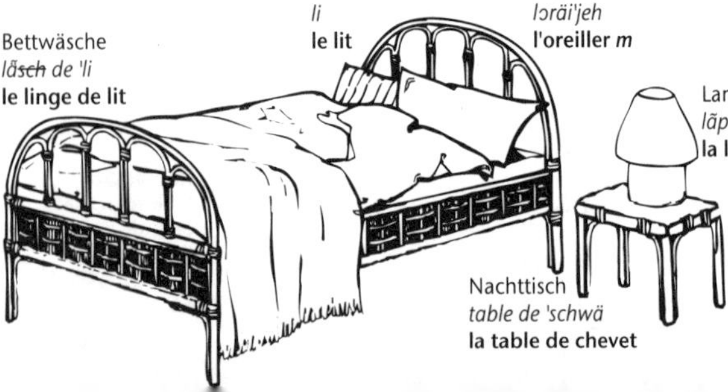

Nachttisch
*table de 'schwä*
**la table de chevet**

# Camping

Campen (**faire du camping**) ist in Frankreich sehr beliebt. So wundert es nicht, daß die Campingplätze oft restlos überfüllt sind. Dann bleibt erst mal nur die Hoffnung auf mehr Glück am nächsten Tag - was wiederum viele zum **camping sauvage**-*kã'ping ßo'wa~~sch~~* (Wildcampen) geradezu einlädt. Das ist jedoch strikt untersagt; es wird nur ausnahmsweise, d.h. dort geduldet, wo Waldbrandgefahr (**danger d'incendie de forêt**) ausgeschlossen werden kann.

Campingplätze werden alle nach einem Kategoriesystem bewertet, das von einem bis zu vier Sternen reicht. Die Preise sind immer angeschlagen.

---

■ Ich möchte mich anmelden.
*~~sch~~äm'rä b'jã mãß'krir*
**J'aimerais bien m'inscrire.**

---

**Haben Sie ...?**

■ Haben Sie ...?
*äßke wus_a'weh*
**Est-ce que vous avez ...?**

| | | |
|---|---|---|
| einen Platz frei | *ün plaß libre* | **une place libre** |
| einen Stellplatz für ein Zelt u. ein Auto | *ün plaß pur ün tãt eh ün woa'tür* | **une place pour une tente et une voiture** |
| für uns einen Platz im Schatten | *ün plaß a lõbre pur nu* | **une place à l'ombre pour nous** |
| Warmwasser | *de lo schod* | **de l'eau chaude** |
| ein Schließfach | *ün kõ'sinje* | **une consigne** |

---

■ Können wir unser Zelt hierhin stellen?
*õ pö mõ'teh la tãt i'ßi*
**On peut monter la tente ici?**

---

**Könnten Sie ...?**

■ Könnten Sie ...?
*puri'jeh 'wu*
**Pourriez-vous ...?**

| | | |
|---|---|---|
| mir einen Hammer leihen | *me prä'teh un mar'to* | **me prêter un marteau** |
| uns unseren Platz zeigen | *nu mõ'treh notre plaß* | **nous montrer notre place** |
| mir eine Quittung geben | *me do'neh õ re'ßü* | **me donner une reçu** |

## Camping

| | | |
|---|---|---|
| Abfluß | *wo'a dehkul'mã* | **la voie d'écoulement** |
| abwaschen | *fär la wä'ßäl* | **faire la vaisselle** |
| anmelden | *ßãß'krir* | **s'inscrire** |
| Bäume | *arbre* | **des arbres** *m* |
| bewacht | *ßürwä'jeh* | **surveillé** |
| Dusche | *dusch* | **la douche** |
| Einfahrt | *lãt'reh* | **l'entrée** *f* |
| Geschirr waschen | *fär la wä'ßäl* | **faire la vaisselle** |
| gut gelegen | *b'jã ßitü'eh* | **bien situé** |
| Hering | *pi'kä de tãt* | **le piquet de tente** |
| Kinderspielplatz | *te'rã de ~~sch~~ö pur lehs_ã'fã* | **le terrain de jeu pour les enfants** |
| Motorrad | *mo'to* | **la moto** |
| Parkplatz | *par'king* | **le parking** |
| Person | *pär'ßɔn* | **la personne** |
| PKW | *woa'tür* | **la voiture** |
| Rezeption | *bü'ro da'köj* | **le bureau d'acceuil** |
| Schatten | *lõbre* | **l'ombre** *m* |
| Schlafsack | *sak de ku'scha~~sch~~* | **le sac de couchage** |
| Stellplatz | *plaß* | **la place** |
| Stromanschluß | *konäkß'jõ* | **la connexion** |
| Toilette | *leh wɔ'tär* | **les waters** |
| waschen | *la'weh* | **laver** |
| Waschraum | *lawa'bo* | **le lavabo** |
| Wäscherei | *lawe'ri* | **la laverie** |
| Wohnwagen | *kara'wan* | **la caravane** |
| Zeltplatz | *tä'rã de kã'ping* | **le terrain de camping** |

Wasserflasche
*bi'dõ*
**le bidon**

Zelt
*tãt*
**la tente**

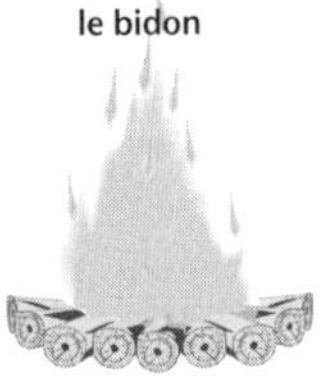

Lagerfeuer
*fö*
**le feu**

Streichhölzer
*alü'mät*
**des allumettes** *f*

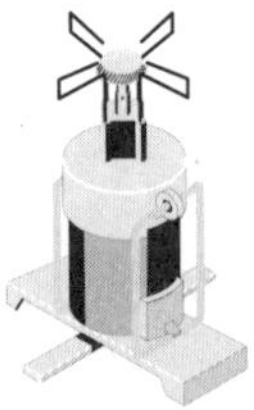

Gaskocher
*reh'scho a gas*
**le réchaud à gaz**

# Essen und Trinken

**Die Mahlzeiten**

Ein französischer Tag beginnt mit einem kleinen Frühstück (**petit déjeuner**): ein **bol** Milchkaffe (**café au lait**), dazu ein **croissant** oder eine **tartine** (Stulle), vielleicht auch einen Bissen **baguette** mit Marmelade, nichts Weltbewegendes jedenfalls (**pas grand chose**). Das Mittagessen (**déjeuner**) sieht schon anders aus: Hier lassen sich die Franzosen Zeit und genießen. Auch Essen gehen ist um diese Zeit für Franzosen keine Seltenheit. Viele gehen in der Mittagspause ins **réstaurant**, um nicht das Kantinenessen ertragen zu müssen (das zumindest uns durch seine Qualität erstaunt). Die Restaurants sind daher zwischen halb eins und drei auch gut gefüllt, und es ist nicht immer einfach, einen Platz zu bekommen. Menus sind in dieser Zeit auch nicht sehr teuer, und ein Drei-Gänge-Menu, begleitet von Wein, ist mittags durchaus üblich. Abends hingegen können es gerne fünf bis acht oder noch mehr Gänge sein. Dann ist es auch angesagt, sich richtig Zeit zum Genießen zu nehmen, denn das **dîner** ist die Hauptmahlzeit des Tages, die auch **à la maison** (zu Hause) niemals kalt zubereitet wird. Man beginnt langsam gegen acht Uhr mit dem **apéro** (Aperitif: Pastis, Campari, Champagner oder Sherry) in der Bar um die Ecke, wo der Barkeeper einen kennt und appetitanregende Kleinigkeiten zur Begleitung (**amuse-gueules**) serviert. Der hat übrigens bestimmt auch einen billigen Geheimtip zum Abendessen um die Ecke parat.

***Tip:** Wer billig Essen gehen möchte, sollte die „Touristenfallen" meiden; die zahlreichen nordafrikanischen und fernöstlichen Spezialitätenrestaurants bieten gute und preiswerte Küche, z.B.* ***Couscous**.*

**Die hohe Kunst des Essens**

Sodann begibt man sich voller Vorfreude an die Stätte des eigentlichen Genusses und läßt sich vom Kellner einen netten Tisch zuweisen, um mit dem **hors d'œuvre** fortzufahren. Dies kann eine Pastete, ein Süppchen, ein Salat sein, was den Hunger eher kultiviert als befriedigt. Hierzu wird auch der erste Wein gereicht, den sich der Kenner auf der Weinkarte ausgesucht hat; der **sommelier** (Weinkellner) berät aber auch gerne, er kennt seine **cave** (Weinkeller) schließlich am besten. Die Weißweingläser sind übrigens die kleinen länglichen (meist stehen sie außen), für den Rotwein sind die größeren, bauchigeren vorgesehen.

Dem Hunger hat erst das **entrement** oder **entrée**, die zweite Vorspeise, etwas entgegenzusetzen: **crudités** (Rohkostsalat, manchmal mit Wurstbeilage), Avocadocrème, Fisch oder andere Meeresfrüchte, Schnecken oder Eierspezialitäten. Mit dem Weißbrot, das die ganze Zeit über immer wieder aufgefüllt wird (**pain à discrétion**), sollte man sparsam umgehen, um dem Magen genügend Raum für alle Gänge zu lassen.

*Man unterscheidet zwischen **Gourmet**-[gur'meh] (Feinschmecker), **Gourmand**-[gur'mã] (einer der gerne gut und viel ißt) und **Goinfre**-[go'ãfre] (Vielfraß).*

Hierauf folgt der **plat de résistance**, das Hauptgericht. Fleisch, Fisch und andere Meerestiere, Geflügel jeder Art stehen zur Auswahl, der nächste Wein wird dazu entkorkt.

Beim Käse (**fromage**) fängt der Genießer dann an, aufzuatmen: Meist darf er sich von einer großen Platte die verführerischsten Sorten aussuchen. Bevor dieser den Magen ganz schließt, wird man noch mit einer Süßspeise, dem **dessert** (Eis, Kuchen, Obst etc.) verwöhnt. Und zum Abschluß darf natürlich der **petit noir**, der Espresso, nicht fehlen, der möglicherweise dem **cognac**, **calvados** oder Ähnlichem den Weg bereitet

### Bezahlen

Die Rechnung (**l'addition** *f*) wird zusammen bezahlt. Getrenntes Abrechnen nach so großzügigen Gaumenfreuden würde nur Unverständnis über diese Kleinlichkeit hervorrufen. Die kleine Würdigung für den zuvorkommenden Kellner schließlich läßt man dezent beim Weggehen auf dem Tisch liegen. Üblich bei **service non compris** (Bedienung nicht inbegriffen) sind etwa 15%.

### Das Benehmen

Um beim Essen in französischen Restaurants keine unverzeihlichen **faux-pas** zu begehen („Manieren" ist schließlich ein französisches Wort!), sollte der behutsame Reisende folgendes beherzigen: Keine Essensgeräusche wie Schmatzen, lautes Aufstoßen, etc. Das Weißbrot in mundgerechte Stücke brechen, weder schneiden noch abbeißen. Nachwürzen wäre ein **affront** gegen den Koch (also: nur wenn es sonst ungenießbar ist!). Der wahre Gourmet ißt langsam, um zu demonstrieren, daß er genießt. Essen ist schließlich Kunst. Nicht zuletzt läßt man immer einen Rest auf dem Teller - alles bis auf die letzte Krume (**miette**) aufzuessen hat man nicht nötig. Und niemals den Rest für zu Hause einpacken lassen!

### Einladungen

Eine Einladung von Franzosen zum Essen in den eigenen vier Wänden kann als ein großer Freundschaftsbeweis gewertet werden; in die Intimsphäre werden nur wahre Freunde gelassen. Ein kleines Mitbringsel (Blumen, **confiserie** etc.) wird gerne gesehen.

# Kleines Glossar der Gaststätten Frankreichs

**Auberge**-*o'bärsch:* Rustikales Restaurant mit einem Touch von Landhausatmosphäre, noch nicht gleichzusetzen mit echter Landküche

**Bar**-*bar:* Nicht der Nachtclub, sondern die Kneipe um die Ecke, der Ort, von dem der **pastis** nicht wegzudenken ist und wo die Preise meist noch stimmen. Auch Café kann getrunken werden. Heißt die Kneipe **Bar-Tabac**, so atmet der Raucher erleichtert auf: Hier bekommt er ein Zigarettenpäckchen auch noch zu später Stunde. Wo es doch keine Zigarettenautomaten gibt ...

**Bistrot**-*biß'tro:* Ähnelt eher dem Café als der Kneipe und wartet meist mit kleiner Speisekarte auf

**Boîte (de nuit)**-*bo'at de nü'i:* Disco(thek)

**Brasserie**-*braßä'ri:* Die einzigen Restaurants, in denen nicht unbedingt drei Gänge bestellt werden müssen. Brasserie heißt eigentlich Brauerei, es gibt einen Bierausschank, aber man geht eigentlich hin, um ein deftiges Gericht der regionalen Küche zu verzehren.

**Café**-*ka'feh:* Oft mit Straßenterasse. Außer dem **croissant** zum Frühstück führt das Café weder Gebäck noch Kuchen. Hierfür gibt es den **salon de thé**.

**Crêperie**-*kräp'ri:* Zu den **crêpes** (dünne Pfannkuchen, mit süßer Füllung oder salzig mit Käse, Schinken ... ), die hier ausschließlich angeboten werden, trinkt man traditionell einen **cidre** (Apfelwein).

**Glacier**-*glaß'jeh:* Eisdiele

**Pub**-*pöb* Bar für Cocktail und Bier

**Restaurant**-*räßto'rã:* Hier bestellt man entweder **à la carte** (die teuere Variante) oder das **menu**, keinesfalls aber nur einen Salat oder eine Suppe. Der Platz wird vom Kellner zugewiesen, es ist nicht üblich, sich zu fremden Leuten an den Tisch zu setzen.

**Rôtisserie**-*rotiß'ri:* Vor allem Gegrilltes

**Salon de thé**-*ßa'lõ de teh:* Tagsüber geöffnet, ähneln sie am ehesten dem deutschen Café, es gibt **pâtisserie à la française** (Gebäck und Kuchen)

**Self-Service**-*ßälf ßär'wiß:* Selbstbedienungsrestaurant, entlang einer Theke wird das Menu selbst zusammengestellt

**Snack**-*ßnäck:* Imbißstand

■ Kennen Sie hier in der Nähe ein gutes Restaurant?
*konä'ßeh wu õ bõ räßto'rã prä di'ßi*
**Connaissez-vous un bon restaurant près d´ici?**
kennen Sie - ein - gutes - Restaurant - nahe - von hier

**Im „resto"**

■ Einen Tisch für zwei Personen bitte.
*ün table pur dö pär'ßon ßilwu'plä*
**Une table pour deux personnes svp.**

■ Die Speisekarte, bitte.
*la 'kart ßilwu'plä*
**La carte, svp.**

■ Was können Sie empfehlen?
*käßke wu kõßä'jeh*
**Qu'est-ce que vous conseillez?**

■ Haben Sie Menüs/einen Tagesteller?
*wus_a'weh deh me'nü/õ 'pla dü '~~sch~~ur*
**Vous avez des menus/ un plat du jour?**

■ Ist das eine Spezialität der Gegend?
*ßät_ün ßpehßjali'teh de la reh~~sch~~'jõ*
**C'est une spécialité de la région?**

■ Was ist dies?
*käßke ßä*
**Qu'est-ce que c'est?**

**Bestellen**

■ Für mich bitte *ein Beefsteak.*
*pur mo'a õ bif'täk ßilwu'plä*
**Pour moi *un bifteck,* svp.**

◆ Blutig, medium oder durchgebraten?
*blö ßän'jã u b'jã kü'i*
**Bleu, saignant ou bien cuit?**

■ Als Vorspeise nehme ich *cocktail aux crevettes.*
*õ kok'täl o kre'wät kom ã'treh ßilwu'plä*
**Un *cocktail aux crevettes* comme entrée, svp.**
ein - Krabbencocktail - als - Vorspeise - bitte

■ Welchen Wein können Sie empfehlen?
*wu kõßä'jeh käl 'wã*
**Vous conseillez quel vin?**
Sie - empfehlen - welchen - Wein

■ Einen *Kaffee* bitte.
*õ ka'feh ßilwu'plä*
**Un *café*, svp.**

■ Könnten Sie uns etwas Wasser bringen?
*puri'jeh wu nus_ame'neh õ pö 'do ßilwu'plä*
**Pourriez-vous nous amener un peu d'eau, svp.?**

**Probleme**

■ Wann kommt das Essen?
*kã ßärwi'reh wu le re'pa*
**Quand servirez-vous le repas?**
wann - servieren Sie - das - Essen

■ Wir warten seit einer Stunde.
*õn_a'tã depü'i ün ɔr*
**On attend depuis une heure.**
man - wartet - seit - einer - Stunde

■ Könnten Sie uns bitte noch etwas Brot bringen?
*õ pu'ra awo'ar ã'kor dü 'pã ßilwu'plä*
**On pourra avoir encore du pain, svp.**
man - könnte - haben - noch - von - Brot - bitte

■ Könnten Sie mir noch *ein Glas* bringen?
*puri'jeh wu mame'neh ã'kor õ wär ßilwu'plä*
**Pourriez-vous m'amener encore *un verre*, svp.?**

■ Das Essen ist kalt/versalzen/angebrannt/zu scharf.
*le re'pa ä fro'a/tro ßa'leh/brü'leh/tro pi'kã*
**Le repas est froid/trop salé/brûlé/trop piquant.**

**Bezahlen**

■ Ich möchte zahlen bitte.
*ladiß'jõ ßilwu'plä/~~sch~~e wu'drä pä'jehßilwu'plä*
**L'addition, svp./Je voudrais payer, svp.**
die Rechnung - bitte/ich - möchte gerne - zahlen - bitte

■ Ich glaube, Sie haben sich verrechnet.
*~~sch~~e kro'a ke wus_ä'jeh fät_ õn_ä'rɔr*
**Je crois que vous ayez fait un erreur.**

■ Das hatten wir nicht.
*õ na'wä pad'ßa*
**On n'avait pas de ça.**
man - hatte nicht - von - dem

■ Das Essen war sehr gut.
*le re'pa eh'tä trä bõ*
**Le repas était très bon.**

Besteck
*ku'wär*
**le couvert**
Teelöffel
*küi'jär a ka'feh*
**la cuillière à café**
Serviette
*ßärw'jät*
**la serviette**
Tasse
*taß*
**la tasse**
Gabel
*fur'schät*
**la fourchette**
Teller
*aß'jät*
**l'assiette** *f*
Eßlöffel
*küi'jär a 'ßup*
**la cuillière à soupe**
Messer
*ku'to*
**le couteau**

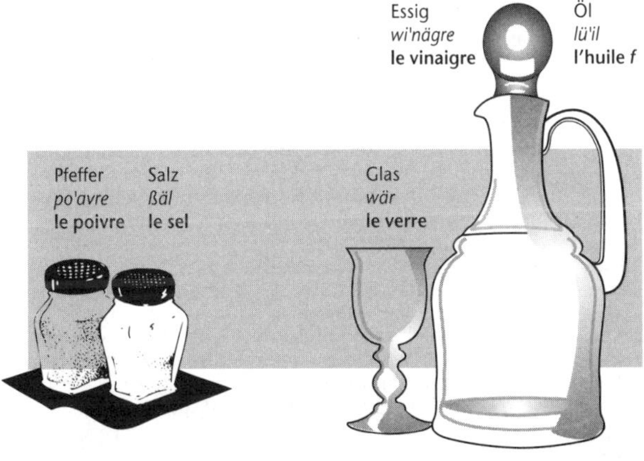
Essig
*wi'nägre*
**le vinaigre**
Öl
*lü'il*
**l'huile** *f*
Pfeffer
*po'avre*
**le poivre**
Salz
*ßäl*
**le sel**
Glas
*wär*
**le verre**

# Großer Führer Essen&Trinken

Des Franzosen Herz öffnet sich, wenn ein Tourist in der Region ein paar Spezialitäten kennt und schätzen lernt. Da das Essen Gesprächsthema Nr.1 ist, dient es auch zur Kontaktaufnahme und stellt Gemeinsamkeit her.

Ein Blick auf die Landkarte ist zugleich der Blick auf die Speisekarte: was die französischen Regionalküchen ausmacht, ist die Übereinstimmung der Landschaft und des aus ihr hervorgehenden Weins mit dem Essen. Die Harmonie von Käse und Wein bestimmt den sinnlichen Gesamteindruck einer Landschaft mit. Und jetzt: **„Willkommen zur Tour de France"**.

**L'ouest-**
**der Westen**

**Bretagne:** Fisch (**poisson**), Krusten- und Schalentiere (**crustacées** und **coquillages**) in allen Varianten bietet die bretonische Küche. Hummer (**homards**), Krabben (**crabes**) oder Langusten (**langoustes**), das Herz der **Bretagne** schlägt für das Meer. Und für das Buttergebäck: **Far, galettes, boudinerie** werden zu verschiedenen Gelegenheiten serviert.

**Normandie:** Drei Namen, der Inbegriff einer Provinz: **Cidre** (Apfelschaumwein), **Calvados** (Apfelbrandwein), **Camembert**. Auch hier dominieren die Meeresfrüchte die Speisekarte.

**Anjou, Tourraine:** Der **jardin de la France** (Garten Frankreichs), wo Früchte und Käse reifen, die landesweit den Ruf **douceur angevin** (die Süße von Anjou) genießen. Mit einem frischen grünen Salat scheinen die **rillettes** (gebratenes Schweinemett) von **Tours** wie erschaffen als Appetitanreger.

**Le centre**

*Wer sich für ungeahnte und kaum bekannte Genüsse der regionalen Küche interessiert, erkundigt sich am besten vor Ort bei Einheimischen nach einer Lokalität.*

**Limousin:** Kastanien (**châtaignes**) und Pilze (**champignons**) stehen ganz oben auf der Karte der rustikalen Küche. Es gibt Füllsel (**farci**) und Gehacktes (**haché**), den **bouf limousin** (Rind), die Spezialität in Sachen Süßspeisen mit Kirschen, **clafoutis**.

**Charentes: Mouclade** - Muscheln in Weißwein gekocht mit Petersilie (**persil**).

**Île de France:** Ein Käse, der **Brie** und der angeblich schönste, reichhaltigste Markt in ganz Frankreich, natürlich in Paris: **Rungis**. Eine überraschende Vielseitigkeit bietet die Küche der **Île de France**. Typisch **à la parisienne** ist die Zubereitung der Langusten, Hummer und Lachs (**saumon glacé**).

**Auvergne und Südwesten**

**Auvergne:** Die Vulkane gaben der **Auvergne** ihre Persönlichkeit, auf ihren Flanken wurden der **Cantal**, der **Salers** und alle anderen Käse der Region geboren. Die Blauforelle (**truite au bleu**) gehört ebenso wie der **mourtayrol**, ein **pot-au-feu** (Gemüsetopf) für alle Festage, zu den Besonderheiten.

**Bordelais:** Hier dominieren die Weine die Szene. **A la bordelaise** heißt deshalb zunächst eine gute Weinsoße, rot oder weiß, je nach Produkt. Im Schatten des Weins haben es die **huîtres d'Arcachon** (Austern von Arcachon) oder der **agneau de Pauillac** (Hammel von Pauillac) und viele andere nicht ganz leicht.

**Périgord, Quercy, Agenais:** Jeder Hof soll hier angeblich die notwendigen Zutaten für die regionalen Spezialitäten besitzen: **le foie gras** (Leber) und Gänse-**Confit** (eingemachte Gans), **les truffes** (der Trüffel), **les prunes**, die Pflaumen und der Schinken (**jambon**), der beim Bauern frisch zu haben ist.

**Gasgogne:** unangefochtener Pate des Geflügels (**volaille**), insbesondere der Ente (**canard**).

**Südosten und Mittelmeerküste**

**Provence/Pays niçoises:** Ein Blick auf die Speisekarte verrät es: **la daube de mouton** (Hammelschmorbraten) oder **de bœuf de provence** (Rinderbraten) - die Provence mit ihren typischen Kräutern (**herbes des provence**) und dem **pastis** (Anisschnaps) ist auch bekannnt für ihre **gratins** (Kartoffelauflauf). Alpen und Meer vereinigen sich in den **Pays niçoises**, der Provinz um Nizza. **A la niçoise** ist vor allem mit Olivenöl (**l'huile d'olives**), Knoblauch (**l'ail**) und **la blette** (Grünzeug) verbunden, sei es nun ein **ratatouille niçoise** (Gemüsepfanne) oder der bekannte **salade niçoise**.

**Korsika** (**la Corse**): hier speist man die **langoustes rouges** (rote Langusten) und bedient sich der **charcuterie corse** (Wurstwaren).

**Roussillon-Languedoc: Sète** als wichtigster Hafen für den Thunfisch (**thon**) in Frankreich gehört zur **Bas-Languedoc**, in der Produkte aus Süßholzsaft, dem **réglisse d'Uzès**, in keiner Konditorei fehlen dürfen. Der Gott der okzitanischen Küche wird der **Haut-Languedoc** zugerechnet: **le cassoulet**, ein Bohnentopf mit Hühner-, Enten-, und Schweinefleisch, nach dessen Verzehr ein Schnaps (**eau de vie**) durchaus angebracht ist. Der **Roussillon** ist geprägt von Einflüssen der spanischen Küche. **L'olla** ist der Sammelbegriff für verschiedene Suppen und Töpfe **à la catalane**. Ein Klassiker ist **le poulet** (Huhn) **à la catalane**.

**L'Est - der Osten**

**Franche-Comté:** Im Land der Querdenker ist die Milch größter Wirtschaftsfaktor. Seit Urzeiten gibt es in den Bergdörfern Kooperativen mit dem Namen **fruitière**, eine uralte Keimzelle einer Dorfdemokratie, die den Dörfern trotz Kargheit und Armut, Stabilität verleiht. Hier wird der **Comté**, ein bekannter **gruyère**-Käse, von allen gemeinsam produziert. Die geräucherten Spezialitäten kommen vom Schwein: **saucisse de morteau** (Würstchen) und **jambon de luxeuil** (Schinken).

**Bourgogne** und **Bresse:** Die drei Glorreichen von **Dijon**, das sind **la crème de cassis** (Johannisbeerlikör), **la moutarde de Dijon** (Senf) und **le pain d'épices** (Gewürzbrot). Wer Bourgogne sagt, sagt Wein. Dieser färbt und verleiht verschiedenen Gerichten aus Fisch, Eiern, Huhn oder Rind einen besonderen Geschmack: **à la bourguignonne**.

**Lyon:** die Hauptstadt der Gastronomie, deren Einwohnern ein Freß- und Selbstbewußtsein nachgesagt wird. Wie nirgendwo sonst in Frankreich ist hier die Eßkultur im Alltag verankert. Morgens um zehn geht man ins **Bouchon** (Bistrot) zum **Casse-Croûte**, einer Zwischenmahlzeit, die zu einer Institution geworden ist. Wer **à la lyonnaise** sagt, meint damit auf jeden Fall die Zwiebel (**oignon**), die in fast jeder kulinarischen Zubereitung anzutreffen ist.

**Der Norden und Nordosten**

**Picardie/Nord-Pas-de-Calais:** eine Vielzahl von Gemüsen, finden sich im **hochepot** (Eintopf) wieder. Den Hering gibt es als **gendarme**, **bouffi** oder **craquelot**, einfach mal ausprobieren, **Endive** und **Chicorée** stehen auch ganz oben auf der Karte. Die **bières du nord** werden hier gebraut und der Wachholderschnaps (**genièvre**).

**Champagne/Ardenne:** erstere für ihre Schaumweine bekannt, bei letzterer ist **gibier** (Wild) der König. Kulinarisch beinhaltet das Etikett **à l'ardennaise** Hasenpfeffer (**lièvre en civet**) und Wildschwein (**sanglier**), die Champagne gewinnt Authentizität durch ihre Saucen. Zwei Käse, zwei weitere Erfolge: **le chaource** und **le langres**.

**Alsace/Lorraine:** für seinen Käse bekannt (**munster**) und sein Mirabellenwässerchen (**mirabelle de lorraine**). Typisch für die Küche Lothringens ist, zur Eröffnung des Essens etwas Krustiges aufzubieten, bsp. eine **quiche lorraine**. **A l'Alsacienne** meint die **pâtisserie** (Gebäck), aber auch Fleischplatten vom Schwein (**porc**), Fasan (**faisan**) oder Ente (**canard**) mit einer salzigen Suppe und knusprigen Würstchen (**saucisses**).

## Einteilung der Speisekarte

| | | |
|---|---|---|
| **Salades** | *ßa'lad* | Salate |
| **Soupes** | *sup* | Suppen |
| **Entrées** | *ã'treh* | Vorspeisen |
| **Viandes** | *wi'jãd* | Fleisch |
| **Poisson** | *poa'ßõ* | Fisch |
| **Fromage** | *frɔ'ma~~sch~~* | Käse |
| **Dessert** | *deh'ßär* | Nachtisch |
| **Menus** | *me'nü* | mehrgängiges Essen |
| **Plat du jour** | *pla dü '~~sch~~ur* | Tagesteller |
| **Boissons** | *boa'ßõ* | Getränke |
| **-non-alcoolisées** | *non_alkɔli'seh* | - nicht alkoholische |
| **-alcoolisées** | *alkɔli'seh* | - alkoholische |
| **Apéritifs** | *apehri'tif* | Aperitive |
| **Vins** | *wã* | -Weine |
| **-rouges** | *ru~~sch~~* | Rot- |
| **-blancs** | *blã* | Weiß- |

## Sonstiges

| | | |
|---|---|---|
| **Prix net** | *pri 'nä* | Nettopreis |
| **service compris** | *ßär'wiß kõ'pri* | Bedienung im Preis inbegriffen |
| **supplément** | *ßüpleh'mã* | Aufpreis |

## Entrées und Salate

| | | |
|---|---|---|
| **Assiette de charcuterie** | *aß'jät de scharküt'ri* | Wurstplatte |
| **Crudités** | *krüdi'teh* | Rohkost |
| **Escargots** | *äßkar'go* | Schnecken |
| **Jambon** | *~~sch~~ã'bõ* | Schinken |
| **Œufs** | *ö* | Eier |
| **Pâtes** | *pat* | Pasta (Nudeln) |
| **Pâté** | *pa'teh* | Pastete |
| **Potage** | *pɔ'ta~~sch~~* | Suppe |
| **Rillettes** | *ri'jät* | gebratenes Hack fleisch |
| **Salade niçoise** | *ßa'lad nißo'as* | grüner Salat mit Tomaten, Eiern, Oliven, Anchovis |
| **Salade de harengs** | *ßa'lad de a'rã* | Heringssalat |
| **Salade pêcheur** | *ßa'lad pä'schɔ̈r* | Salat mit Meeresfrüchten |
| **Salade au foie de volailles** | *ßa'lad o fo'a de wɔ'laj* | Salat mit Geflügel leber |
| **Salade paysanne aux lardons** | *ßa'lad päj'ßan o lar'dõ* | Bauernsalat mit Speck |
| **Salade au roquefort** | *ßa'lad o rɔk'fɔr* | Salat mit Roquefort |
| **Salade verte** | *ßa'lad wärt* | grüner Salat |
| **Soupe** | *ßup* | Suppe |
| **Soupe au cresson** | *ßup o krä'ßõ* | Kressesuppe |
| **Soupe à l'oignon** | *ßup a loan'jõ* | Zwiebelsuppe |

## Fleisch - Viandes

| | | |
|---|---|---|
| **Agneau** | *an'jo* | Hammel |
| **Aiguillettes** | *ägi'jät* | lange, dünne Fleischschnitten |
| **Andouillettes** | *ãdu'jät* | Bratwurst |
| **Bavettes** | *ba'wät* | untere Lende |
| **Bœuf** | *böf* | Rind |
| **Brochette** | *brɔ'schät* | Fleischspieß |
| **Caille** | *kaj* | Wachtel |
| **Canard** | *ka'nar* | Ente |
| **Cheval** | *sche'wal* | Pferd |
| **Chevreuil** | *schew'röj* | Reh |
| **Coq** | *kɔk* | Hahn |
| **Côtes** | *kot* | Seite |
| **Daube** | *dob* | Schmorbraten |
| **Dinde** | *dãd* | Truthahn |
| **Dos** | *do* | Rücken |
| **Entrecôte** | *ãtre'kot* | Rippenstück vom Rind |
| **Epaule** | *e'pol* | Schulter |
| **Escalope** | *äßka'lɔp* | Schnitzel |
| **Faisan** | *fä'sã* | Fasan |
| **Farci** | *far'ßi* | gefüllt |
| **Faux filet** | *fo fi'lä* | Filet |
| **Foie** | *fo'a* | Leber |
| **Fricassé** | *frika'ßeh* | Frikassee |
| **Gibier** | *~~sch~~ib'jeh* | Wild |
| **Gigot** | *~~sch~~i'go* | Keule |
| **Haché** | *a'scheh* | Gehacktes |
| **Jarret de veau** | *~~sch~~a'rä de 'wo* | Kalbshaxe |
| **Lapin** | *la'pã* | Kaninchen |
| **Lièvre** | *li'ävre* | Hase |
| **Oie** | *o'a* | Gans |
| **Panaché** | *pana'scheh* | gemischt |
| **Pavé** | *pa'weh* | gewürfelt |
| **Pigeon** | *pi'~~sch~~õ* | Taube |
| **Pintade** | *pä'tad* | Perlhuhn |
| **Poitrine** | *poa'trine* | Brust |
| **Porc** | *pɔr* | Schwein |
| **Poulet** | *pu'lä* | Huhn |
| **Quenelle** | *ke'näl* | Fleischklößchen |
| **Rognon** | *rɔn'jõ* | Niere |
| **Tripes** | *trip* | Innereien |
| **Veau** | *wo* | Kalb |
| **Venaison** | *wenä'sõ* | Wild |

## Fisch - Poisson

| | | |
|---|---|---|
| **Anchois** | *ãscho'a* | Anchovis |
| **Bouillabaisse** | *buja'bäß* | Fischsuppe |
| **Calmars** | *kal'mar* | Kalamares |
| **Coquilles** | *kɔ'kij* | Muscheln |
| **Crabe** | *krab* | Tachenkrebs |
| **Crevettes** | *kre'wät* | Krabben |
| **Dorade** | *dɔ'rad* | Dorade |
| **Gambas** | *gã'ba* | Garnelen |
| **Haddock** | *a'dɔk* | Schellfisch |
| **Hareng** | *a'rã* | Hering |
| **Homard** | *ɔ'mar* | Hummer |
| **Huîtres** | *ü'itre* | Austern |
| **Langouste** | *lã'gust* | Languste |
| **Lotte** | *lɔt* | Quappe |
| **Maquereau** | *make'ro* | Makrele |
| **Morue** | *mo'rü* | Kabeljau |
| **Moules** | *mul* | Miesmuschel |
| **Raie** | *rä* | Rochen |
| **Rouget** | *ru'~~sch~~ä* | Rötling |
| **Roussette** | *ru'ßät* | Katzenhai |
| **Saumon** | *ßo'mõ* | Lachs |
| **Seiche** | *ßäsch* | Tintenfisch |
| **Sole** | *ßol* | Seezunge |
| **Thon** | *tõ* | Thunfisch |
| **Turbot** | *tür'bo* | Steinbutt |

## Beilagen

| | | |
|---|---|---|
| **Ail** | *aj* | Knoblauch |
| **Artichaut** | *arti'scho* | Artischocke |
| **Asperge** | *aß'pär~~sch~~* | Spargel |
| **Avocat** | *awo'ka* | Avokado |
| **Concombre** | *kõ'kõbre* | Gurke |
| **Chou** | *schu* | Kohl |
| **Choucroute** | *schu'krut* | Sauerkraut |
| **Chou-fleur** | *schu'flɔ̈r* | Blumenkohl |
| **Cresson** | *krä'ßõ* | Kresse |
| **Echalote** | *ehscha'lɔt* | Schalottenzwiebel |
| **Epinard** | *ehpi'nar* | Spinat |
| **Fenouil** | *fenu'i* | Fenchel |
| **Haricots** | *ari'ko* | Bohnen |
| **Lentilles** | *lã'tij* | Linsen |
| **Morille** | *mɔ'rij* | Morchel |
| **Noix** | *no'a* | Nüsse |
| **Oignons** | *oan'jõ* | Zwiebel |
| **Persil** | *pär'ßil* | Petersilie |
| **Petit-pois** | *p'ti po'a* | Erbsen |
| **Poireau** | *poa'ro* | Lauch |
| **Poivre** | *po'awre* | Pfeffer |
| **Poivron** | *poaw'rõ* | Paprika |
| **Pommes de terre** | *pɔm de 'tär* | Kartoffeln |
| **Truffes** | *trüf* | Trüffeln |

| | | | |
|---|---|---|---|
| **Sonstiges** | **Cassoulet** | *kaßu'lä* | Bohneneintopf |
| | **Cèpes** | *ßäp* | Steinpilze |
| | **Confit** | *kõ'fi* | eingemacht |
| | **Cuisse de Grenouille** | *kü'iß de grenu'ij* | Froschschenkel |
| | **Gratin** | *gra'tã* | Überbackenes |
| | **Pot-au-feu** | *pɔt_o 'fö* | Gemüseeintopf |
| | **Ratatouille** | *ratatu'ij* | Gemüsepfanne |
| | **Soufflé** | *ßuf'leh* | Auflauf |
| **Dessert** | **Abricot** | *abri'ko* | Aprikose |
| | **Amande** | *a'mãd* | Mandel |
| | **Beignet** | *bän'jeh* | Krapfen |
| | **Cassis** | *ka'ßiß* | Johannisbeere |
| | **Cerise** | *ßä'ris* | Kirsche |
| | **Chantilly** | *schãti'ji* | Schlagsahne |
| | **Coupe** | *kup* | Schale |
| | **Crème** | *kräm* | Creme |
| | **Crêpe** | *kräp* | dünne Pfannkuchen |
| | **Fraise** | *fräs* | Erdbeere |
| | **Framboise** | *frãbo'as* | Himbeere |
| | **Glace** | *glaß* | Eis |
| | **Melon** | *me'lõ* | Melone |
| | **Mousse au chocolat** | *muß o schoko'la* | Schokoladencreme |
| | **Mûres** | *mür* | Maulbeeren |
| | **Pêche** | *päsch* | Pfirsich |
| | **Poire** | *po'ar* | Birne |
| | **Pomme** | *pɔm* | Apfel |
| | **Prune** | *prün* | Pflaume |
| | **Raisin** | *rä'sã* | Traube |
| | **Sorbet** | *ßɔr'bä* | Eisspeise |
| | **Tarte** | *tart* | Kuchen |
| **Getränke** | **Apéro** | *apeh'ro* | Aperitif |
| | **Bière** | *b'jär* | Bier |
| | **une fine** | *ün 'fin* | Cognac |
| | **Eau minéral** | *o mineh'ral* | Mineralwasser |
| | **Eau de vie** | *o de 'wi* | Schnaps |
| | **Infusion** | *ãfüs'jõ* | Kräutertee |
| | **Kir (royal)** | *kir (roa'jal)* | Weißwein (Sekt) mit Cassis-Likör |
| | **Jus de fruits** | *~~sch~~ü de frü'i* | Fruchtsaft |
| | **Jus d'orange** | *~~sch~~ü dɔ'rã~~sch~~* | Orangensaft |
| | **Marsala** | *marßa'la* | sizilianischer Süßwein |
| | **Pression** | *präß'jõ* | Faßbier |
| | **Suze** | *ßüs* | Aperitif |
| | **Vin en pichet** | *wã ã pi'schä* | Karaffe Wein |
| | **Vin blanc** | *wã 'blã* | Weißwein |
| | **Vin rosé** | *wã ro'seh* | Roséwein |
| | **Vin rouge** | *wã 'ru~~sch~~* | Rotwein |

# Der Wein - le vin

Im Unterschied zu Deutschland findet man in Frankreich in den Supermärkten eine große Anzahl und Auswahl an guten Weinen aller Art und Herkunft. Mehr Spaß - der Beratung und der Gemütlichkeit wegen - macht es aber in den Weingeschäften (**caves**) in der Stadt, denn hier kann man auch mal probieren. Am allerschönsten ist es jedoch mit Sicherheit, direkt beim Produzenten zu kaufen. Hier besucht man die Produktionsanlagen, befindet sich in der für den Wein typischen Landschaft und macht eine ausgiebige **dégustation** (Weinprobe).

### Einige wichtige Ausdrücke

**AOC** (Appelation d'origine contrôlée): garantiert die Herkunft aus einem bestimmten Anbaugebiet, die Rebsorte, Geschmack, Anbaumenge etc. - die besten Weine

**VDQS** (Vins délimités de qualité supérieure): selten gewordene Qualitätsnorm

**Vin de cépage**: Wein aus nur einer Rebsorte

**Vin de pays**: Landwein einer Region

**Vin de table**: Tafelwein, häufig Verschnitte von Weinen unterschiedlicher Herkunft und Jahrgänge, gut zum Kochen

### Zur Weinprobe (dégustation)

| | | |
|---|---|---|
| Aroma | *la'rom* | **l'arôme** *f* |
| ausgewogen | *ehkilib'reh* | **équilibré** |
| Bouquet | *bu'kä* | **le bouquet** |
| frisch | *frä* | **frais** |
| fruchtig | *früi'teh* | **fruité** |
| Korken | *bu'schõ* | **le bouchon** |
| korkig | *buschɔ'neh* | **bouchonné** |
| leicht | *leh'~~sch~~eh* | **léger** |
| lieblich | *moa'lö* | **moelleux** |
| perlend | *pehti'jã* | **pétillant** |
| Rebsorte | *ßeh'pa~~sch~~* | **le cépage** |
| reif | *mür* | **mûr** |
| Säure | *aßidi'teh* | **l'acidité** *f* |
| schäumend | *mu'ßö* | **mousseux** |
| schwefelig | *ßuf'reh* | **soufré** |
| schwer | *gra, ~~sch~~ehneh'rö* | **gras, généreux** |
| Substanz | *kɔr* | **le corps** |
| süffig | *guleh'jã* | **gouleyant** |
| süß | *du* | **doux** |
| Traube | *rä'sã* | **le raisin** |
| trocken | *ßäk, brü* | **sec, brut** |
| vollmundig | *kɔr'ßeh, lõg_ã 'busch* | **corsé, long en bouche** |
| würzig | *ßawu'rö, ehpi'ßeh* | **savoureux, épicé** |

# Kneipengespräche - Au Bistrot

Die Kneipe (**le troquet**) gehört zu Frankreich wie Baguette und Käse. Für viele ein zweites Zuhause, ist sie der beliebte Ort für eine Tasse **café crème** morgens, für einen **apéro** (Aperitif) unter Kollegen vor dem Mittagessen, um am Nachmittag in aller Ruhe (**tranquillement**) die Zeitung zu lesen oder abends einen trinken zu gehen (**boire un coup**), in aller Regel ein Bier. Die Kneipenatmosphäre hatte es vielen Literaten angetan, die hier schreiben konnten, ohne gestört zu werden, und trotzdem ihre Zeit in scherzender und schwätzender (**palabrer**) Gesellschaft verbringen konnten. Man kennt Wirt und Kellner und wird auch mal mit Handschlag begrüßt. Es gilt als besonders unhöflich, „Geistreiches" abzulehnen (**ça ne se fait pas de refuser**). Die Theke (**le zinc**) ist auch ein bevorzugter Ort der Kontaktaufnahme.

---

■ Ist die Zeit reif für einen Pastis?
*möß'jö ßä 'lör dü paß'tiß*
**Monsieur, c'est l'heure du pastis?**
mein Herr - das ist - die Stunde - von dem - Pastis

---

■ Es ist immer Zeit für einen Pastis!
*ßä tu'~~sch~~ur 'lör dü paß'tiß*
**C'est toujours l'heure du pastis.**
das ist - immer - die Stunde - von dem - Pastis

---

■ Gehen wir *heute Abend* einen trinken?
*õ wa bo'ar õ 'po ße ßo'ar*
**On va boire un pot *ce soir*?**
man - wird - trinken - einen - Pott - diesen - Abend

---

■ Kellner, *einen Halben und einen Espresso*, bitte.
*gar'ßõ õ de'mi ä õ p'ti no'ar ßilwu'plä*
**Garçon, *un demi et un petit noir* svp.**

---

■ Was möchtest du trinken?
*käßke tü 'prã to'a*
**Qu'est que tu prends, toi?**
was [Frage] - du - nimmst - du

■ Ich gebe einen aus.
*ßä ma tur'neh*
**C'est ma tournée.**
das ist - meine - Runde

---

■ Ein *Bier vom Faß* wie immer.
*ün präß'jõ kɔm dabi'tüd*
**Une *pression* comme d'habitude.**

# Erledigungen

# Geldwechsel

Das liebe Geld (**le fric**) hat natürlich auch im Land des Franzosen seine Wichtigkeit. Über den Monat verbraucht man schon einige der Silberstücke (**l'argent**) für gutes Essen und Kultur.

Wer Geld braucht, holt es sich in der Bank oder auf der Post. Mit den Euroscheckkarten ist natürlich jetzt alles einfacher geworden. Zu nahezu jeder Tag- und Nachtzeit kann man es am **guichet automatique** (Geldautomat) abheben. Geheimnummer (**le code**) eintippen, und schon kommen die Scheine.

Bis zu 1400,- FF (auf der Post: 2000,- FF) sind abhebbar, dem Euroscheckhöchstbetrag (420,- DM) entsprechend. Bei Bedarf ist das ganze auch mehrmals nacheinander möglich. In fast jeder kleinen Stadt gibt es diese Automaten, so daß diese Versorgungsmethode wohl die angenehmste, einfachste und sicherste ist. Außerdem ist es einfach, mit Euroschecks, Travellerschecks oder einem Postsparbuch zu reisen, was aber langes Warten in Schlangen vor den Schaltern und unter Umständen höhere Zusatzgebühren bei der heimischen Bank zur Folge hat. Praktischer sind da Kreditkarten von American Express, Visa, Masters und Diner's Club: Häufig kann man mit ihnen auch in Restaurants, Hotels und Supermärkten die Rechnungen begleichen.

**Öffnungszeiten** Die Öffnungszeiten der Banken sind unterschiedlich: einige haben über Mittag geöffnet, nach 16, spätestens 17 Uhr sind alle geschlossen.

- Kann ich hier D-Mark wechseln?
  *~~sch~~e pö schã'~~sch~~eh deh 'mark al'mã i'ßi*
  **Je peux changer des Marks Allemands ici?**

- Wie steht der Kurs der DM heute?
  *kɔ'mã ä le 'to deh'schã~~sch~~ dü mark al'mã o~~sch~~urdü'i*
  **Comment est le taux d'échange du Mark Allemand aujourd'hui?**

- Ich möchte *400 Schweizer Franken* in Francs tauschen.
  *~~sch~~e wud'rä schã'~~sch~~eh 'kat ßã frã ßü'iß ã frã frã'ßä ßilwu'plä*
  **Je voudrais changer *quatre cents francs suisse* en francs français, svp.**

■ Kann ich bei Ihnen auch Travellerschecks tauschen?
*~~sche~~ pö schã'~~sch~~eh deh 'schäk de woa'ja~~sch~~ scheh 'wu*
**Je peux changer des chèques de voyage chez vous?**
ich - kann - w.- von den - Schecks - von - Reise - bei - Ihnen

■ Wieviele *österr. Schillinge* möchten Sie tauschen?
*wu wu'leh schã'~~sch~~eh kõb'jã de schi'ling otrisch'jã*
**Vous voulez changer combien de *shilling autrichiens*?**

■ Ich möchte diesen Scheck einlösen.
*~~sche~~ wud'rä ãkä'ßeh ße 'schäk ßilwu'plä*
**Je voudrais encaisser ce chèque, svp.**

■ Bitte in kleinen/großen Scheinen.
*ã p'ti/grã 'taj ßilwu'plä*
**En petit/grand taille, svp.**

◆ Könnte ich bitte ihren Ausweis sehen?
*pu'rä ~~sche~~ wo'ar wɔtre kart didãti'teh ßilwu'plä*
**Pourrais-je voir votre carte d'identité, svp.**

◆ Unterschreiben Sie bitte hier.
*ßin'jeh i'ßi ßilwu'plä*
**Signez ici, svp.**

◆ Ihre Adresse bitte.
*wɔtre dɔmi'ßil ßilwu'plä*
**Votre domicile svp.**

■ Ich bin nur auf Durchreise.
*~~sche~~ ßü'i ã pa'ßa~~sch~~*
**Je suis en passage.**

**Rund um's Geld**

| | | |
|---|---|---|
| abheben | *reti'reh* | **retirer** |
| ausfüllen | *rãp'lir* | **remplir** |
| Ausweis | *pjäß didãti'teh* | **la pièce d'identité** |
| Bank | *bãk* | **la banque** |
| bar | *ãn_ehß'päß* | **en éspèces** |
| Betrag | *mo'tã* | **le montant** |
| DM | *dötsch 'mark* | **le deutsche Mark** |
| Dollar | *dɔ'lar* | **le dollar** |
| Durchreise | *pa'ßa~~sch~~* | **le passage** |
| einlösen (Scheck) | *ãkä'ßeh* | **encaisser** |
| Formular | *fisch* | **la fiche** |
| Gebühr | *kɔmiß'jõ* | **la commission** |
| Geld | *lar'~~sch~~ã* | **l'argent *m*** |
| Geldautomat | *gi'schä otoma'tik* | **le guichet automatique** |

| | | |
|---|---|---|
| hoch | *o* | **haut** |
| Inflation | *lãflaß'jõ* | **l'inflation *f*** |
| Kleingeld | *mɔ'nä* | **la monnaie** |
| Kreditkarte | *kart de kreh'di* | **la carte de crédit** |
| Münze | *pjäß* | **la pièce** |
| niedrig | *ba* | **bas** |
| Österreichische Schillinge | *schi'ling otrisch'jã* | **le shiling autrichien** |
| Paß | *paß'pɔr* | **le passeport** |
| Personalausweis | *kart didãti'teh* | **la carte d'identité** |
| Postsparbuch | *liw'rä deh'parnje-pɔß'tal* | **le livret d'épargne postal** |
| Quittung | *ki'tãß* | **la quittance** |
| Scheck | *schäk* | **le chèque** |
| Schein | *bi'jä* | **le billet** |
| Schweizer Franken | *frã ßü'iß* | **le francs suisse** |
| Travellerschecks | *schäk de woa'ja~~sch~~* | **le chèque de voyage** |
| unterschreiben | *ßin'jeh* | **signer** |
| Unterschrift | *ßinja'tür* | **la signature** |
| Währung | *mɔ'nä* | **la monnaie** |
| Wechselkurs | *to deh'schã~~sch~~* | **le taux d'échange** |
| wechseln | *schã'~~sch~~eh* | **changer** |
| Wohnort | *dɔmi'ßil* | **le domicile** |
| zahlen | *pä'jeh* | **payer** |

*Scheine gibt es zu 20, 50, 100, 200 und 500* ***francs français****; sie werden in den 90er Jahren erneuert (der Zwanzig-FF-Schein wird abgeschafft). Münzen werden zu einem halben, einem, zwei, fünf, zehn und 20 FF geprägt, außerdem zu fünf, zehn und 20* ***centimes****.*

# Im Postamt

Post aus oder in Frankreich zu bekommen ist genauso schön wie überall in der Welt. In der Regel ist die französische P.T.T. (**Postes, Télégraphes, Téléphones**) ziemlich schnell, eine Karte aus Südfrankreich ist in drei Tagen in heimischen Gefilden. Briefmarken (**un timbre**) sind im Postamt (**bureau de poste**) oder in Tabak- und Zeitungsläden erhältlich.

**minitel**

Mit den modernen **minitel**-Computern ist es in größeren Postämtern möglich, Telefonnummern in ganz Frankreich herauszufinden - man gibt einfach den Namen ein. Außerdem stehen - allerdings gegen Gebühr - eine ganze Menge anderer Informationen zur Verfügung.

Briefkästen sind in Frankreich gelb mit einem blauen Streifen und haben meist mehrere Schlitze für Post in die Region, ins weiter entfernte Frankreich (**autres déstinations**) und ins Ausland (**étranger**).

**Was kostet ...?**

■ Was kostet ... *nach Deutschland*?
... *pur lal'manje ßa fä kõb'jã*
**... pour *l'Allemagne* ça fait combien?**
für - Deutschland - das - macht - wieviel

| | | |
|---|---|---|
| ein Brief | *ün lätre* | **une lettre** |
| eine Postkarte | *kart pɔß'tal* | **une carte postale** |
| dieses Päckchen | *ße pa'kä* | **ce paquet** |

**Ich möchte ...**

■ Ich möchte ...
*sche wud'rä ... ßilwu'plä*
**Je voudrais ..., svp.**

| | | |
|---|---|---|
| ein Telegramm *nach Österreich* schicken | *ãwoa'jeh ɔ̃ tehleh'gram ãn_ot'risch* | **envoyer un télégramme *en Autriche*** |
| diesen Brief Expreß schicken | *ãwoa'jeh ßät lätre äkß'prä* | **envoyer cette lettre exprès** |
| diesen Brief bitte per Einschreiben schicken | *ãwoa'jeh ßät lätre rekomã'deh* | **envoyer cette lettre recommandée** |
| Sondermarken | *deh tãbre ßpehß'jo* | **des timbres spéciaux** |

■ Ich sammle Briefmarken.
*~~sche~~ 'fä la kɔläkß'jõ deh tãbre*
**Je fais la collection des timbres.**

**Postlagernd**

■ Ist Post für mich da? Ich heiße ...
*äßkil'ja dü kuri'jeh pɔßte räß'tãt pur mo'a ~~sche~~ ma'päl*
**Est-ce qu'il y a du courrier poste restante pour moi? Je m'appelle ...**

**Brief und Post**

| | | |
|---|---|---|
| absenden | *ãwoa'jeh* | **envoyer** |
| Absender | *äkßpehdi'tɔ̈r* | **l'expéditeur** *m* |
| Adresse | *ad'räß* | **l'adresse** *f* |
| Ansichtskarte | *kart ilüßt'reh* | **la carte illustrée** |
| Brief | *lätre* | **la lettre** |
| Briefkasten | *bo'at o lätre* | **la boîte aux lettres** |
| Briefmarke | *tãbre* | **le timbre** |
| Briefträger | *fak'tɔ̈r* | **le facteur** |
| Briefumschlag | *ãwe'lɔp* | **l'enveloppe** *f* |
| Eilbrief | *lätre äkß'prä* | **la lettre exprès** |
| Einschreiben | *lätre rekɔmã'deh* | **la lettre recommandée** |
| Empfänger | *däßtina'tär* | **le destinataire** |
| frankieren | *afrã'schir* | **affranchir** |
| Gewicht | *po'a* | **le poids** |
| mit Luftpost | *par awi'jõ* | **par avion** |
| Paket | *pa'kä* | **le paquet** |
| Porto | *pɔr* | **le port** |
| Postamt | *bü'ro de pɔßt* | **le bureau de poste** |
| Postfach | *bo'at pɔß'tal* | **la boîte postale** |
| Postkarte | *kart pɔß'tal* | **la carte postale** |
| postlagernd | *pɔßt räß'tãt* | **poste restante** |
| Sondermarke | *tãbre ßpehß'jal* | **le timbre spécial** |
| Telegramm | *tehleh'gram* | **le télégramme** |

*Wer auch Post bekommen möchte, aber keine feste Adresse in Frankreich hat, kann sich postlagernd schreiben lassen. Das muß dann so aussehen. Beim Abholen den Ausweis nicht vergessen!*

# Telefonieren

Telefonieren in einer fremden Sprache gehört zur Meisterprüfung, denn man muß ohne Gesten auskommen. Mutige können es in den zahlreichen Telefonzellen (**cabine téléphonique**) trotzdem versuchen. Dazu wird allerdings fast immer eine Telefonkarte (**télécarte**) benötigt, die im **bureau de tabac** oder bei der Post - die auch in Frankreich gleichzeitig Telefonzentrale ist - zu haben sind. Kartentelefonzellen sind immer international. Findet man keine funktionierende Zelle (**hors service** - außer Betrieb), so kann man in einem Bistro fragen.

*Ruft man von außerhalb nach Paris, so muß eine 1 vor der Nummer gewählt werden.*

■ Gibt es hier in der Nähe eine Telefonzelle?
*äßkil'ja ün ka'bin tehlehfo'nik prä di'ßi*
**Est-ce qu'il y a une cabine téléphonique près d'ici?**

■ Kann ich von hier aus telefonieren?
*~~sche~~ pö tehlehfo'neh i'ßi*
**Je peux téléphoner ici?**

■ Eine Telefonkarte für *100 FF* bitte.
*ün tehleh'kart a 'ßã frã ßilwu'plä*
**Une télécarte à *100 FF*, svp.**

**Das Gespräch**

Man meldet sich in der Regel mit **Allô**-*a'lo*? oder **Oui**-*u'i*?, der Anrufer sagt daraufhin **C'est *Eva* à l'appareil**-*ßä ... a lapa'rej* oder nur **C'est *Andreas***.

■ Hallo, hier ist *Tanja*, könnte ich bitte mit *François* sprechen?
*a'lo ßä 'tanja pu'rä ~~sche~~ par'leh a frãßo'a*
**Allô, c'est *Tanja*, pourrais-je parler à *François*?**

◆ Bleiben Sie dran.
*ne ki'teh pa*
**Ne quittez pas.**

◆ Er ist nicht da.
*il 'nä pa 'la*
**Il n'est pas là.**

■ Können Sie bitte etwas langsamer sprechen?
*puri'jeh wu par'leh ɔ̃ pö 'plü lãt'mã ßilwu'plä*
**Pourriez-vous parler un peu plus lentement, svp.?**

■ Wissen Sie, wann er zurückkommt?
*il rew'jã kã*
**Il revient quand?**
er - zurückkommt - wann

■ Kann ich ihm eine Nachricht hinterlassen?
*~~sch~~e pö lü'i lä'ßeh õ mä'ßa~~sch~~*
**Je peux lui laisser un message?**

■ Sagen Sie ihm bitte, er soll mich zurückrufen.
*dit lü'i de me rap'leh*
**Dites lui de me rappeller, svp.**

◆ Sie haben sich verwählt.
*wu wus_ät trõ'peh de nümeh'ro*
**Vous vous êtes trompé de numéro.**
Sie - sich - sind - getäuscht - von - Nummer

## Rund um's Telefon

| | | |
|---|---|---|
| anrufen | *ape'leh* | **appeller** |
| auflegen | *rakrɔ'scheh* | **raccrocher** |
| Auskunft | *rãßänje'mã* | **le renseignement** |
| Auslandsgespräch | *la'päl a lehtrã'~~sch~~är* | **l'appel *m* à l'étrangère *f*** |
| besetzt | *ɔkü'peh* | **occupé** |
| durchstellen | *mätre ã kɔmünikaß'jõ* | **mettre en communication** |
| Durchwahl | *kɔmünikaß'jõ di'räkt* | **la communication directe** |
| falsch verbunden | *ã foß kɔmünikaß'jõ* | **en fausse communication** |
| faxen | *ãwoa'jeh õ fakß* | **envoyer un fax** |
| Ferngespräch | *ku_tehleh'fɔn a lõg dиß'tãß* | **le coup de téléphone à longue distance** |
| Freizeichen | *tɔnali'teh* | **la tonalité** |
| Funktelefon | *rad'jotehleh'fɔn* | **le radiotéléphone** |
| Hörer | *tehleh'fɔn* | **le téléphone** |
| Ortsgespräch | *la'päl lɔ'kal* | **l'appel *m* local** |
| Telefax | *tehleh'fakß/ tehlehkɔp'jör* | **le téléfax/le télécopieur** |
| Telefon | *tehleh'fɔn* | **le téléphone** |
| Telefonzelle | *ka'bin tehlehfɔ'nik* | **la cabine téléphonique** |
| Telefonbuch | *bɔ'tã* | **le bottin** |
| telefonieren | *tehlehfɔ'neh* | **téléphoner** |
| Telefonnummer | *nümeh'ro* | **le numéro** |
| verbinden | *mätre ã kɔmünikaß'jõ* | **mettre en communication** |
| Verbindung | *kɔmünikaß'jõ* | **la communication** |
| Vermittlung | *ßãt'ral tehlehfɔ'nik* | **le central téléphonique** |
| Vorwahl | *kod* | **le code** |
| wählen | *fär le nümeh'ro* | **faire le numéro** |

*Nach 23 Uhr sind Telefonate am billigsten.Die Vorwahl nach Deutschland lautet 1949,nach Österreich 1943,in die Schweiz 1941 (die Null der Ortsvorwahl dann weglassen).*

# Einkaufen

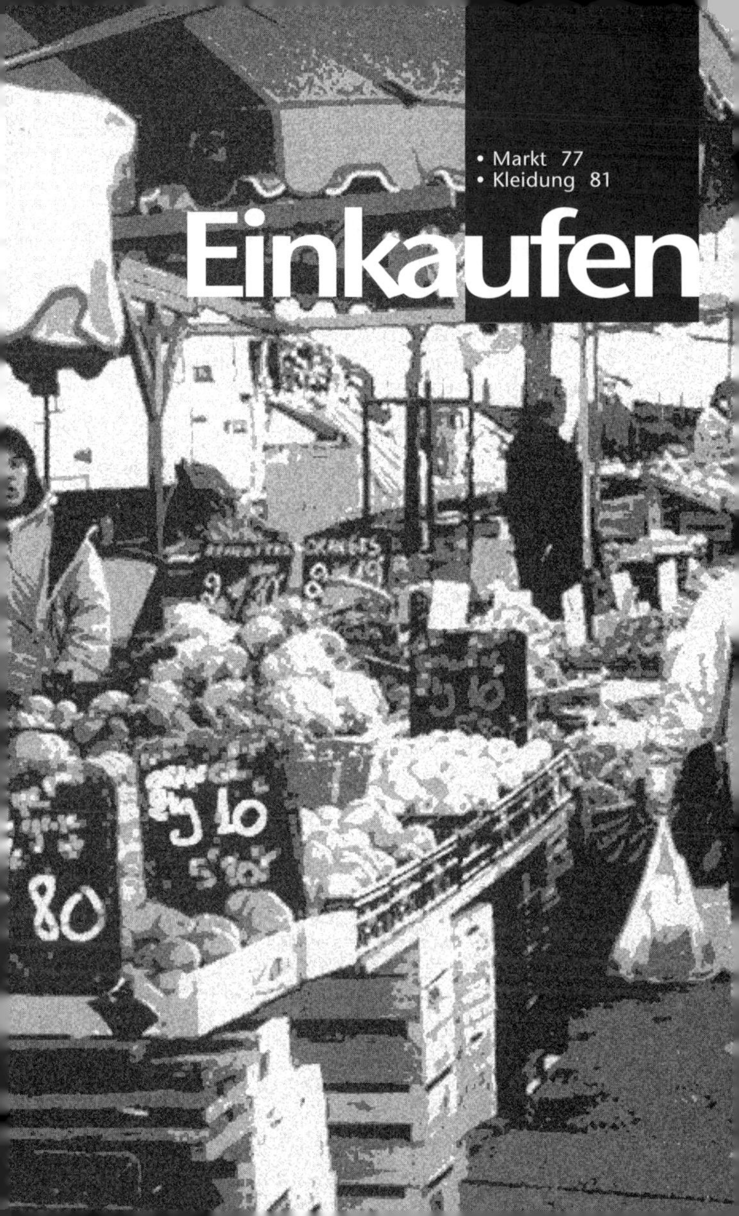

Um bescheiden zu beginnen: die **Alimentation** ist der Laden um die Ecke - hier heißt Tante Emma übrigens **tante Daniele** oder ähnlich. Wie bei Tante Emma trifft man sich auch hier auf ein Schwätzchen und kauft eine **crème fraîche**, unerläßlich für die letztlich ausschlaggebende **sauce**. Ähnliches gilt für die Bäckerei (**boulangerie**) nebenan und das **bureau de tabac** (Zeitschriften- und Tabakgeschäft). Auch hier herrscht keine Eile. Mit einem **baguette** unter dem Arm gibt man sich als Franzose zu erkennen, und man verläßt den Zeitungsladen nicht, ohne ein paar freundliche Worte gewechselt zu haben. Zum **baguette** hat sich ein **quotidien** (Tageszeitung) gesellt - der Tag kann nun beginnen.

**Einkaufsfloskeln** Ein Einkaufsgespräch beginnt, nach Begrüßung und Austausch der einen oder anderen Floskel - je nachdem wie gut man sich kennt - meist folgendermaßen:

| | | |
|---|---|---|
| Sie wünschen? | *wu dehsi'reh* | **Vous désirez?** |
| Die Dame/der Herr ... | *ma'dam/möß'jö* | **Madame/monsieur** |

und wird beantwortet mit:

| | | |
|---|---|---|
| Ich hätte gerne ... | *sche wud'rä* | **Je voudrais ...** |
| Haben Sie ...? | *ßilwu'plä wus_a'weh* | **Svp vous avez ...?** |

**Öffnungszeiten** Auch nach Feierabend ist noch genug Zeit, Einkäufe zu tätigen. Viele Geschäfte haben in der Regel bis 19.00 Uhr geöffnet, die **Alimentation** und der **Supermarché** meist noch länger. Bäckereien und Zeitungsgeschäfte sind auch sonntags geöffnet, schließen dafür einen Nachmittag in der Woche und gönnen sich sonst eine ausgiebige Mittagspause (**sieste**). Es ist angebracht, für kleine Einkäufe ein wenig Wechselgeld (**de la monnaie**) übrig zu haben. Ansonsten ist es durchaus üblich, mit Kreditkarte zu bezahlen, vor allem in den großen Supermärkten.

**Hypermarché** Die **super**- und **hypermarchés** befinden sich an den geographischen Grenzen der Stadt. Die Pilgerströme hupender Autos samstags und am Feierabend lassen es vermuten: Die riesigen Supermärkte stehen mehr im Zentrum des Interesses, als ihre Lage dies vermuten ließe. Ein 10 FF-Stück (**pièce à dix francs**) in den Einkaufswagen (**chariot**), ab durchs Hauptportal, vorbei an Boutiquen, dann endlich durch den Eingang (gewöhnlich irgendwo zwischen den Kassen Nummer 23 bis 47).

**Wo/Wohin**

■ Wo finde ich hier einen Supermarkt?
*'u ~~sche~~ pö tru'weh ɔ̃n_ipärmar'scheh*
**Où je peux trouver un hypermarché?**

■ Wo kann ich *einen Stadtplan* kaufen?
*'u äßke ~~sche~~ pö asch'teh ɔ̃ plã de 'wil*
**Où est-ce que je peux acheter *un plan de ville*?**

■ Wann haben die Geschäfte geöffnet?
*käl ßõ lehs_'ɔ̃r duwär'tür deh maga'sɑ̃*
**Quelles sont les heures d'ouvertures des magasins?**
welches - sind - die - Stunden - von Öffnung - von den - G.

■ Wann öffnen/schließen Sie?
*wus_uw'reh/fär'meh a käl ɔ̃r*
**Vous ouvrez/fermez à quelle heure?**
Sie - öffnen/schließen - zu - welcher - Stunde

◆ Es kommt darauf an.
*ßa deh'pã*
**Ça dépend.**

**Im Geschäft**

■ Können Sie mir zeigen, wo hier ... ist?
*puweh'wu me mõt'reh 'u ~~sche~~ truw ...*
**Pouvez-vous me montrer où je trouve ... ?**
können Sie - mir - zeigen - wo - ich - finde - ...

■ Haben Sie ...?
*ßilwu'plä wus_a'weh*
**Svp vous avez ...?**

◆ Darf es noch etwas sein?
*eh a'wäk ßa*
**Et avec ça?**
und - mit - diesem

■ Können Sie mir das einpacken?
*puri'jeh 'wu me lãba'leh ßilwu'plä*
**Pourriez-vous me l'emballer svp?**

■ Ich zahle bar.
*ãn_ehß'päß*
**En éspèces.**

■ Kann ich mit Scheck bezahlen?
*~~sche~~ pö pä'jeh par 'schäk*
**Je peux payer par cheque?**

| | | | |
|---|---|---|---|
| **teuer/billig** | billig | *bõ mar'scheh* | **bon marché** |
| | teuer | *schär* | **cher, chère** |
| | zu teuer | *tro 'schär* | **trop cher, chère** |
| | sehr teuer | *trä 'schär* | **très cher, chère** |
| **Einkaufen** | Abteilung | *rä'jõ* | **le rayon** |
| | einkaufen | *fär leh 'kurs* | **faire les courses** |
| | geöffnet | *u'wär,t* | **ouvert,e** |
| | geschlossen | *fär'meh* | **fermé,e** |
| | Geschäft | *maga'sã* | **le magasin** |
| | Rabatt | *rehdükß'jõ* | **la réduction** |
| **Geschäfte** | Antiquitäten | *bro'kãt* | **la brocante** |
| | Apotheke | *farma'ßi* | **la pharmacie** |
| | Bäckerei | *bulã~~sch~~'ri* | **la boulangerie** |
| | Bank | *bãk* | **la banque** |
| | Boutique | *bu'tik* | **la boutique** |
| | Buchhandlung | *librä'ri* | **la librairie** |
| | Drogerie | *drɔg'ri* | **la droguerie** |
| | Eisenwaren | *kãkaj'ri* | **la quincaillerie** |
| | Fotogeschäft | *latel'jeh de fotogra'fi* | **l'atelier *m* de photographie** |
| | Friseur | *sa'lõ de koa'für* | **le salon de coiffure** |
| | Geschäft | *maga'sã* | **le magasin** |
| | Juwelier | *bi~~sch~~ut'ri* | **la bijouterie** |
| | Kaufhaus | *grã maga'sã* | **le grand magasin** |
| | Konditorei | *patiß'ri* | **la pâtisserie** |
| | Lebensmittelgeschäft | *lehpiß'ri* | **l'épicerie *f*** |
| | Metzgerei | *busch'ri* | **la boucherie** |
| | Milch- und Käseladen | *kräm'ri* | **la crèmerie** |
| | Musikgeschäft | *maga'sã de mü'sik* | **le magasin de musique** |
| | Optiker | *lɔptiß'jã* | **l'opticien *m*** |
| | Reinigung | *tãtüre'ri* | **la teinturerie** |
| | Schreibwarengesch. | *papät'ri* | **la papeterie** |
| | Schuhgeschäft | *maga'sã de scho'ßür* | **le magasin de chaussures** |
| | Schuhmacher | *kɔrdon'jeh* | **le cordonnier** |
| | Selbstbedienungs-laden | *libre sär'wiß* | **le libre-service** |
| | Stoffe | *ti'ßü* | **les tissus *m*** |
| | Supermarkt | *ipärmar'scheh, ßüpärmar'scheh* | **l'hypermarché *m*, le supermarché *m*** |
| | Süßwaren | *kõfis'ri* | **la confiserie** |
| | Tabak-und Zeitungsgeschäft | *bü'ro de ta'bak* | **le bureau de tabac** |
| | Trödel | *bro'kãt* | **la brocante** |
| | Uhrmacher | *lɔrlo~~sch~~'ri* | **l'horlogerie *f*** |
| | Wäscherei | *law'ri, blãschiß'ri* | **la laverie, la blanchisserie** |

# Markt

Märkte gibt es in ganz Frankreich, auf dem Land und in den Städten. Neben Obst-und Gemüsemärkten sind es Blumen-, Fisch- und Flohmärkte (**marché aux puces**), die die Menschen aus ihren vier Wänden locken und so für buntes Treiben sorgen. Man bekommt hier frische Marktprodukte (**produits maraîchers**) guter Qualität zu einem noch besseren Preis, wenn auch manch überzeugungskräftiger Marktfrau nur mit gekonntem Handeln noch ein paar Centimes abzuringen sind. Die kleinen Holzkisten (**cagette**) und die römischen Waagen (**crochet romain**), die sich, wie von magischer Hand dirigiert, auch einmal um ein paar Gramm verschätzen, wurden in den Städten von großen Ständen mit Preisschildern und Computerwaagen verdrängt. Hier wird auch weniger gehandelt. An den zentralen Plätzen der Innenstadt gelegen, manchmal auch in Hallen (**marché couvert**) untergebracht, oder auf dem Dorfplatz - der Markt ist der Ort, um sich zu treffen und zu plaudern. Der neueste Klatsch (**potin**) wird ausgetauscht.

Besondere Märkte, die nur einmal im Jahr stattfinden und meist auf ein ganz bestimmtes Produkt ausgerichtet sind, heißen **les foires** (Messen). Sie genießen einen überregionalen Ruf und haben auch ihren eigenen Namen. Beispielsweise die Viehmärkte. Hier wird **au cul de la bête** (am Arsch des Viehs) diskutiert, bis man sich einig ist und das per Handschlag besiegelt (**toper**).

## Maße und Qualität

| | | |
|---|---|---|
| Bund (z.B. Grünzeug) | *bɔt* | **la botte** |
| Dutzend | *du'sän* | **la douzaine** |
| fade | *fa'daß* | **fadasse** |
| faul | *pu'ri* | **pourri,e** |
| fein | *fã,fin* | **fin,fine** |
| frisch | *frä,fräsch* | **frais/fraîche** |
| gefroren | *kõsche'leh* | **congelé,e** |
| Gramm | *gramm* | **gramme** |
| grob | *gro,grɔß* | **gros,grosse** |
| groß | *gã,grãd* | **grand,grande** |
| grün/unreif | *wär,wärt/pa 'mür* | **vert,e/pas mûr** |
| Kilo | *ki'lo* | **un kilo** |
| ein halbes Kilo | *de'mi ki'lo* | **un demi-kilo** |
| klein | *pe'ti,pe'tit* | **petit,petite** |
| Liter | *litre* | **un litre** |
| mehlig | *fari'nö,fari'nös* | **farineux,farineuse** |

| | | |
|---|---|---|
| Pfund | *livre* | **un livre** |
| reif | *mür* | **mûr,e** |
| Stück | *p'jäß* | **une pièce** |
| Stück (von) | *mɔr'ßo* | **un morceau** |
| überreif | *blä,blät* | **blet,blette** |
| ein Viertel | *kar* | **un quart** |
| weich | *mu,mɔl* | **mou,molle** |

◆ Der Herr, womit kann ich dienen?
*möß'jö õ wu 'ßär*
**Monsieur, on vous sert?**

◆ Sagt Ihnen das nicht zu?
*ßa wu di ri'ã*
**Ça ne vous dit rien?**
das - Ihnen - sagt - nichts

■ Das ist aber teuer!
*ßa fä bo'ku dar'~~sch~~ã*
**Ça fait beaucoup d'argent.**
das - macht - viel - von Geld

## Obst

| | | |
|---|---|---|
| Obst | *leh frü'i* | **les fruits *f*** |
| Ananas | *ana'na* | **l'ananas *m*** |
| Apfel | *pɔm* | **la pomme** |
| Apfelsine | *lo'rã~~sch~~* | **l'orange *f*** |
| Aprikose | *labri'ko* | **l'abricot *m*** |
| Banane | *ba'nan* | **la banane** |
| Birne | *po'ar* | **la poire** |
| Erdbeere | *fräs* | **la fraise** |
| Feige | *fig* | **la figue** |
| Himbeere | *frãbo'as* | **la framboise** |
| Honigmelone | *me'lõ* | **le melon** |
| Johannisbeere | *ka'ßiß* | **le cassis** |
| Kirsche | *ße'ris* | **la cerise** |
| Pfirsich | *päsch* | **la pêche** |
| Pflaume | *prün* | **la prune** |
| Traube | *rä'sã* | **le raisin** |
| Wassermelone | *me'lõ 'do* | **le melon d'eau** |
| Zitrone | *ßit'rõ* | **le citron** |

## Kräuter und Gewürze

| | | |
|---|---|---|
| Knoblauchbund | *träß 'daj* | **la tresse d'ail** |
| Oregano | *lɔri'gã* | **l'origan *m*** |
| Muskatnuß | *no'a de müß'kad* | **la noix de muscade** |
| Nelke | *klu de ~~sch~~i'rɔfle* | **le clou de girofle** |
| Pfeffer | *po'awre* | **le poivre** |
| Provencekräuter | *ärb de pro'wãß* | **les herbes *f* de provence** |
| Thymian | *tim* | **le thym** |
| Rosmarin | *roma'rã* | **le romarin** |

## Salat/Gemüse

| | | |
|---|---|---|
| Salat/Gemüse | *ßa'lad/leh'güm* | **la salade/les légumes *m*** |
| Artischocke | *larti'scho* | **l'artichaud *m*** |
| Aubergine | *obär'~~sch~~in* | **l'aubergine *f*** |
| Avokado | *awo'ka* | **l'avocat *m*** |
| Blumenkohl | *schu'flɔ̈r* | **le chou-fleur** |
| Bohnen | *ari'ko* | **les haricots *m*** |
| Champignons | *schãpin'jõ* | **les champignons *m*** |
| Erbsen | *pe'ti po'a* | **les petits pois *m*** |
| Frühobst/-gemüse | *pri'mɔ̈r* | **les primeurs *m*** |
| Gurke | *kõ'kõbre* | **le concombre** |
| Kartoffel | *pɔm de 'tär* | **la pomme de terre** |
| Knoblauch | *laj* | **l'ail *m*** |
| Kohl | *schu* | **le chou** |
| Kopfsalat | *lä'tü* | **la laitue** |
| Kräuter | *ärb* | **les herbes *f*** |
| Lauch | *poa'ro* | **le poireau** |
| Paprikaschote | *poav'rõ* | **le poivron** |
| Petersilie | *pär'ßil* | **le persil** |
| Pfifferling | *~~sch~~i'rɔl* | **la girolle** |
| Schnittlauch | *ßibu'lät* | **la ciboulette** |
| Spinat | *lehpi'nar* | **l'épinard *m*** |
| Steinpilz | *ßäp* | **le cèpe** |
| Tomaten | *to'mat* | **les tomates *f*** |
| Zucchini | *kur'~~sch~~ät* | **la courgette** |
| Zwiebel | *loan'jõ* | **l'oignon *m*** |

## Weiteres Marktvokabular

| | | |
|---|---|---|
| entdecken | *dehgɔ'teh* | **dégoter** |
| herumstöbern | *fui'neh* | **fouiner** |
| Kleinigkeiten | *bab'jɔl* | **la babiole** |
| Marktstand | *leh'tal* | **l'étal *m*** |
| Ramschverkäufer | *kam'lo* | **le camelot** |
| „reingelegt" werden | *ße fär ru'leh* | **se faire rouler** |
| reif | *bjã 'fä* | **bien fait** |
| römische Waage | *kri'scho ro'mã* | **le crichot romain** |
| Schnaps | *lo de 'wi* | **l'eau *f* de vie** (Lebenswasser) |
| Second-Hand-Verkäufer | *frip'jeh* | **le fripier** |
| Überfluß | *pleh'tɔr* | **la pléthore** |

*Typische Floskeln:*

◆ Der Herr, womit kann ich dienen?
*mößʼjö õ wu ʼßär*
**Monsieur, on vous sert?**

◆ Sagt Ihnen das nicht zu?
*ßa wu di riʼã*
**Ça ne vous dit rien?**
das - Ihnen - sagt - nichts

## Lebensmittel/ Waren

| | | |
|---|---|---|
| Aufschnitt (Wurst) | *scharküt'ri* | **la charcuterie** |
| Austern | *ü'itre* | **les huîtres *f*** |
| Bier | *b'jär* | **la bière** |
| Brot | *pã* | **le pain** |
| Butter | *bɔ̈r* | **le beurre** |
| Ei | *ɔ̈f* | **l'œuf *m*** |
| Eier | *ö* | **les œufs *m*** |
| Eis | *glaß* | **la glace** |
| Ente | *ka'nar* | **le canard** |
| Essig | *wi'nägre* | **le vinaigre** |
| Filet | *fofi'lä* | **le faux-filet** |
| Fisch | *poa'ßõ* | **le poisson** |
| Fleisch | *wi'ãd* | **la viande ...** |
| Hammel- | *an'jo* | **... d'agneau *m*** |
| Kalb- | *wo* | **... de veau *m*** |
| Rind- | *bɔ̈f* | **... de bœuf *m*** |
| Schweine- | *pɔr* | **... de porc *m*** |
| Garnelen/Krabben | *kre'wät* | **les crevettes *f*** |
| Geflügel | *wo'laj* | **la volaille** |
| Getreide | *ßehreh'al* | **les céréales *f*** |
| Hirn | *ßär'wäj* | **la cerveille** |
| Honig | *mi'äl* | **le miel** |
| Huhn | *pu'lä* | **le poulet** |
| Joghurt | *ja'urt* | **le yaourt** |
| Käse | *fro'ma~~sch~~* | **le fromage** |
| Kaffee | *ka'feh* | **le café** |
| Krebs | *ehkre'wiß* | **l'écrevisse *f*** |
| Kutteln | *'trip* | **les tripes *f*** |
| Lachs | *ßo'mõ* | **le saumon** |
| Leber | *fo'a* | **le foie** |
| Milch | *lä* | **le lait** |
| Muscheln | *ko'kij* | **les coquilles *f*** |
| Nudeln | *pat* | **les pâtes *f*** |
| Nüsse | *no'a* | **les noix *f*** |
| Öl | *lü'il* | **l'huile *f*** |
| Orangensaft | *~~sch~~ü do'rã~~sch~~* | **le jus d'orange** |
| Quark | *fro'ma~~sch~~ 'blã* | **le fromage blanc** |
| Reis | *ri* | **le riz** |
| Sahne | *kräm* | **la crème** |
| Salz | *ßäl* | **le sel** |
| Schinken | *~~sch~~ã'bõ* | **le jambon** |
| Tee | *teh* | **le thé** |
| Tintenfisch | *ßäsch* | **la seiche** |
| Wasser | *lo* | **l'eau *f*** |
| Wein | *wã* | **le vin** |
| Zucker | *ßükre* | **le sucre** |

# Kleidung

In Frankreich gehört es selbstverständlich dazu, über die neuesten modischen Trends informiert zu sein und sich entsprechend einzukleiden. Die Tageszeitungen berichten täglich, was in und was out ist, und in den Straßen und Cafés bewegt sich der lebende Beweis, daß dies zumindest an einem Teil der Bevölkerung nicht spurlos vorbeigegangen ist.

Das neueste Outfit gibt es in der **boutique**. Abgesehen von den namhaften Häusern ist hier ausgefallene Mode erschwinglich und lange nicht so teuer wie in Boutiquen in Deutschland oder der Schweiz. Die Verkäuferinnen beraten gerne und sind auch nicht sauer, wenn nichts gekauft wird. Übrigens: In Schuhgeschäften stehen oft nur die Musterstücke (**échantillons**), zum Anprobieren werden Ihnen die Schuhe aus dem Nebenraum gebracht.

*Die Konfektionsgröße ist immer eine Nummer kleiner als bei uns, d.h. Größe 38 in Deutschland entspricht Größe 40 in Frankreich.*

◆ Was ist ihre Kleidergröße?
*käl ä wɔtre 'taj*
**Quelle est votre taille?**

◆ Welche Schuhgröße haben Sie?
*wu fät käl poã'tür*
**Vous faites quelle pointure?**

■ Ich habe Kleider-/Schuhgröße *38*.
*ma 'taj/poã'tür ä trãtü'it*
**Ma taille/pointure est *38*.**

■ Welche Farbe wünschen Sie?
*wu dehsi'reh käl ku'lɔ̈r*
**Vous désirez quelle couleur?**

■ Ich wollte mich nur umschauen ...
*~~sche~~ re'gard kɔm 'ßa*
**Je regarde comme ça.**

**Anprobe**

■ Darf ich *das Kleid* anprobieren?
*~~sche~~ pö äßä'jeh la 'rɔb ßilwu'plä*
**Je peux essayer la robe svp?**
ich - kann - probieren - das - Kleid - bitte

■ Wo ist bitte die Umkleidekabine?
*ßilwu'plä 'u ä la ka'bin*
**Svp, où est la cabine?**

**Es ist zu ...**

■ Es ist zu...
*ßä tro*
**C'est trop ...**

| | | |
|---|---|---|
| klein/groß | *p'ti/grã* | **petit/grand** |
| eng/weit | *ßä'reh/'ãple* | **serré/ample** |
| kurz/lang | *'kur/'lõ* | **court/long** |
| modern/altmodisch | *mo'därn/dehmo'deh* | **moderne/démodé** |

■ Es kann gar nicht eng/kurz genug sein.
*ße 'nä ~~scha~~'mä tro ßä'reh/ kur*
**Ce n'est jamais trop serré/court.**

■ Das gefällt mir/gefällt mir nicht.
*ßa me 'plä/ ne me plä 'pa*
**Ça me plaît/ ne me plaît pas.**

**Haben Sie es ...?**

■ Haben Sie es ...?
*wus_a'weh ße'ßi*
**Vous avez ceci ...**

| | | |
|---|---|---|
| in einer anderen Größe | *dãs_ün 'otre taj* | **dans une autre taille** |
| in einer anderen Farbe | *dãs_ün 'otre ku'lör* | **dans une autre couleur** |
| in schwarz | *ã no'ar* | **en noir** |
| kürzer/länger | *plü 'kur/plü lõ* | **plus court/plus long** |
| kleiner/größer | *plü p'ti/plü grã* | **plus petit/plus grand** |

**Materialien/ Stoffe**

| | | |
|---|---|---|
| Baumwolle | *ko'tõ* | **le coton** |
| Flanell | *fla'näl* | **la flanelle** |
| Kunstleder | *kü'ir artifiß'jäl* | **le cuir artificiel** |
| Leder | *kü'ir* | **le cuir** |
| Leinen | *lã* | **le lin** |
| Seide | *ßo'a* | **la soie** |
| Stoff | *ti'ßü* | **le tissu** |
| Synthetik | *mat'jär ßãteh'tik* | **la matière synthétique** |
| Wildleder | *schamo'a* | **le chamois** |
| Wolle | *län* | **la laine** |
| gehäkelt | *fä o kro'schä* | **fait,e au crochet** |
| gestrickt | *triko'teh* | **tricoté,e** |
| gewebt | *ti'ßü* | **tissu,e** |
| handgearbeitet | *trawa'jeh a 'mã* | **travaillé,e à main** |
| natürlich/künstlich | *natü'räl/artifiß'jäl* | **naturel,le/ aritficiel,le** |

## Farben

| | | |
|---|---|---|
| Farben | *ku'lör* | **les couleur *f*** |
| beige | *bä~~sch~~* | **beige** |
| blau | *blö* | **bleu,e** |
| braun | *ma'rõ* | **marron,e** |
| bunt | *de di'wärß ku'lör* | **de diverses couleurs** |
| creme | *kräm* | **crème** |
| dunkel- | *fõ'ßeh* | **-foncé** |
| gelb | *~~sch~~on* | **jaune** |
| gold | *do'reh* | **doré,e** |
| grau | *gri, gris* | **gris,e** |
| grün | *wär, wärt* | **vert,e** |
| hell- | *klär* | **-clair** |
| orange | *o'rã~~sch~~* | **orange** |
| rosa | *ros* | **rose** |
| rot | *ru~~sch~~* | **rouge** |
| schwarz | *no'ar* | **noir,e** |
| silber | *ar~~sch~~ã'teh* | **argenté,e** |
| türkis | *blö türko'as* | **bleu turquoise** |
| violett | *wio'lä* | **violet** |
| weiß | *blã,blãsch* | **blanc,blanche** |

## Muster

| | | |
|---|---|---|
| Muster | *deh'ßã* | **le dessin** |
| gemustert | *dehßi'neh* | **desinné,e** |
| gepunktet | *o po'ã* | **aux points** |
| gestreift | *rä'jeh* | **rayé,e** |
| kariert | *o ka'ro* | **aux carraux** |
| uni | *ü'ni* | **uni** |

## Bekleidung

| | | |
|---|---|---|
| Anzug | *kõ'plä* | **le complet** |
| Badeanzug | *mai'jo de 'bã* | **le maillot de bain** |
| Badehose | *ßlip de 'bã* | **le slip de bain** |
| Badeshorts | *kal'ßõ* | **le caleçon** |
| Bekleidung | *wät'mã* | **les vêtements *m*** |
| Bluse | *blus* | **la blouse** |
| Gürtel | *ßã'tür* | **la ceinture** |
| Handschuhe | *gã* | **les gãnts *m*** |
| Hausschuhe | *scho'ßõ* | **les chaussons *m*** |
| Hemd | *sche'mis* | **la chemise** |
| Hut | *scha'po* | **le chapeau** |
| Kleid | *rɔb* | **la robe** |
| Krawatte | *kra'wat* | **la cravatte** |
| kurzärmelig | *o mãsch 'kurt* | **aux manches *f* courtes** |
| langärmelig | *o mãsch 'lõg* | **aux manches *f* longues** |
| Mantel | *mã'to* | **le manteau** |
| Morgenmantel | *pänjo'ar dapart'mã* | **le peignoir d'appartement** |
| Mütze (mit Schirm) | *kaß'kät* | **la casquette** |

| | | |
|---|---|---|
| Mütze (ohne Schirm) | *bɔ'nä* | **le bonnet** |
| Baskenmütze | *beh'rä* | **le béret** |
| Rock | *~~sch~~üp* | **la jupe** |
| Minirock | *mini'~~sch~~üp* | **la mini-jupe** |
| Sakko | *wäß'tõ* | **le veston** |
| Sandalen | *ßã'dal* | **les sandales** *f* |
| Schuhe | *scho'ßür* | **les chaussures** *f* |
| Shorts | *schɔrt* | **le short** |
| Socken | *scho'ßät* | **les chaussettes** *f* |
| Stiefel | *bɔt* | **les bottes** *f* |
| Strümpfe | *ba* | **les bas** *m* |
| Strumpfhose | *ko'lã* | **les collants** *m* |
| Strapse | *~~sch~~ar'täl* | **les jarretelle** *f* |
| Turnschuhe | *scho'ßür de ~~sch~~imnaß'tik* | **les chaussures** *f* **de gymnastique** |
| T-Shirt | *ti'schɔ̈rt* | **le t-shirt** |
| Unterhemd | *tri'ko de kɔr* | **le tricot de corps** |
| Unterhose | *ßlip* | **le slip** |
| Unterwäsche | *deh'ßu* | **les dessous** *m* |

# Von Ort zu Ort

Alle Wege führen über Paris, den Hauptknotenpunkt für Luft- und Schienenverkehr. Es besteht ein dichtes Netz an innerländischen Flugverbindungen. Die meisten Reiseziele lassen sich jedoch bequem mit der Bahn erreichen, und „vor Ort" gibt es die Möglichkeit, an Bahnhöfen zu günstigen Tarifen Fahrräder zu leihen oder auf öffentliche Verkehrsmittel (**transports urbains**) umzusteigen. Es gibt meist gute Busverbindungen in die nähere Umgebung der Städte. Das Fahrrad (**vélo**) scheint in Frankreich nicht für den Stadtverkehr vorgesehen - hier werden die Fahrradfahrer schlichtweg übersehen -, dafür jedoch umso geeigneter für Ausflüge (siehe Kapitel „Freizeit").

*Siehe hierzu das Kapitel „Autofahren".*

Um von Ort zu Ort zu kommen, ist das Auto (**voiture**) das geeignete Verkehrsmittel für Gegenden, die abseits von den üblichen Touristenorten liegen und vom Zugverkehr (**traffic ferroviaire**) weniger dicht frequentiert sind.

**Wo und Wohin**

■ Wie komme ich *zum Bahnhof*?
*pur a'leh a la 'gar*
**Pour aller *à la gare*?**
für - gehen - zu - dem - Bahnhof

■ Ich nehme ein einfaches Ticket zweiter Klasse nach ....
*ɔ̃n_a'leh ßɑ̃ple dös'jäm 'klaß pur ... ßilwu'plä*
**Un aller simple deuxième classe pour ... svp.**

■ Ist am *Freitag, dem 5. Juli* noch ein Platz frei?
*äßkil'ja de la 'plaß pur 'wɑ̃dredi le ßɑ̃k ~~sch~~üi'jä*
**Est-ce qu'il y a de la place pour *vendredi, le cinq juillet*?**
[Frage] es - hier - hat - von - dem - Platz - für - F. - den - 5. - Juli

■ Wieviel kostet es nach *La Rochelle*?
*ßa fä kõb'jɑ̃ pur a'leh a la ro'schäl*
**Ça fait combien pour aller à *La Rochelle*?**
das - macht - wieviel - für - gehen - nach - La Rochelle

■ Wie lange dauert die Fahrt nach *Le Havre*?
*kõb'jɑ̃ de 'tɑ̃ dür le woa'ja~~sch~~ o'awre*
**Combien de temps dure le voyage *Au Havre*?**

*Weitere allgemeine Redewendungen zum Reisen siehe im Kapitel „Überlandbus" ab S. 89.*

■ Wie komme ich von hier nach *Genf*?
*kɔ'mɑ̃ äßke ~~sch~~e pö a'leh di'ßi a ~~sch~~e'näw*
**Comment est-ce que je peux aller d'ici à *Genève*?**
wie - ich - kann - gehen - von - hier - nach - Genf

## Reisen

| | | |
|---|---|---|
| reisen | *woaja'~~sch~~eh* | **voyager** |
| abreisen nach | *par'tir (pur)* | **partir (pour)** |
| Abfahrtszeit | *'ɔr dü deh'par* | **l'heure du départ** |
| anhalten | *ßarä'teh* | **s'arrêter** |
| Ankunft | *ari'weh* | **l'arrivée** |
| Anschluß | *kɔräßpõ'dãß* | **la correspondance** |
| Ausgang | *ßɔr'ti* | **la sortie** |
| aussteigen | *deh'ßãdre* | **descendre** |
| bestätigen | *kõfir'meh* | **confirmer** |
| buchen | *rehsär'weh* | **réserver** |
| Eingang | *ã'treh* | **l'entrée** |
| Endstation | *tärmi'nüß* | **le terminus** |
| Fahrplan | *ɔ'rär* | **l'horaire** |
| Fahrkartenschalter | *gi'schä* | **le guichet** |
| Gepäckaufbewahrung | *kõ'ßinje* | **la consigne** |
| Handgepäck | *ba'ga~~sch~~ a 'mã* | **le bagage à main** |
| Hin- und Rückreise | *a'leh ä re'tur* | **l'aller et retour** |
| Kursbuch | *ãdika'tɔr* | **l'indicateur** |
| Platzkarte | *bi'jä de rehsärwaß'jõ* | **le billet de réservation** |
| der/die Reisende | *woaja'~~sch~~ɔr* | **le voyageur** |
| Reiseführer | *gid* | **le guide** |
| Rückfahrkarte | *bi'jä da'leh ä re'tur* | **le billet d'aller et retour** |
| Stadtplan | *plã de wil* | **le plan de ville** |
| umsteigen | *schã'~~sch~~eh (de)* | **changer (de)** |
| Wartesaal | *ßal datãnt* | **la salle d'attente** |

## Verkehrsmittel

| | | |
|---|---|---|
| Minibus | *mini'büß* | **le minibus** |
| Fähre | *färri-'bot* | **le ferry-boat** |
| Jacht | *jɔt* | **le yacht** |
| Lastwagen | *kam'jõ* | **le camion** |
| Mofa | *mobi'lät* | **la mobylette** |
| Roller | *ßku'tär* | **le scooter** |
| trampen | *für dü 'ßtop* | **faire du stop** |
| U-Bahn | *meh'tro* | **le métro** |
| Wohnwagen | *kara'wan* | **la caravane** |
| zu Fuß gehen | *a'leh a pjeh* | **aller à pied** |

Flugzeug
*aw'jõ*
**l'avion *m***

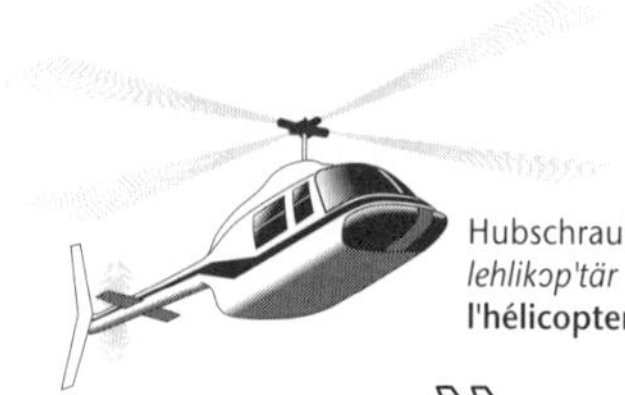

Hubschrauber
*lehlikɔp'tär*
**l'hélicopter *m***

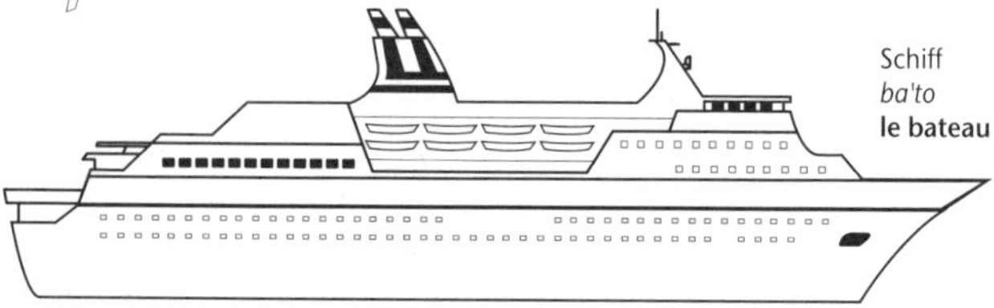

Schiff
*ba'to*
**le bateau**

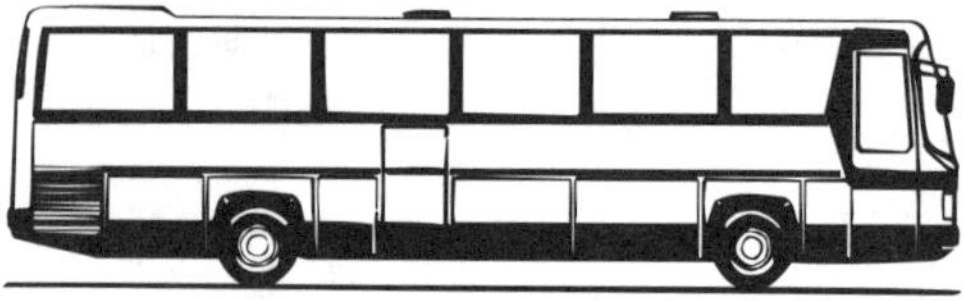

Reisebus/
Überlandbus
*kar*
**le car**

Bus
*oto'büß*
**l'autobus *m***

Wohnmobil
*kã'ping 'kar*
**la camping-car**

Auto
*woa'tür*
**la voiture**

Fahrrad
*bißi'klät, weh'lo*
**la bicyclette, le vélo**

Moped
*ßiklomo'tɔ̈r*
**le cyclomoteur**

Motorrad
*mo'to*
**la moto**

# Überlandbus

Auch wenn in Frankreich das Bahnfahren beliebter ist, gibt es doch in jeder größeren Stadt einen Busbahnhof (**gare routière**) mit Anschlüssen in die nähere Umgebung sowie an andere Städte; auch die Fahrzeuge der Gesellschaften, die Verbindungen ins Ausland anbieten (**lignes internationales régulières par autocar**), warten hier auf Fahrgäste. Organisierte Rundreisen (**voyages circulaires**) oder Städtetouren (**tours de ville**) starten ebenfalls meist von diesen Bahnhöfen. Genauere Informationen gibt es im Reisebüro und an den Schaltern (**guichet**) der Busbahnhöfe.

## Busfahren

| | | |
|---|---|---|
| Bahnsteig | *kä* | **le quai** |
| Busbahnhof | *gar rut'jär* | **la gare routière** |
| Busfahren | *a'leh ã 'büß* | **aller en bus** |
| Busgesellschaft | *kõpa'nji de woa'ja~~sch~~* | **la compagnie de voyage** |
| Buslinie | *linje* | **la ligne** |
| Fahrer | *kõdük'tɔr* | **le conducteur** |
| Fahrkarte | *bi'jä* | **le billet** |
| Fahrpreis | *pri dü trãß'pɔr* | **le prix du transport** |
| Fahrt | *kurs* | **la course** |
| Gepäck | *ba'ga~~sch~~* | **les bagages** |
| Haltestelle | *(poã d) a'rä* | **le(point d') arrêt** |
| Koffer | *wa'lis* | **la valise** |
| Rucksack | *sak a 'do* | **le sac à dos** |
| der Bus | *kar* | **le car** |
| ... fährt ab | *par* | **... part** |
| ... hält an | *ßa'rät* | **... s'arrête** |
| ... kommt an | *a'riw* | **... arrive** |

## Wo und Wohin

■ Wo kann ich die Fahrkarte kaufen?
*'u äßke ~~sche~~ pö asch'teh ɔ̃ ti'kä*
**Où est-ce que je peux acheter un ticket?**
wo - [Frage] - ich - kann - kaufen - ein - Ticket

■ Wann kommt der Bus nach *St. Etienne*?
*ßät_a 'käl 'ɔr ke le kar pur ßãt_eht'jän ariwe'ra*
**C'est à quelle heure que le car pour *St. E.* arrivera?**
das ist - zu - welcher - Stunde - daß - der - Bus - für - St. Etienne - wird ankommen

■ Welcher Bus fährt nach *San Sebastian*?
*'käl ä le kar pur ßan ßebaßt'jan*
**Quel est le car pour *San Sebastian*?**
welches - ist - der - Bus - für - San Sebastian

■ Wo ist die nächste Haltestelle *der Linie 12*?
*'u ä le prɔ'schã̃_a'rä dü büs nümeh'ro 'dus*
**Où est le prochain arrêt *du bus numéro 12*?**

◆ Der nächste Bus fährt um *1.30* Uhr.
*le prɔ'schã kar wa par'tir a 'ün ɔ̈r ä de'mi*
**Le prochain car va partir à *une heure et demi*.**
der - nächste - B. - wird - abfahren - in - 1 - Std. - und - halb

■ Muß ich umsteigen?
*'äßkil fo schã'~~sch~~eh de kar?*
**Est-ce qu'il faut changer de car?**
[Frage] man - muß - wechseln - von - Bus

**Im Bus**

■ Könnten Sie kurz anhalten?
*puri'jeh 'wu wus_arä'teh ɔ̃ mõ'mã ßilwu'plä*
**Pourriez-vous vous arrêter un moment svp?**

■ Ich möchte an der Haltestelle *Rue Jussieu* aussteigen.
*~~sch~~e wu'drä de'ßãdre a la'rä rü ~~sch~~üß'jö*
**Je voudrais descendre à l'arrêt *Rue Jussieu*.**
ich - würde wollen - aussteigen - an - der H. - Straße - J.

■ Kann ich hier aussteigen?
*~~sch~~e pö de'ßãdre i'ßi*
**Je peux descendre ici?**
ich - kann - aussteigen - hier

**Unterwegs**

■ Sind wir schon in *Bordeaux*?
*nu sɔm deh'~~sch~~a a bɔr'do*
**Nous sommes déjà à *Bordeaux*?**

■ Wo sind wir hier?
*i'ßi nu sɔms_'u*
**Ici, nous sommes où?**

■ Wie heißt diese Stadt?
*käl ä le 'nõ de ßät 'wil*
**Quel est le nom de cette ville?**
welches - ist - der - Name - von - dieser - Stadt

■ Wie lange brauchen wir noch bis *Paris*?
*~~sch~~üß'ka pa'ri ßa fä kõb'jã de 'tã ã'kɔr*
**Jusqu'à *Paris* ça fait combien de temps encore?**
bis nach - Paris - das - macht - wieviel - von - Zeit

■ Wann kommen wir in *Toulouse* an?
*ßät_a 'käl ɔ̈r ke nus_ariwe'rõ a tu'lus*
**C'est à quelle heure que nous arriverons à *Toulouse*?**
das ist - zu - welcher - Stunde - daß - wir - werden ank. - in - T.

# Zug

Frankreich verfügt über ein ausgedehntes Schienennetz, wobei die Hauptlinien (**grands axes**) sternförmig von Paris ausgehen. Die Schnellzüge starten von sechs verschiedenen Bahnhöfen aus. Die Verbindungen auf diesen Strecken sind hervorragend, aber die Züge sind, vor allem zur Ferienzeit und an Wochenenden, oft restlos voll. Platzkarten dann möglichst rechtzeitig reservieren! Auf den Querverbindungen gilt es, möglichst die Anschlußzüge nicht zu verpassen, ansonsten kann es länger dauern, bis der nächste hält.

**Tarife und Ermäßigungen**

Bahnfahren ist in Frankreich etwas preiswerter als in Deutschland. Die Ermäßigungen (**tarifs réduits** oder **réductions**) richten sich vor allem nach der Reisezeit. Der Kalender ist in weiße und blaue Tage unterteilt, letztere sind die günstigeren. Diesen Reisekalender mit den genauen Daten gibt es an allen **SNCF** (**Societé nationale des chemins de fer français**)-Bahnhöfen kostenlos. Für die Hin- und Rückfahrt auf derselben Strecke ermöglicht das **billet de séjour** während der blauen Zeit 25% Ermäßigung. Das entspricht in etwa dem Twen-Ticket. Für Paarreisen wird grundsätzlich ca. 50% Ermäßigung gewährt. Des weiteren gibt es Vergünstigungen bis zu 50% für Paar-, Gruppen- oder Familienreisen und, ähnlich der Bahncard, das **Carrissimo**. Am günstigsten fährt es sich mit dem **Tarif Joker**. Hier muß die Reservierung mindestens acht Tage vor Reiseantritt erfolgen. Dieser Tarif gilt jedoch nicht in allen Zügen. Ab Deutschland gibt es zudem für Städteverbindungen mit Paris (**'Paris Spezial'**) und für die **Eurominigruppe** - d.h. mindestens ein Erwachsener und ein Jugendlicher unter 16 Jahren - einen Sondertarif. Außerdem steht mit dem **France Vacances Pass** innerhalb 15 bzw. 30 Tagen ein bestimmtes Kontingent an Reisetagen zur Verfügung - für einen mehrwöchigen Ferienaufenthalt geradezu ideal.

Reservierungen nimmt man am Schalter oder an dafür vorgesehenen Automaten (**distributeur de tickets** oder **billeterie**) vor. Bei Zwischenaufenthalten kann das Gepäck an der Gepäckaufbewahrung (**consigne**) abgegeben werden. An großen Bahnhöfen ist diese auch rund um die Uhr geöffnet, oder es gibt automatische Schließfächer (**consigne automatique**), die mit Münzen bedient werden.

**Interrail**

Interrailer sollten wissen, daß auf die TGV-Strecken ein Zuschlag erhoben wird, der je nach Entfernung variiert und der bei der Reservierung bezahlt werden muß. In den anderen Zügen ist es auch möglich, ohne Reservierung zu fahren. Außer zu Stoßzeiten in den Ferien findet man auch problemlos einen Platz. Es ist zwar untersagt, auf den Bahnhöfen zu schlafen; soweit sie nicht über Nacht geschlossen werden, wird es jedoch meist geduldet. Ansonsten gibt es Warteräume (**salles d'attente**), die vor allem in den Großstädten dem Bahnsteig vorzuziehen sind.

**Ich möchte ...**

■ Ich möchte ...
*~~sche~~ wu'drä ...*
**Je voudrais ...**

| | | |
|---|---|---|
| eine Rückfahrkarte nach Bordeaux | *õn_a'leh ä re'tur a bɔr'do* | **un aller et retour à Bordeaux** |
| eine Platzkarte | *õ ti'kä de rehsärwaß'jõ* | **un ticket de réservation** |
| ein Nichtraucher-abteil | *kõparti'mã nõ-fü'mör* | **un compartiment non-fumeur** |
| einen Schlafwagen-platz | *wagõ'li* | **un wagon-lit** |
| einen Liegewagen | *ku'schät* | **une couchette** |
| einen Zuschlag lösen | *prãdre õ süppleh'mã* | **prendre un supplément** |

◆ Der Zug ist ausgebucht
*le trã ä kõ'plä*
**Le train est complet.**

◆ Der Zug aus Paris hat *10* Minuten Verspätung.
*le trã ã prowe'nãß de pa'ri a di mi'nüt de re'tar*
**Le train en provenance de Paris a *10* minutes de retard.**
der - Zug - in - Herkunft - von - P. - hat - 10 - M. - von - Verspätung

■ Gibt es eine Verbindung nach ...?
*äßkli'ja ün kɔräßpõ'dãß pur ...*
**Est-ce qu'il y a une correspondance pour ...?**

■ Ist dies das *Erste-Klasse*-Abteil?
*ßä la prem'jär klaß*
**C'est la *première classe*?**
das ist - die - erste - Klasse

■ Ist dieser Platz frei?
*'äßke ßät plaß ä 'libre*
**Est-ce que cette place est libre?**
[Frage] - dieser - Platz - ist - frei

◆ Entschuldigen Sie, das ist mein Platz.
*~~sche~~ re'grät, mä ~~sch~~eh rehsär'weh ßät plaß*
**Je regrette, mais j'ai réservé cette place.**
ich - bedauere - aber - ich habe - reserviert - diesen - Platz

■ Macht es Ihnen etwas aus, wenn ich rauche/das Fenster öffne?
*ßa wu '~~sch~~än ßi ~~sche~~ 'füm/'~~sch~~uwre la fe'nätre*
**Ça vous gêne si je fume/j'ouvre la fenêtre?**
das - Sie - stört - wenn - ich - rauche/ich öffne - das - Fenster

■ Würde es Ihnen etwas ausmachen, mit mir den Platz zu tauschen?
*ßa wu dehrã~~sche~~'rä de schã'~~sch~~eh la 'plaß a'wäk mo'a*
**Ça vous dérangerait de changer la place avec moi?**
das - Sie - stören würde - zu - wechseln - den - P. - mit - mir

## Bahnfahren

| | | |
|---|---|---|
| Bahn | *sche'mã de fär* | **les chemins de fer** |
| Bahnhof | *gar* | **la gare** |
| Bahnsteig | *kä* | **le quai** |
| Fahrkarte | *ti'kä* | **le ticket** |
| ... erster Klasse | *prem'jär klaß* | **... de première classe** |
| ... zweiter Klasse | *dös'jäm klaß* | **... de deuxième classe** |
| Fahrplan | *or'är* | **l'horaire *m*** |
| Gepäck | *ba'ga~~sch~~* | **les bagages *m*** |
| Klimaanlage | *klimati'sɔ̈r* | **le climatiseur** |
| Lautsprecher | *'opar'lɔ̈r* | **le haut-parleur** |
| Liegewagen | *woa'tür ku'schät* | **la voiture-couchettes** |
| Nichtraucher | *'nõ fü'mɔ̈r* | **non-fumeur** |
| Platzkarte | *ti'kä de rehsärwaß'jõ* | **le ticket de réservation** |
| Raucher | *fü'mɔ̈r* | **fumeur** |
| Rückfahrkarte | *a'leh ä re'tur* | **l'aller et retour** |
| Schlafwagen | *wa'gõ 'li* | **le wagon-lit** |
| Speisewagen | *wa'gõ räßto'rã* | **le wagon-restaurant** |
| außer Sonntag | *ßof di'mãsch* | **sauf dimanche** |
| Verspätung | *re'tar* | **le retard** |
| vorbestellen | *komã'deh da'wãß* | **commander d'avance** |
| Waggon | *wa'gõ* | **le wagon** |
| Zug | *trã* | **le train** |
| Zuschlag | *ßüpleh'mã* | **le supplément** |

# Flugzeug

Außer den zwei großen Flughäfen (**aéroport**) von Paris, Charles de Gaulle-Roissy und Orly, gibt es internationale Flughäfen in Bordeaux, Lyon, Marseille, Nizza und Toulouse. Air France wie auch Lufthansa bieten 25% Erlaß für junge Leute, von Montag bis Freitag sogar 40%. Dazu gibt es Sondertarife (**tarifs réduits**) für Wochenendflüge. Air Inter bietet günstige Tarife für Inlandsflüge (**vols nationaux**), die eine Ersparnis von etwa 50% bedeuten können. Diese Tarife gelten vor allem für Jugendliche, Studenten, Familien, Gruppen und Paare. Sie richten sich im allgemeinen nach der Reisezeit. Wie für den Schienenverkehr gilt: Es gibt einen Reisekalender mit weißen und blauen Tagen. Während der Hauptreisezeit (**pleine saison**) sind deshalb Ermäßigungen selten zu bekommen.

---

**Buchung**

■ Wo finde ich ein Reisebüro der *Air France*?
*'u äßke ~~sche~~ pö tru'weh 3̃ bü'ro de lär 'frãß*
**Où est-ce que je peux trouver un bureau de *l'Air France*?**
wo - [Frage] - ich - kann - finden - ein - Büro - von - der A.F.

---

■ Ich möchte einen Flug *Paris - Nizza* buchen.
*~~sche~~ wö rehsär'weh 3̃ 'wol pa'ri 'niß*
**Je veux réserver un vol *Paris - Nice*.**

---

■ Ich möchte meinen Flug umbuchen/bestätigen.
*~~sche~~ wu'drä schã'~~scheh~~/reköfir'meh mõ 'wɔl*
**Je voudrais changer/reconfirmer mon vol.**
ich - würde wollen - wechseln/bestätigen - mein - Flug

---

◆ Wann wollen Sie fliegen?
*'kãd_äßke wu 'wuleh par'tir*
**Quand est-ce que vous voulez partir?**

---

◆ Es gibt keinen Platz mehr.
*le 'wɔl ä kom'plä*
**Le vol est complet.**
der - Flug - ist - besetzt

---

■ Ich nehme die erste/letzte Maschine.
*~~sche~~ prã le prem'jär_aw'jõ/le därn'jär_aw'jõ*
**Je prends le premier avion/le dernier avion.**

■ Wann ist der Abflug/Check-in?
*'kãd_ä le deh'par/lãbark'mã*
**Quand est le départ/l'embarquement?**

◆ Kommen Sie *zwei Stunden* vor Abflug.
*il fo we'nir a laehro'pɔr 'dös_ɔ̈r awã le deh'par*
**Il faut venir à l'aéroport *2 heures* avant le départ.**
man - muß - kommen - an - den F. - 2 - Std.- vor - dem - Abflug

■ Wie komme ich zum Flughafen?
*pur a'eh a laehro'pɔr*
**Pour aller à l'aéroport?**

**Ich möchte ...**

■ Ich möchte ...
*~~sch~~äme'r bj'ã ...*
**J'aimerais bien ...**
ich würde lieben - gut

| | | |
|---|---|---|
| einen Fensterplatz | *ün plaß a la f'nätre* | **une place à la fenêtre** |
| Nichtraucher | *nõ fü'mɔ̈r* | **non-fumeur** |
| einen Platz hinten/ vorne | *plaß a la 'tät/ ãn_ar'jär* | **une place à la tête/ en arrière** |

◆ Raucher/Nichtraucher?
*fü'mɔ̈r/nõ fü'mɔ̈r*
**Fumeur/non-fumeur?**

**Am Flughafen**

■ Zu welchem Gate muß ich gehen?
*ßät_a 'käl ßɔr'ti ke ~~sche~~ do'a a'leh*
**C'est à quelle sortie que je dois aller?**
das ist - zu - welchem - Ausgang - daß - ich - muß - gehen

◆ Der Flug *Paris-München* hat Verspätung.
*le wɔl pa'ri mü'nik ät_ã re'tar*
**Le vol *Paris-Munich* est en retard.**

◆ Der Flug ist gestrichen worden.
*le wɔl ät_anü'leh*
**Le vol est annulé.**

◆ Das Flugzeug aus ... ist bereits gelandet/gestartet.
*law'jõ de ... ä deh'~~scha~~ ari'weh/par'ti*
**L'avion de ... est déjà arrivé/parti.**

## Fliegen

| | | |
|---|---|---|
| an Bord | *a bɔr* | **à bord** |
| buchen | *rehsär'weh* | **réserver** |
| Charterflug | *le schar'tär* | **le charter** |
| fliegen | *wɔ'leh,* | **voler,** |
| | *prãdre lawi'jõ* | **prendre l'avion *m*** |
| Flughafen | *laehro'pɔr* | **l'aéroport *m*** |
| Flugzeug | *law'jõ* | **l'avion *m*** |
| Gate | *sɔr'ti* | **la sortie** |
| Handgepäck | *ba'ga~~sch~~ a mã* | **le bagage à main** |
| Inlandsflug | *wɔl naßjo'nal* | **le vol national** |
| Internationaler Flug | *wɔl ãtärnaßjɔ'nal* | **le vol international** |
| landen | *atä'rir* | **atterrir** |
| Landung | *latäri'ßa~~sch~~* | **l'atterrissage *m*** |
| Linienflug | *wɔl de linje* | **le vol de ligne** |
| Notausgang | *sɔr'ti de seh'kur* | **la sortie de sécours** |
| Pilot | *pi'lo* | **le pilot** |
| Rollfeld | *är datäri'ßa~~sch~~ ä de* | **l'aire *f* d'atterrissage** |
| | *dehkɔ'la~~sch~~* | **et de décollage** |
| starten | *dehkɔ'leh* | **décoller** |
| Stewardess | *lo'täß de 'lär* | **l'hôtesse *f* de l'air** |
| Ticket | *ti'kä* | **le ticket** |
| Übergepäck | *äkßeh'dã de ba'ga~~sch~~* | **l'excédent *m* de** |
| | | **bagages** |
| der Flug ist ... | *le wɔl ät_ ...* | **le vol est ...** |
| ... pünktlich | *a 'lɔ̈r* | **... à l'heure** |
| ... verspätet | *ã re'tar* | **... en retard** |
| ... gestrichen | *anü'leh* | **... annulé** |

# Trampen und Mitfahrzentrale

Für viele ist Trampen (**faire du stop**) eine alternative Möglichkeit durchs Land zu reisen oder sich schnell einmal in die Stadt oder sonstwohin mitnehmen zu lassen. Es kostet nichts, und mit etwas Glück trifft man auf interessante Leute. Gelegenheit zu einem lockeren Gespräch findet man aber besser in jedem Bistro. Vor allem für alleinreisende, ausländische Frauen ist die Gefahr groß, beim Trampen unangenehme Erfahrungen zu machen. Vom Alleine-Trampen ist deshalb abzuraten. Tramper erfreuen sich meist auch nicht eben großer Beliebtheit: Die Einheimischen sind mißtrauisch und im Sommer schon genug genervt von Hitze und Verkehr. Man sollte sich also darauf einstellen, womöglich länger erfolglos am Straßenrand zu stehen. Wer in größeren Städten verweilt, wendet sich besser an eine Mitfahrzentrale ("**Allostop**"). An Autobahnen schließlich ist Trampen sogar verboten.

---

■ Fahren Sie Richtung *Lyon*?
*wus_a'leh ã diräkß'jõ de li'õ*
**Vous allez en direction de *Lyon*?**
Sie - gehen - in - Richtung - von - Lyon

---

■ Wir wollen *zum Strand.*
*nu wu'lõ a'leh a la 'plasch*
**Nous voulons aller *à la plage*.**

---

■ Können Sie uns mitnehmen?
*wu pu'weh nus_ãm'neh*
**Vous pouvez nous emmener?**

---

◆ Natürlich, steigen Sie ein!
*mä u'i, mõ'teh*
**Mais oui, montez!**

---

◆ Machen Sie Ferien?
*wus_ät ã wa'kãß*
**Vous êtes en vacances?**
Sie - sind - in - Ferien

---

■ Können Sie mich da vorne rauslassen?
*lä'ßeh mo'a de'ßãdre la'ba ßilwu'plä*
**Laissez-moi déscendre là-bas svp.**
lassen Sie mich - aussteigen - dort drüben - bitte

---

■ Danke für's mitnehmen!
*mär'ßi wus_ät träs_ä'mable*
**Merci! Vous êtes très aimable**
danke Sie - sind - sehr - freundlich

**Mitfahrzentrale – Allostop**

Die Mitfahrzentrale funktioniert wie in Deutschland: Einfach anrufen und fragen, ob jemand in die gewünschte Richtung fährt bzw. selbst eine Fahrt anbieten. Nummern sind im Touristenbüro zu bekommen oder stehen im Telefonbuch.

---

■ Ich habe *drei* Plätze nach *Lyon* für *Montag* um *10.00 Uhr* anzubieten.
*scheh tro'a plaß pur li'jõ lõ'di a diß'ör*
**J'ai *trois* places pour *Lyon lundi* à *10 h*.**

---

■ Haben Sie für *übermorgen* Plätze nach ...?
*wus_a'weh deh plaß pur ... a'prä de'mã*
**Vous avez des places pour ... *après-demain*.**

# Schiffahren

■ Wo legt das Schiff nach *Korsika* ab?
*'u wa par'tir le ba'to pur la 'kɔrs*
**Où va partir le bateau pour *la Corse*?**
wo - wird - abfahren - das - Schiff - für - Korsika

■ Wann legt es ab?
*kã wa'til dehma'reh*
**Quand va-t-il démarrer?**
wann - wird es - ablegen

■ Ist der Seegang heute sehr stark?
*äßke la 'mär ät_aschi'teh oschurdü'i*
**Est-ce que la mer est agitée aujourd'hui?**
[Frage] - das - Meer - ist - bewegt - heute

## Schiffahren/ Hausboot

| | | |
|---|---|---|
| ablegen | *dehma'reh* | **démarrer** |
| Anker | *lãkre* | **l'ancre *m*** |
| vor Anker gehen | *mu'jeh 'lãkre* | **mouiller l'ancre** |
| anlegen | *abɔr'deh* | **aborder** |
| Anlegeplatz | *lapõt'mã* | **l'appontement *m*** |
| Boot/Schiff | *ba'to, bark* | **le bateau, la barque** |
| Bootsfahrt | *prɔm'nad ã ba'to* | **la promenade en bateau** |
| Bucht (groß) | *bä* | **la baie** |
| Bucht (klein) | *lãs* | **l'anse *f*** |
| Bug | *pru* | **la proue** |
| Fähre | *fä'ri'bot* | **le ferry-boat** |
| Fluß | *riw'jär* | **la rivière** |
| Hafen | *pɔr* | **le port** |
| Heck | *pup* | **la poupe** |
| Insel | *lil* | **l'île *f*** |
| Kabine | *ka'bin* | **la cabine** |
| Kapitän | *kapi'tän* | **le capitaine** |
| mieten | *lu'eh* | **louer** |
| Rettungsboot | *ka'no de sow'tasch* | **le cannot de sauvetage** |
| Rettungsring | *bu'eh de sow'tasch* | **la bouée de sauvetage** |
| Schiff | *ba'to* | **le bateau** |
| schwimmen | *na'scheh* | **nager** |
| Schwimmweste | *schi'lä de sow'tasch* | **le gilet de sauvetage** |
| Schleuse | *leh'klüs* | **l'écluse *f*** |
| seekrank sein | *awo'ar le mal de mär* | **avoir le mal de mer** |
| Steg | *paß'räl* | **le passerelle** |
| Welle | *wag* | **la vague** |

*Tip: Vielerorts auf den Kanälen werden Hausboote vermietet - Führerschein nicht erforderlich. Zu Buchen direkt vor Ort oder in dt. Reisebüros.*

# Autofahren

SUPERPLUS
5.56
SUPER
6.05
4.02
euroShell
Shell
Route
Service
BUTAGAZ
LAVAGE

## Autofahren

Die Autobahnen (**autoroutes**) kosten in Frankreich Maut (**péage**), die bei weiten Entfernungen ins Geld geht. Für 100 km sind etwa 15-20 DM zu zahlen. Es gibt Abschnitte, für die eine Pauschalgebühr verlangt wird, ansonsten muß an den **péage**-Stellen eine Karte gezogen werden. Die Maut ist dann an der Ausfahrt zu entrichten. Kostenlos ist die Fahrt auf den gut ausgebauten Landstraßen (**routes nationales**). Der starke Lastwagen- und Berufsverkehr auf den Hauptstrecken (**grands axes**) beeinträchtigt aber dieses Vergnügen und macht das Reisen zeitaufwendig. Falls nicht anders ausgeschildert, besteht in **Ortschaften** ein Tempolimit von **50 km/h**, auf den **Landstraßen 90 km/h**, bzw. **100 km/h** bei zwei Fahrspuren - bei Nässe grundsätzlich **80 km/h** - und auf **Autobahnen 130 km/h**.

## Regeln

Allgemein ist im Straßenverkehr Gelassenheit angesagt. Es ist angenehm, daß die Verkehrsregeln flexibel und eher der Situation angemessen gehandhabt werden. Man kommuniziert mittels Hupen, Aufblenden und Handzeichen. Auf diese Weise werden lauernde Ordnungshüter (**les flics**) und Radarkontrollen angekündigt; zeigt jemand jedoch den angewinkelten Arm, so hat das mit Ihrer Fahrweise zu tun - zu langsam! Trotzdem: Die rasante Fahrweise vieler Einheimischer nachzuahmen kann sehr leicht mit einem saftigen Bußgeld (**l'amende**) enden.

Im Kreisverkehr gilt grundsätzlich rechts vor links, jedoch wird diese Vorfahrtsregelung zunehmend geändert. Dies ist dann an der Einfahrt in den Kreisel ausdrücklich ausgeschildert mit: **Cedez le passage!** (Vorfahrt achten!), oft zusätzlich mit: **Vous n'avez pas la priorité!** Da die Wegbeschilderung manchmal unzureichend ist, kommt man an der bewährten Michelin-Autokarte (**carte routière**) nicht vorbei. Führerschein (**permis de conduire**), Fahrzeugschein (**carte grise**) und grüne Versicherungskarte (**carte verte**) sollte man immer dabeihaben. Die Benutzung des Sicherheitsgurts (**ceinture de sécurité**) ist auch in Frankreich Pflicht.

## „Schlauer Büffel“

Da es Jahr für Jahr zur Ferienzeit zu kilometerlangen Staus auf den Autobahnen kommt, hat man sich etwas einfallen lassen: die Aktion **bison futé** (schlauer Büffel). Durch Hinweise im Radio wird empfohlen, bestimmte Reisetage zu vermeiden. Das **BIS** auf den Verkehrsschildern weist die empfohlenen, durch grüne Richtungspfeile gekennzeichneten Nebenstrecken (**itinéraire bis**) aus.

**Parken/Stadt**

Um große Städte und Ballungsgebiete bei der Durchreise zu umfahren, eignet sich die Stadtautobahn (**périphérique**). Sie ist kostenlos. Einmal im Stadtgewühl, findet man nur schwer wieder die richtige Route heraus. Möchte man das Zentrum einer Stadt (**centre ville**) besuchen, findet man dort in der Regel problemlos Parkplätze, die manchmal allerdings gewisse Einparkkünste erfordern. Vielerorts gibt es seit neuestem nur noch gebührenpflichtige Parkplätze (**stationnement payant**), und überall stehen Parkautomaten (**horodateur**). Relativ günstig ist das in den **zones longue durée** (lange Aufenthaltsdauer). Sollte mal ein Strafzettel (**procès verbal**-*peh-'weh*) an der Scheibe kleben, besteht kein Grund zur Sorge. Dieser kann getrost weggeworfen werden, dergleichen wird bei Ausländern wegen bürokratischer Überlastung nicht weiter verfolgt. Natürlich sollten auch in Frankreich keine Wertsachen im Auto bleiben. Um wieder aus der Stadt herauszufahren, orientiert man sich an den Verkehrsschildern **Toutes Directions** (Alle Richtungen), bis der Zielort ausgeschildert ist.

**Fragen nach dem Weg**

■ Ich möchte nach *Paris* fahren.
*sche wu'drä a'leh a pa'ri*
**Je voudrais aller à *Paris*.**
ich - würde wollen - gehen - nach - Paris

■ Ist das die Straße nach *Rennes*?
*ßä la rut pur 'rän*
**C'est la route pour *Rennes*?**
das ist - die - Route - für - Rennes

■ Können Sie mir den Weg nach *Montpellier* sagen?
*wu pu'weh mãdi'keh le sch'mã de mõpel'jeh*
**Vous pouvez m'indiquer le chemin de *Montpellier*?**
Sie - können - mir anzeigen - den - Weg - von - Montpellier

■ Ist das hier die Route Nationale 9 nach *Besançon*?
*ßä 'bjã la 'rut naßjɔ'nal 'nöf a besã'ßõ*
**C'est bien la route nationale neuf à *Besançon*?**
das ist - gut - die - Straße - national - 9 - nach - Besançon

■ Wieviele Kilometer sind es nach *Strasbourg*?
*schüß'ka ßtras'bur ßa fä kõb'jã de kilɔ'mätre*
**Jusqu'à *Strasbourg*, ça fait combien de kilomètres?**
bis nach - S. - das - macht - wieviel - von - Kilometern

*Richtungsangaben siehe Seite 22.*

## Besondere Verkehrsschilder

| | | |
|---|---|---|
| Achtung | *atãß'jõ* | **attention** |
| Baustelle | *schãt'jeh/tra'wo* | **chantier/traveaux** |
| Einbahnstraße | *ßãs_ü'nik* | **sens unique** |
| Gefahr | *dã'~~sch~~eh* | **danger** |
| Glatteisgefahr | *wär'gla freh'kã* | **verglas fréquent** |
| Halten verboten | *a'rä ãtär'di* | **arrêt interdit** |
| Langsamer fahren | *ralã'tir* | **ralentir** |
| letzte Ausfahrt vor der Mautstelle | *därn'jär sɔr'ti a'wã le peh'a~~sch~~* | **dernière sortie avant le péage** |
| kurvenreiche Strecke | *wi'ra~~sch~~* | **virages** |
| Mautstelle | *peh'a~~sch~~* | **péage** |
| Motorbremsen benutzen | *ütili'seh wo 'frã de mɔ'tɔ̈r* | **utilisez vos freins de moteur** |
| Parken verboten | *ßtaßjɔn'mã ãtär'di* | **stationnement interdit** |
| Raststätte/Parkplatz | *är* | **aire** |
| Rollsplitt | *grawi'jõ* | **gravillons** |
| schlechte Fahrbahn | *schɔ'ßeh dehfɔr'meh* | **chaussée déformée** |
| Straße gesperrt | *rü ba'reh* | **rue barrée** |
| Umleitung | *dehwiaß'jõ* | **déviation** |

## Im Verkehr

| | | |
|---|---|---|
| abbiegen | *tur'neh* | **tourner** |
| ... links | *a'gosch* | **... à gauche** |
| ... rechts | *a dro'at* | **... à droite** |
| anhalten/abstellen (Motor) | *arä'teh (le mɔ'tɔ̈r)* | **arrêter (le moteur)** |
| Alkohol | *lalko'ɔl* | **l'alcool *m*** |
| anlassen | *dehma'reh* | **démarrer** |
| anschnallen | *ata'scheh* | **attacher** |
| Ausfahrt | *ßɔr'ti* | **la sortie** |
| Autobahn | *loto'rut* | **l'autoroute *m*** |
| Autobahnauffahrt | *bre'täl dak'ßä* | **la bretelle d'accès** |
| Autovermietung | *lokaß'jõ de woa'tur* | **la location de voitures** |
| befestigte Straße | *rü rewä'tiß* | **la rue revêtisse** |
| Beifahrer | *paßa'~~sch~~eh* | **le passager** |
| Benzin | *lä'ßãß* | **l'essence *f*** |
| beschleunigen | *akßehleh'reh* | **accélérer** |
| bleifrei | *ßã 'plõ* | **sans plomb** |
| bremsen | *frä'neh/dɔ'neh ɔ̃ ku de 'frã* | **freiner/donner un coup de frein** |
| Brücke | *põ* | **le pont** |
| Bürgersteig | *trɔto'ar* | **le trottoir** |
| Bußgeld | *la'mãd* | **l'amende *f*** |
| defekt | *ã'pan* | **en panne** |
| Diesel | *di'säl* | **diesel** |
| Einfahrt | *lãt'reh* | **l'entrée *f*** |
| fahren (Fahrzeug) | *ru'leh* | **rouler** |
| fahren (FahrerIn) | *kõdü'ir* | **conduire** |
| Fahrer | *schɔ'fɔ̈r* | **le chauffeur** |

| | | |
|---|---|---|
| Führerschein | *pär'mi* | **le permis** |
| Fußweg | *ba ko'teh* | **le bas-côté** |
| Garage | *ga'ra~~sch~~* | **le garage** |
| Gefahr | *dã'~~sch~~eh* | **le danger** |
| Hauptverkehrszeit | *ɔr de po'ɛ̃t* | **heures de pointe** |
| Kasse | *kõto'ar* | **le comptoir** |
| Kontrolle | *kõt'rol* | **le contrôle** |
| Kreuzung | *kar'fur* | **le carrefour** |
| Kurve | *wi'ra~~sch~~* | **le virage** |
| losfahren | *par'tir* | **partir** |
| Öl | *lü'il* | **l'huile** *f* |
| Omnibus | *büß* | **le bus** |
| Panne | *pan* | **la panne** |
| parken | *ga'reh* | **garer** |
| Parkplatz (überwacht) | *par'king ßürwä'jeh* | **le parking surveillé** |
| Parkgebühr | *takß de staßjɔn'mã* | **la taxe de stationnement** |
| rasen | *a'leh a tut wi'täß* | **aller à toute vitesse** |
| reparieren | *rehpa'reh* | **réparer** |
| Richtung | *diräkß'jõ* | **la direction** |
| Schlagloch | *flasch* | **la flache** |
| schleppen | *trä'neh* | **traîner** |
| Schutzhelm | *kaßk de protäkß'jõ* | **le casque de protection** |
| sich ans Steuer setzen | *prãdre le wo'lã* | **prendre le volant** |
| Spur | *traß* | **la trace** |
| Stau | *leh'tal, lãbutä'ja~~sch~~* | **l'étale** *m*, **l'embouteillage** *m* |
| Strafzettel | *kõtrawãß'jõ* | **la contravention** |
| Straße | *rü* | **la rue** |
| Straßenkarte | *kart rut'jär* | **la carte routière** |
| Straßensperre | *ba'ra~~sch~~ de 'rü* | **la barrage de rue** |
| tanken | *fär le 'plã* | **faire le plein** |
| Tankstelle | *ßtaß'jõ ßär'wiß* | **la station-service** |
| überholen | *dub'leh* | **doubler** |
| umkippen | *(rã)wär'ßeh* | **(ren)verser** |
| Umleitung | *dehwiaß'jõ* | **la déviation** |
| Unfall | *lakßi'dã* | **l'accident** *m* |
| Verkehrspolizei | *pɔ'liß rut'jär* | **la police routière** |
| Verkehrsschild | *pa'no* | **le panneau** |
| verletzt | *blä'ßeh* | **blessé(e)** |
| Verschmutzung | *pɔlüß'jõ* | **la pollution** |
| Wasser | *lo* | **l'eau** *f* |
| wenden | *tur'neh* | **tourner** |
| Werkstatt | *ga'ra~~sch~~/latel'jeh mehka'nik* | **l'atelièr** *m* **méchanique/le garage** |
| zahlen | *pä'jeh* | **payer** |

# Panne/Unfall

Im Fall einer Panne (**panne**) wendet man sich telephonisch an den Abschleppdienst (**service de dépannage**) - notfalls über die kostenlose Direktverbindung zu Polizei oder Feuerwehr - oder an die nächste Werkstatt (**garage**). Notrufsäulen gibt es nur an den Autobahnen.

---

■ Ich habe eine Panne.
*~~sch~~e ßü'i tõ'beh ã 'pan*
**Je suis tombé en panne.**
ich - bin - gefallen - in - Panne

---

◆ Was ist passiert?
*käßki ßä pa'ßeh*
**Qu'est-ce que s'est passé?**
was [Frage] - sich ist - passiert

---

■ Wir haben einen Unfall.
*il'ja ɔ̃ akßi'dã*
**Il y a un accident.**
es hat - einen - Unfall

---

■ Das Auto springt nicht an/ist stehengeblieben
*la woa'tür ne deh'mar 'pa/ne marsch 'plü*
**La voiture ne démarre pas/ne marche plus.**

---

■ Ich habe einen Platten.
*~~sch~~eh kre'weh*
**J'ai crevé.**

---

■ Haben Sie einen Wagenheber? Könnten Sie ihn uns einen Moment borgen?
*a'weh wu ɔ̃ 'krik puri'jeh 'wu le nu prä'teh ɔ̃ mõ'mã*
**Avez-vous un cric? Pourriez-vous le nous prêter un moment?**

---

■ Ich denke, die Hinterachse ist gebrochen.
*~~sch~~e pãß ke le põ ari'jär ä ka'ßeh*
**Je pense que le pont arrière est cassé.**

---

■ Der Wagen/der Kühler verliert Öl/Wasser.
*la woa'tür/le radia'tɔr a pär'dü de lü'il/'lo*
**La voiture/le radiateur a perdu(e) de l'huile/l'eau.**
das - Auto - hat - verloren - von - Öl/Wasser

---

■ Der Motor ist heißgelaufen.
*le mo'tɔr ßä ßürschɔ'feh*
**Le moteur s'est surchauffé.**

■ Die Bremsen funktionieren nicht.
*leh 'frã ne fõkß'jɔn pa*
**Les freins ne fonctionnent pas.**

■ Die Batterie muß aufgeladen werden.
*il fo reschar'~~sch~~eh la bat'ri*
**Il faut recharger la batterie.**
man - muß - wiederaufladen - die - Batterie

■ Der Auspuff ist kaputt.
*lehschap'mã ät_ã 'pan*
**L'échappement est en panne.**

**Probleme**

| | | |
|---|---|---|
| Abschleppdienst | *ßär'wiß de dehpa'na~~sch~~* | **le service de dépannage** |
| abschleppen | *remɔr'keh* | **remorquer** |
| abgenutzt | *ü'seh* | **usé** |
| beschädigt | *'ätre dehfɔr'meh* | **être déformé** |
| blockiert | *'ätre blɔ'keh* | **être bloqué** |
| defekt | *ã 'pan* | **en panne** |
| durchgebrannt | *fõ'deh* | **fondé/e** |
| Fehlzündung | *ra'teh dalü'ma~~sch~~* | **le raté d'allumage** |
| gebrochen | *ka'ßeh* | **cassé/e** |
| geplatzt | *kre'weh* | **crevé/e** |
| Kurzschluß | *kur ßirkü'i* | **le court-circuit** |
| locker | *brã'lã* | **branlant** |
| der Motor klopft | *mo'tör konje* | **le moteur cogne** |
| Panne | *pan* | **la panne** |
| schleifen | *mö'leh* | **meuler** |
| schwächer werden | *ßamɔr'tir* | **s'amortir** |
| überhitzt | *ßürschɔhf'eh* | **surchauffé/e** |
| undicht sein | *~~sch~~o'ãdre 'mal* | **joindre mal** |
| Unfall | *lakßi'dã* | **l'accident** *m* |
| verrostet | *ru'jeh* | **rouillé/e** |
| verschmutzt | *ßa'li* | **sali** |
| vibrieren | *wib'reh* | **vibrer** |

**Erste Hilfe/ In der Werkstatt**

■ Wo finde ich die nächste Werkstatt?
*'u ~~sch~~e truw le pro'schã ga'ra~~sch~~*
**Où je trouve le prochain garage?**

■ Mein Auto steht *eine Viertelstunde* von hier.
*ma woa'tür ä staßjɔ'neh õ kar'dör di'ßi*
**Ma voiture est stationnée un *quart d'heure* d'ici.**
mein - A. - ist - abgestellt - ein - Viertel - von Stunde - von hier

■ Können Sie mir helfen?
*pu'weh wu mä'deh*
**Pouvez-vous m'aider?**

## Könnten Sie ... ?

■ Könnten Sie ...?
*puri'jeh wu*
**Pourriez-vous ...?**

| | | |
|---|---|---|
| hierherkommen | *we'nir i'ßi* | **venir ici** |
| mich abschleppen | *me remɔr'keh* | **me remorquer** |
| mir mit Benzin aushelfen | *me prä'teh ɔ̃ pö dä'ßãß* | **me prêter un peu d'essence** |
| uns zur nächsten Werkstatt mitnehmen | *nus_ãm'neh o pro'schã ga'ra~~sch~~* | **nous emmenez au prochain garage** |
| sich einmal den Motor anschauen | *wärif'jeh le mɔtɔ̈r* | **verifier le moteur** |
| den Wagen reparieren | *rehpa'reh la woa'tür* | **réparer la voiture** |

■ Wie lange wird die Reperatur dauern?
*la rehparaß'jõ düre'ra kõb'jã de 'tã*
**La réparation durera combien de temps?**
die - Reperation - wird dauern - wieviel - von - Zeit

■ Haben Sie *Peugeot*-Ersatzteile?
*a'weh 'wu deh p'jäß de re'schã~~sch~~ de pö'~~sch~~o*
**Avez-vous des pièces de rechange de *Peugeot*?**
haben Sie - von - Stücke - von - Austausch - von - Peugeot

## Reparieren

| | | |
|---|---|---|
| aufladen | *schar'~~sch~~eh* | **charger** |
| aufpumpen | *gõf'leh* | **gonfler** |
| ausbauen | *dehmõ'teh* | **démonter** |
| auswechseln | *ehschã'~~sch~~eh* | **échanger** |
| auswuchten | *ehkilib'reh* | **équilibrer** |
| einbauen | *mõ'teh* | **monter** |
| einstellen | *reh'gleh* | **régler** |
| Ersatzteil | *p'jäß de re'schã~~sch~~* | **pièce de réchange** |
| ersetzen | *rãpla'ßeh* | **remplacer** |
| Reparatur | *dehpa'na~~sch~~* | **dépannage** |
| reparieren | *rehpa'reh* | **réparer** |
| überprüfen | *wehrif'jeh* | **vérifier** |

## Werkzeug

| | | |
|---|---|---|
| „Franzose" | *kleh ã'gläs* | **la clé anglaise** |
| Hammer | *mar'to* | **le marteau** |
| Mutter | *leh'kru* | **l'écrou *f*** |
| Radmutterschlüssel | *kleh demõt'ru* | **la clé demonte-roue** |
| Schraube | *wiß* | **la vis** |
| Schraubenzieher | *turne'wiß* | **le tournevis** |
| Schraubenschlüssel | *kleh a eh'kru* | **la clé à écrous** |
| Wagenheber | *krik* | **le cric** |
| Werkzeug | *u'til* | **les outils** |
| Zange | *pãß* | **la pince** |
| Zündkerzenschlüssel | *kleh ã'tüb* | **la clé en tube** |

## Autoteile

| | | |
|---|---|---|
| Abblendlicht | *far'kod* | **le phare code** |
| Achse | *lakß* | **l'axe *m*** |
| Anlasser | *dehma'rɔr* | **le démarreur** |
| Auspuff | *ehschap'mã* | **l'échappement *m*** |
| Auspufftopf | *po dehschap'mã* | **le pot d'échappement** |
| Batterie | *bat'ri* | **la batterie** |
| Benzinkanister | *bi'dõ dä'ßãß* | **le bidon d'essence** |
| Benzinpumpe | *põp a ä'ßãß* | **la pompe à essence** |
| Blinker | *klinjõ'tã* | **le clignotant** |
| Bremsbelag | *ß'mäl de 'frã* | **la semelle de frein** |
| Bremse | *frã* | **les freins** |
| Bremsflüssigkeit | *li'kid pur 'frã* | **le liquide pour freins** |
| Bremshebel/-zug | *kɔ'mãd dü frã'na~~sch~~* | **la commande du freinage avant** |
| Bremslicht | *fö da'rä* | **le feu d'arrêt** |
| Bremsscheibe | *disk de frã'na~~sch~~* | **le disque de freinage** |
| Dichtung | *bu'ra~~sch~~* | **le bourrage** |
| Druck | *präß'jõ* | **la pression** |
| Einspritzpumpe | *põp dã~~sch~~äkß'jõ* | **la pompe d'injection** |
| Fahrgestell | *scha'ßi* | **le chassis** |
| Federung | *re'ßɔr de woa'tür* | **le ressort de voiture** |
| Felge | *~~sch~~ãt* | **la jante** |
| Fernlicht | *fö de 'rut* | **les feux de route** |
| Gang | *wi'täß* | **la vitesse** |
| Gangschaltung | *schã~~sch~~'mã de wi'täß* | **le changement de vitesse** |
| Gabel | *fursch tehlehßkɔ'pik* | **la fourche télé-scopique** |
| Gaspedal | *lakßehlehra'tɔr* | **l'accélérateur *m*** |
| Getriebe | *bo'at de wi'täß* | **la boîte de vitesse** |
| Handbremse | *frã a 'mã* | **le frein à main** |
| Heizung | *scho'fa~~sch~~* | **le chauffage** |
| Hinterachse | *põ ari'jär* | **le pont arrière** |
| Hinterrad | *ru ari'jär* | **la roue arrière** |
| Hupe | *kɔrn* | **la corne** |
| Katalysator | *po katali'tik* | **le pot catalytique** |
| Keilriemen | *kuro'a* | **la courroie** |
| Kickstarter | *kik* | **le kick** |
| Kofferraum | *le kɔfre* | **le coffre** |
| Kolben | *piß'tõ* | **le piston** |
| Kugellager | *rul'mã a 'bij* | **le roulement à billes** |
| Kühler | *radia'tɔr* | **le radiateur** |
| Kühlergrill | *ka'lãdre* | **la calandre** |
| Kühlerhaube | *ka'po* | **le capot** |
| Kühlwasser | *o de refroadiß'mã* | **l'eau *f* de refroidisse-ment** |
| Kupplung | *lãbrä'ja~~sch~~* | **l'embrayage *f*** |
| Kupplungshebel/-zug | *kɔ'mãd dãbrä'ja~~sch~~* | **la commande d'embrayage** |
| Leerlauf | *marsch a 'wid* | **la marche à vide** |

| | | |
|---|---|---|
| Lenkrad | *wo'lã* | **le volant** |
| Lenkradspiel | *~~sch~~ö de la diräk'ßjõ* | **le jeu de la direction** |
| Lichtmaschine | *laltärna'tör* | **l'alternateur** *m* |
| Luftfilter | *filtre a 'är* | **le filtre á air** |
| Motor | *mo'tör* | **le moteur** |
| Nummernschild | *plak (dimatriküIaß'jõ)* | **la plaque (d'immatriculation)** |
| Öl | *lü'il* | **l'huile** *f* |
| Ölfilter | *filtre a ü'il* | **le filtre à huile** |
| Ölwechsel | *wi'dã~~sch~~* | **le vidange** |
| Rad | *ru* | **la roue** |
| Rahmen | *kadre* | **le cadre** |
| Reifendruck | *präß'jõ de gõf'la~~sch~~* | **la pression de gonflage** |
| Rücksitz | *fõ* | **le fõnd** |
| Rückspiegel | *rehtrowi'sör* | **le rétroviseur** |
| Rückwärtsgang | *marsch ari'jär* | **la marche arrière** |
| Sattel | *ßäl* | **la selle** |
| Scheibenwischer | *leßüi'glaß* | **l'essuie-glace** *m* |
| Scheinwerfer | *far* | **le phare** |
| Sicherheitsgurt | *ßã'tür* | **le ceinture** |
| Sitz | *ßi'jä~~sch~~* | **le siège** |

Ölstand
*ni'wo dü'il*
**le niveau d'huile**

Reifen
*pnö*
**le pneu**

Reserverad
*ru de ße'kur*
**la roue de secours**

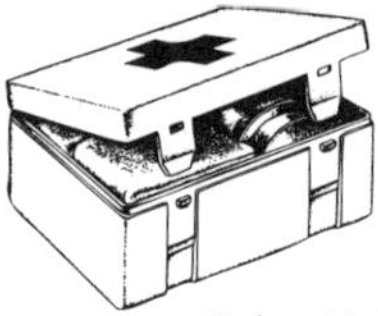

Verbandskoffer
**trousse de secours**

Tachometer
*kõ'tör*
**le compteur**

Ampel
*fö*
**le feu**

Warndreieck
**le triangle de présignalisation**

| | | |
|---|---|---|
| Ständer | *beh'kij äßkamo'table* | **la béquille escamotable** |
| Standlicht | *fö de staßjɔn'mã* | **les feux de stationnement** |
| Stoßdämpfer | *lamɔrti'ßɔ̈r* | **l'amortisseur** *m* |
| Stoßstange | *par'schɔk* | **le pare-chocs** |
| Tür | *pɔrt* | **la porte** |
| Tank | *rehsärwo'ar* | **le réservoir** |
| Ventil | *walwe* | **la valve** |
| Vergaser | *karbüra'tɔ̈r* | **le carburateur** |
| Verteiler | *dißtribü'tɔ̈r* | **le distributeur** |
| Vorderachse | *läß'jö a'wã* | **l'essieu avant** *f* |
| Vorderrad | *ru a'wã* | **la roue avant** |
| Wasserpumpe | *põp* | **la pompe** |
| Windschutzscheibe | *par'bris* | **le pare-brise** |
| Zündkerze | *bu'schi* | **la bougie** |
| Zündspule | *bo'bin dalü'masch* | **la bobine d'allumage** |
| Zündschlüssel | *kleh dalü'masch* | **la clé d'allumage** |
| Zylinder | *ßi'lãdre* | **le cylindre** |
| Zylinderkopf | *kü'laß* | **la culasse** |

# Tanken

Die Benzinpreise variieren sehr. Am günstigsten ist es im allgemeinen an den großen Supermärkten (**supermarché**) - gezahlt wird hier ähnlich wie an den **péage**-Stellen an der Ausfahrt - und an SB-Tankstellen. Letztere sind an den **routes nationales** auch zahlreich vorhanden. Ansonsten gibt es den Sprit vorwiegend mit **sérvice**, sprich Bedienung, und es ist üblich, ein kleines Trinkgeld zu geben. Am teuersten ist es ohne Zweifel auf den Autobahnen. Hier sind die Tankstellen jedoch rund um die Uhr geöffnet. Ansonsten schließen die meisten Tankstellen (**station d'essence**) um 22.00 Uhr. Nur in größeren Städten gehört 24-Stunden-Dienst zum Sevice; ab und zu ärgert man sich nachts auch über dienstbereite Tankautomaten: Sie rücken den Sprit nur gegen eine Karte heraus, die man als Tourist natürlich nicht hat.

Die Versorgung mit bleifreiem Benzin (**sans plomb**-*ßã 'plõ*) ist gewährleistet, wenn auch nicht bei jeder kleinen Tankstelle. Es wird Euro-Bleifrei (95 Oktan- *katrewã'kãs ɔk'tã*) und Super Plus (98 Oktan-*katrewãdißü'it ɔk'tã*) verkauft - keine Probleme also wegen der Klopffestigkeit.

■ Wo ist die nächste Tankstelle?
*u ä la prɔ'schän staß'jõ dä'ßaß*
**Où est la prochaine station d'essence?**

■ Volltanken, bitte!
*le plã ßilwu'plä*
**Le plein svp.**
das - volle - bitte

◆ Normalbenzin oder Super?
*de lɔrdi'när u dü ßü'pär*
**De l'ordinaire ou du super?**

■ Bitte für *150 ff* Super bleifrei.
*dü ßü'pär ßã 'plõ a ßãßã'kãk ('frã) ßilwu'plä.*
**Du super sans plomb *à 150 ffr* svp.**
das - Super - ohne - Blei - zu - 150 ffr - bitte

■ *30* Liter *Diesel* bitte!
*trãt litre de gaso'al ßilwu'plä*
***30* litres de *gazoil* svp.**

■ Kontrollieren Sie bitte den Ölstand.
*wehrif'jeh lü'il ßilwu'plä*
**Vérifiez l'huile svp.**

**Wo kann ich ... ?**

■ Wo kann ich ...?
*'u ~~sch~~e pö ...*
**Où je peux ...**

| | | |
|---|---|---|
| den Reifendruck überprüfen | *wehri'fjeh la präß'jõ de gõ'fla~~sch~~* | **vérifier la pression de gonflage** |
| die Reifen wechseln lassen | *fär schã'~~sch~~eh leh pnö* | **faire changer les pneus** |
| Öl nachfüllen lassen | *fär wehrif'jeh lü'il* | **faire vérifier l'huile** |

*Trinkgeld:*

■ Das ist für Sie.
*ßä pur 'wu*
**C'est pour vous.**

**Tanken**

| | | |
|---|---|---|
| bleifreies Benzin | *ßã 'plõ* | **sans plomb** |
| Normalbenzin | *lɔrdi'när* | **l'ordinaire *f*** |
| Superbenzin | *ßü'pär* | **le super** |
| Diesel | *gaso'al* | **le gazoil** |
| Wasch-Münze | *mɔ'nä* | **la monnaie** |
| Münzeinwurf | *fãt pur la mɔ'nä* | **la fente pour la monnaie** |
| Scheibe | *par'bris* | **le pare-brise** |
| Staubsauger | *aßpira'tɔ̈r* | **l'aspirateur *m*** |
| tanken | *fär ßõ 'plã* | **faire son plein** |
| voll | *plã* | **le plein** |
| waschen | *la'weh* | **laver** |
| Waschstraße | *tü'näl de la'wa~~sch~~* | **le tunnel de lavage** |

# Autovermietung

Die Versicherung ist in Frankreich immer inbegriffen (**assurance compris**). Meist wird ein aufpreisfreie Kilometerzahl vereinbart; erst bei ihrer Überschreitung ist dann eine Kilometerpauschale (**kilomètres supplémentaires**) zu entrichten. Besondere Tarife gibt es an Wochenenden und zu Ferienzeiten (**forfaits week-end et vacances**), teilweise mit unbegrenzter Kilometerzahl (**kilométrage illimité**).

■ Ich möchte einen Wagen mieten.
*~~sche~~ wu'drä lu'eh ün woa'tür*
**Je voudrais louer une voiture.**

■ Welches ist das billigste Fahrzeug?
*käl woa'tür ä la mo'ã schär*
**Quelle voiture est la moins chère?**
welcher - Wagen - ist - der - weniger - teure

■ Wie hoch ist der Tagessatz/Wochensatz?
*ßa kut kõb'jã par ~~sche~~ur/par ße'män*
**Ça coûte combien par jour/par semaine?**
das - kostet - wieviel - pro - Tag/pro - Woche

■ Ist das Auto versichert?
*la woa'tür ät_'äl aßü'reh*
**La voiture est-elle assurée?**
die - Wagen - ist - sie - versichert

■ Wo kann ich den Wagen zurückgeben?
*'u äßke ~~sche~~ pö rãdre la woa'tür*
**Où est-ce que je peux rendre la voiture?**

■ Wie hoch ist die Kilometerpauschale?
*kõ'bjã kut leh kilo'mätre ßüplehmã'tär*
**Combien coûtent les kilomètres supplémentaires?**
wieviel - kosten - die - Kilometer - zusätzlich

| | | |
|---|---|---|
| Kilometerpauschale | *kilɔ'mätre ßüplehmã'tär* | **kilomètres supplémentaires** |
| unbegrenzte Kilometer | *kilɔmät'ra~~sch~~ ilimi'teh* | **kilométrage illimité** |
| Tagespauschale | *pri dü '~~sche~~ur* | **le prix du jour** |
| Rückgabe | *rediß'jõ* | **la reddition** |
| zurückgeben | *rãdre* | **rendre** |

# Reiseziele

# Reise und Kultur

In Frankreich ist man reichlich stolz auf das kulturelle Erbe: Man begreift sich als die Kulturnation schlechthin. Entsprechend viel Wert wird auf die kulturelle Gegenwart gelegt. Das zeigt sich schon an den Summen, die vom Staat für Restaurationen, Denkmalschutz, neue monumentale Bauten oder für kulturelle Zentren (**Maisons de la Culture** - diese beruhen auf einem Konzept kultureller Dezentralisation weg von Paris aus der Ära de Gaulle, das jedoch keinen durchgreifenden Erfolg hatte) und dergleichen ausgegeben werden. Am deutlichsten äußert sich das französische Kulturverständnis im hohen Ansehen, welches Kulturschaffende aller Couleur in der französischen Öffentlichkeit genießen.

Das folgende Kapitel beschränkt sich darauf, vor allem auf Bauwerke und Naturschönheiten hinzuweisen, Ausspracheschwierigkeiten zu nennen und Redewendungen aufzulisten, mit deren Hilfe man das Wichtigste erfahren kann.

**Natur**

| | | |
|---|---|---|
| Alpen | *alp* | **les alpes** |
| Felsen | *rɔ'scheh* | **le rocher** |
| Fluß | *riw'jär* | **la rivière** |
| Gebirge | *mõ'tanje* | **la montagne** |
| Grotte/Höhle | *grɔt* | **la grotte** |
| Quelle | *ßurß* | **la source** |
| See | *lak* | **le lac** |
| Schlucht | *gɔrsch* | **les gorges** *f* |
| Tal | *wa'leh* | **la vallée** |
| Wald | *fɔ'rä* | **le fôret** |
| Wanderweg | *ßãt'jeh peh'däßtre* | **le sentier pédestre** |
| Wasserfall | *kaß'kad* | **la cascade** |

**Fragen**

■ Was gibt es hier zu besichtigen?
*käßkil'ja a wısı'teh l'ßi?*
**Qu'est-ce qu'il y a à visiter ici?**

■ Wo geht es zum *Montmartre*?
*ßä käl sch'mã pur a'leh o mõ'martre*
**C'est quel chemin pour aller au *Montmartre*?**
das ist - welcher - Weg - für - gehen - zum - Montmartre

■ Wie heißt *diese Kirche*?
*'käl ä le 'nõ de 'ßät eh'glis?*
**Quel est le nom de *cette église*?**
welches - ist - der - Name - von - dieser - Kirche

---

■ Kann man *die Ruinen* heute besichtigen?
*õ pö wisi'teh leh rü'in o~~sch~~urdü'i?*
**On peut visiter *les ruines* aujourd'hui?**
man - kann - besichtigen - die - Ruinen - heute

---

■ Wie sind die Öffnungszeiten?
*'käl ßõ lehs_'ör duwär'tür?*
**Quelles sont les heures d'ouvertures?**
welches - sind - die - Stunden - von Öffnung

---

■ Wieviel kostet der Eintritt?
*lã'treh - ßa fä kõb'jã?*
**L'entrée - ça fait combien?**
der Eintritt - das - macht - wieviel

---

■ Gibt es eine Studentenermäßigung?
*äßkil'ja du ra'bä pur lehs_ehtüd'jã?*
**Est-ce qu'il y a du rabais pour les étudiants?**
ist es - daß es - hier - hat - von dem - Rabatt - für - die - Studierenden

---

■ Kann ich hier fotografieren?
*~~sch~~e pö 'prãdre deh fo'tos_i'ßi?*
**Je peux prendre des photos ici?**
ich - kann - nehmen - Fotos - hier

---

■ Wann findet eine Führung statt?
*'kãd_äßkil'ja ün wi'sit gi'deh?*
**Quand est-ce qu'il y a une visite guidée?**
wann - hat es - eine - Besichtigung - geführt

---

■ Was für ein Gebäude ist das?
*ßä 'käl bati'mã 'la?*
**C'est quel bâtiment là?**
das ist - welches - Gebäude - dort

---

■ Wann wurde es erbaut?
*'kãd_äß'kil a eh'teh kõßtrü'i?*
**Quand est-ce qu'il a été construit?**

---

■ Kennen Sie einen schönen Ort für einen Tagesausflug *in die Berge*?
*konä'ßeh wu õ bäl ãdro'a pur fär ün äkßkürß'jõ ã mõ'tanje?*
**Connaissez-vous un bel endroit pour faire une excursion *en montagne*?**

**Sehenswürdigkeiten**

| | | |
|---|---|---|
| Altar | *lo'täl* | **l'autel** *m* |
| Altstadt | *ßi'teh/wi'äj 'wil* | **la cité/la vielle ville** |
| Amphitheater | *ãfiteh'atre* | **l'amphithéâtre** *m* |
| Aquädukt | *lakeh'dük* | **l'aquéduc** *m* |
| Architekt | *larschi'täkt* | **l'architecte** *m* |
| Arkade | *lar'kad* | **l'arcade** *f* |
| Ausflug | *läkßkürß'jõ* | **l'excursion** *f* |
| Ausstellung | *läkßposiß'jõ* | **l'exposition** *f* |
| Barock | *ba'rɔk* | **le baroque** |
| Berg | *mõ'tanje* | **la montagne** |
| besichtigen/besuchen | *wisi'teh* | **visiter** |
| Bildhauer | *skülp'tɔ̈r* | **le sculpteur** |
| Bogen | *ark, arsch* | **l'arc** *m*, **l'arche** *f* |
| Brücke | *põ* | **le pont** |
| Brunnen | *fõ'tän* | **la fontaine** |
| Burg | *scha'toh 'fɔr* | **le château fort** |
| Denkmal | *monü'mã* | **le monument** |
| Dom/Münster | *kateh'dral* | **le cathédrale** |
| Eintrittskarte | *bi'jä* | **le billet** |
| Epoche | *lä'pɔk* | **l'epoche** *f* |
| fotografieren | *prãdre deh fo'to* | **prendre des photos** |
| Friedhof | *ßimät'jär* | **le cimetière** |
| Führung | *wi'sit gi'deh* | **la visite guidée** |
| Galerie | *galeh'ri* | **la galérie** |
| Gebäude | *bati'mã* | **le bâtiment** |
| Gemälde | *ta'bloh* | **le tableau** |
| Glockenturm | *klɔ'scheh* | **le clocher** |
| gotische Kunst | *lar go'tik* | **l'art gothique** *m* |
| Grabmal | *tõ'bo* | **le tombeau** |
| Hof | *kur* | **la cour** |
| Jahrhundert | *ß'jäkle* | **le siècle** |
| Kapelle | *scha'päl* | **la chapelle** |
| Kirche | *lehg'lis* | **l'église** *f* |
| Kloster | *monaß'tär* | **le monastère** |
| Kuppel | *dom* | **le dôme** |
| Maler | *pãtre* | **le peintre** |
| Markt | *mar'scheh* | **le marché** |
| Markthallen | *leh al* | **les halles** |
| Mittelalter | *mɔ'jän 'asch* | **le Moyen Âge** |
| Mosaik | *mosai'keh* | **la mosaiquée** |
| Moschee | *mɔß'keh* | **la mosquée** |
| Museum | *mü'seh* | **le musée** |
| Obelisk | *lobeh'lißk* | **l'obélisque** *m* |
| Oper | *lopeh'ra* | **l'opéra** *f* |
| Orgel | *lɔrg* | **l'orgue** *f* |
| Palast | *pa'lä* | **le palais** |
| Park | *park* | **le parc** |
| Platz | *plaß* | **la place** |
| Portal | *pɔr'taj* | **le portail** |
| Priester | *'prätre* | **le prêtre** |

**NE TOUCHEZ PAS!**

*„Bitte nicht berühren"*

| | | |
|---|---|---|
| Rathaus | *lo'täl de 'wil* | **l'hôtel de ville** *f* |
| Rennaissancestil | *ßtil renä'ßãß* | **le style Rennaissance** |
| Rokokostil | *ßtil rɔkɔ'ko* | **le style rococo** |
| romantisch | *romã'tik* | **romantique** |
| Ruine | *rü'in* | **la ruine** |
| Rundfahrt | *prɔm'nad* | **la promenade** |
| Schloß | *scha'to* | **le château** |
| Schule | *leh'kɔl* | **l'école** *f* |
| Sehenswürdigkeit | *küriɔßi'teh* | **la curiosité** |
| Skulptur | *skülp'tür* | **la sculpture** |
| Stadtmauer/Wall | *rã'par* | **le rempart** |
| Stadtmitte | *ßãtre 'wil* | **le centre ville** |
| Stadtviertel | *kart'jeh* | **le quartier** |
| Statue | *ßta'tü* | **la statue** |
| Stil | *ßtil* | **le style** |
| Theater | *teh'atre* | **le théâtre** |
| Tor | *pɔrt* | **la porte** |
| Treppe | *läßkal'jeh* | **l'escalier** *m* |
| Triumphbogen | *lark de tri'õf* | **l'arc de triomphe** *m* |
| Turm | *tur* | **la tour** |
| Universität | *lüniwärsi'teh* | **l'université** *f* |
| Zeichnung | *deh'ßã* | **le dessin** |

# Aussprache der Sehenswürdigkeiten

Sehenswürdigkeiten, Orte und Plätze wurden wegen möglicher Ausspracheschwierigkeiten und nach Bekanntheit ausgesucht. Wir haben uns hierbei bemüht, alle Regionen Frankreichs zu berücksichtigen.

**Städte**

| | |
|---|---|
| **Albi** | *al'bi* |
| **Avignon** | *awin'jõ* |
| **Bayonne** | *ba'jɔn* |
| **Besançon** | *beßã'sõ* |
| **Bordeaux** | *bɔr'do* |
| **Caen** | *kã* |
| **Carcassonne** | *karka'ßɔn* |
| **Clermont-Ferrand** | *klär'mõ fä'rã* |
| **Dijon** | *di'jõ* |
| **Grenoble** | *gre'nɔble* |
| **Lille** | *lil* |
| **Lyon** | *li'jõ* |
| **Marseille** | *mar'ßäj* |
| **Montpellier** | *mõpel'jeh* |

| | |
|---|---|
| Morlaix | *mɔr'lä* |
| Nantes | *nãt* |
| Nîmes | *nim* |
| Nizza | *niß* |
| Paris | *pa'ri* |
| Périgueux | *pehri'gö* |
| Perpignan | *pärpin'jã* |
| Quimper | *kã'pär* |
| Rennes | *rän* |
| La Rochelle | *la rɔ'schäl* |
| Rouen | *ru'ã* |
| Sain-Malo | *ßã ma'lo* |
| Strasbourg | *straß'bur* |
| Toulouse | *tu'lus* |

## Landstriche und Sehenswürdigkeiten

| | | |
|---|---|---|
| Bretagne/Normandie | *bre'tanje/normã'di* | |
| Mont St.Michel | *'mõ ßã mi'schäl* | Berg |
| les peintures rupestres | *pã'tür rü'päßtre* | Höhlenmalereien |
| Rhône/Provence | *ron/pro'wãß* | |
| Aix-en-Provence | *äkß ã pro'wãß* | Stadt |
| Camargue | *ka'marg* | Gegend |
| Corniche | *kɔr'nisch* | Küstenstraße |
| Gorges du Verdon | *gor~~sch~~ dü wär'dõ* | Verdonschlucht |
| Massif central | *ma'ßif ßã'tral* | Zentralmassiv |
| Bourgogne | *bur'gɔnje* | Burgund |
| Champagne | *schã'panje* | |
| les vosges | *'wo~~sch~~* | Vogesen |

## Paris und die Île de France

| | | |
|---|---|---|
| Paris | *pa'ri* | |
| Île de France | *il de 'frãß* | |
| l'Arc de Triomphe | *lark de tri'õf* | Triumphbogen |
| Barbès-Rochechouart | *bar'bä roschu'ar* | Stadtteil |
| Basilique Sacré-Coeur | *basi'lik ßakreh 'kɔ̈r* | Kirche Sacré-Coeur |
| Place de la Bastille | *plaß de la baß'tij* | Platz/neue Oper/ Ausgehen |
| La Défense | *deh'fãß* | Stadtviertel um den Triumphbogen |
| Palais-Bourbon | *pa'lä bur'bõ* | Sitz der Nationalversammlung |
| Palais du Louvre | *pa'lä dü 'luwre* | Louvre-Palast |
| Marais | *ma'rä* | Bezirk/Kneipenlandschaft |
| l'Opéra | *lopeh'ra* | Oper |
| Centre G. Pompidou | *ßãtre põpi'du* | Pompidou-Center |
| La Tour Eiffel | *tur ä'fäl* | Eiffelturm |
| Tuileries | *tüil'ri* | Schloßgärten |
| La Villette | *wi'lät* | Park des 21.Jahrhunderts |

# Deutsche Namen auf Französisch

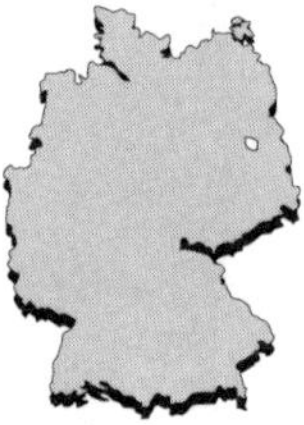

| | | |
|---|---|---|
| Aachen | *äkß la scha'päl* | **Aix-la-Chapelle** |
| Aargau | *argo'wi* | **l'Argovie** *f* |
| Baden-Württemberg | *bad würtã'bär* | **le Bade-Wurtemberg** |
| Basel | *bal* | **Bâle** |
| Bayern | *baw'jär* | **la Bavière** |
| Bern | *bärne* | **Berne** |
| Bremen | *bräm* | **Brême** |
| Brandenburg | *brãd'bur* | **le Brandebourg** |
| Braunschweig | *brɔ̃ß'wik* | **Brunswick** |
| Chur | *ko'ar* | **Coire** |
| Dresden | *dräsd* | **Dresden** |
| Frankfurt | *frãk'fɔr* | **Francfort** |
| Freiburg | *fri'bur* | **Fribourg** |
| Graubünden | *grisõ'ni* | **la Grisonie** |
| Hamburg | *ã'bur* | **Hambourg** |
| Hannover | *a'nɔwre* | **Hanovre** |
| Hessen | *äß* | **la Hesse** |
| Kärnten | *karã'ti* | **la Carinthie** |
| Koblenz | *kob'lãß* | **Coblence** |
| Köln | *kɔ'lɔnje* | **Cologne** |
| Mainz | *ma'jãß* | **Mayence** |
| Mecklenburg-Vorpommern | *mäklã'bur pɔmeh'rän ɔkßidã'tal* | **le Mecklembourg-Poméraine-occidentale** |
| München | *mü'nik* | **Munich** |
| Niedersachsen | *baß 'ßakß* | **la Basse-Saxe** |
| Nordrhein-Westphalen | *rehna'ni dü 'nɔr wäßtfa'li* | **la Rhénanie-du-Nord-Westphalie** |
| Nürnberg | *nürã'bär* | **Nuremberg** |
| Regensburg | *ratiß'bɔn* | **Ratisbonne** |
| Rheinland-Pfalz | *rehna'ni palati'na* | **la Rhénanie-Palatinat** |
| Saarland | *ßar* | **la Sarre** |
| Sachsen | *ßakß* | **la Saxe** |
| Sachsen-Anhalt | *ßakß ã'nalt* | **la Saxe-Anhalt** |
| Salzburg | *ßals'bur* | **Salzburg** |
| Solothurn | *ßɔ'lɔ̈r* | **Soleure** |
| Steiermark | *ßti'ri* | **la Styrie** |
| Thüringen | *tü'rã~~sch~~* | **la Thuringe** |
| Trier | *träw* | **Trève** |
| Waadt | *wod* | **Vaud** |
| Wallis | *va'lä* | **le Valais** |
| Wien | *wjän* | **Vienne** |

# Erholung und Sport

# Strand

**Ferienzeit**

Einmal im Jahr ist in Frankreich große Ferienzeit (**les grandes vacances**): Im Juli und vor allem im August. In dieser Zeit steht Frankreich Kopf, in Touristengebieten gibt es ein Überangebot an offenen Geschäften und Kneipen, während es im sonstigen Frankreich eher nach „toter Hose" aussieht. Straßen sind verstopft und ganz Frankreich steht im Stau (**faire l'étale**), Museen und sonstige kulturelle Einrichten sind ebenso überfüllt und alle stehen Schlange (**faire la queue**). Keine sehr angenehme Zeit also, um das Alltagsleben in Frankreich kennenzulernen. Es sei denn, man möchte Franzosen in Ferienform erleben, denn diese bleiben meist im Land und begeben sich lediglich an Atlantik oder Mittelmeer, zum Teil in eigene Feriendomizile (**les maisons à la campagne**). Die Touristenorte sind also mehr von nationaler Ferienstimmung geprägt als von „man spricht deutsch".

**Baden im Meer**

An fast allen Stränden, insbesondere am Atlantik gibt es Hinweistafeln, auf denen vor stark ablandigen Strömungen (**courrant de terre**) gewarnt wird. Diese sind wirklich nicht zu unterschätzen. An den öffentlichen Stränden werden deshalb oft Strandabschnitte (**plage surveillée**) durch Fahnen abgesteckt, oder Bojen markieren den überwachten Teil der Badezone. Werden die roten Fahnen gehißt, so bedeutet das absolutes Badeverbot (**Il est interdit de se baigner!**). Täglich müssen vom Rettungsdienst Leute aus dem Wasser geholt werden, die sich zu weit nach draußen gewagt haben. An der **côte méditéranéenne** (Mittelmeerküste) ist die Gefahr geringer. Hier kann man auch besagtes Tretboot (**pédalo**) sowie Bretter zum Wellenreiten (**surf**) leihen. Während der Hochsaison mischt sich nachts unter das sanfte Meeresrauschen auch mal der kontinuierlicher tösende Lärm der Räumfahrzeuge: der angeschwemmte und von den Sonnenhungrigen zurückgelassene Müll wird beseitigt.

**„Badekleidung"**

FKK-Baden (**nudisme**-*nü'disme* ist an den öffentlichen Stränden nicht üblich; dafür sind entsprechend ausgewiesene Strände (**plages de nudistes**) vorgesehen. „Oben ohne" dagegen ist durchaus verbreitet. Es ist aber anzuraten, in Strandbars und dergleichen leichte Kleidung überzuziehen.

## Wertsachen

Noch ein Hinweis: Geld und andere Wertsachen nicht aus den Augen verlieren und auf keinen Fall irgendetwas im Auto zurücklassen! Am besten läßt man die Wertsachen im Schließfach (**consigne**).

## Am Strand

| | | |
|---|---|---|
| Badeanzug | *mai'jo de bã* | **le maillot de bain** |
| Badehose | *'ßlip de bã* | **le slip de bain** |
| Badematte | *'ma de bã* | **le mat de bain** |
| baden | *ße bän'jeh* | **se baigner** |
| Badeshorts | *kal'ßõ* | **le caleçon** |
| Badetuch | *ßɔr'ti de bã* | **la sortie de bain** |
| Bikini | *biki'ni* | **le bikini** |
| Bucht | *bä* | **la baie** |
| Dusche | *dusch* | **la douche** |
| Faltboot | *ka'no pli'ã* | **le canot pliant** |
| Kabine | *ka'bin* | **la cabine** |
| Kies | *graw'jeh* | **le gravier** |
| Klippe | *bri'sã* | **le brisant** |
| Liege | *ku'schät* | **la couchette** |
| Meeresalge | *lalge* | **l'algue** *f* |
| Meeresgrund | *fõ de la 'mär* | **le fond de la mer** |
| Motorboot | *ka'no a mo'tör* | **le canot à moteur** |
| nacktbaden | *ße bän'jeh a po'al* | **se baigner à poile** |
| Nichtschwimmer | *per'ßɔn ne ßa'schã 'pa na'~~sch~~eh* | **les personnes** *f* **ne sachants pas nager** |
| Ölpest | *la ma'reh no'ar* | **la marée noire** |
| Qualle | *lo wi'wãt* | **l'eau** *f* **vivante** |
| Rettungsring | *bu'eh de ßow'ta~~sch~~* | **la bouée de sauvetage** |
| rote Fahne | *dra'po 'ru~~sch~~* | **le drapeau rouge** |
| Sandburg | *pa'lä a 'ßable* | **le palais à sable** |
| Sandschaufel | *päl de 'ßable* | **la pelle de sable** |
| Sand | *ßable* | **le sable** |
| Schatten | *lõbre* | **l'ombre** *m* |
| Schlauchboot | *ka'no pnöma'tik* | **le canot pneumatique** |
| Schnorchel | *ßnɔr'käl* | **le schnorchel** |
| Schwimmbad | *pi'ßin* | **la piscine** |
| schwimmen | *na'~~sch~~eh* | **nager** |
| Seeigel | *lur'sã* | **l'oursin** *m* |
| sich bräunen | *ße brõ'seh* | **se bronzer** |
| Sommersprossen | *tasch de ru'ßɔr* | **la tache de rousseur** |
| Sonnenbad | *bã de ßɔ'läj* | **le bain de soleil** |
| Sonnenbrand | *ku_d ßɔ'läj* | **le coup de soleil** |
| Sonnenbrille | *lü'nät de ßɔ'läj* | **les lunettes de soleil** |
| Sonnencreme | *kräm ßɔ'lär* | **la crème solaire** |
| sonnengebräunt | *kü'it o ßɔ'läj/brõseh* | **cuite au soleil/ bronzé** |

| | | |
|---|---|---|
| Sonnenschirm | *le para'ßɔl* | **le parasol** |
| Sonnenstich | *lãßolaß'jõ* | **l'insolation *f*** |
| Strandweg | *ak'ßä a la 'pla~~sch~~* | **l'accès *m* à la plage** |
| Strand | *pla~~sch~~* | **la plage** |
| Strömung | *ku'rã* | **le courant** |
| tauchen | *plõ'~~sch~~eh* | **plonger** |
| Taucheranzug | *ßka'fãdre* | **le scaphandre** |
| Taucherausrüstung | *lehkip'mã de plõ'~~sch~~eh* | **l'équipement *m* de plongée** |
| Taucherbrille | *lü'nät de plõ'~~sch~~eh* | **les lunettes de plongée** |
| Taucherflossen | *na~~sch~~o'ar de plõ'~~sch~~eh* | **les nageoires de plongée** |
| Tretboot | *pehda'lo* | **le pédalo** |
| Umkleidekabine | *ka'bin a ße schã'~~sch~~eh* | **la cabine à se changer** |
| Volleyball | *woleh'bɔl* | **le volleyball** |
| (Meer-) Wasser | *lo (de mär)* | **l'eau *f* (de mer)** |
| Wellen | *wag* | **les vagues *f*** |
| Wellenreiten | *ßɔ̈rf* | **le surf** |

**Baden**

■ Kann man hier baden?
*õ pö ße bän'jeh i'ßi*
**On peut se baigner ici?**

■ Gibt es Strömungen?
*äßkil'ja deh ku'rã*
**Est-ce qu'il a des courants?**

■ Ist es gefährlich, ins Wasser zu gehen?
*ßä dã~~sch~~e'rö de ße bän'jeh*
**C'est dangereux de se baigner?**
das ist - gefährlich - von - sich - baden

◆ Vorsicht! Die Wellen sind heute sehr stark.
*atãß'jõ leh wag ßõ trä fɔrt o~~sch~~urdü'i*
**Attention! Les vagues sont très fortes aujourd'hui.**

■ Kannst Du/können Sie auf meine Sachen aufpassen?
*äßke tü pö/wu pu'weh fär atãß'jõ a mes_a'fär ßilwu'plä*
**Est-ce que tu peux/vous pouvez faire attention à mes affaires svp?**
k. du/k. Sie - machen - Achtung - auf - meine - Sachen - bitte

■ Ich gehe jetzt schwimmen.
*~~sch~~e wä na'~~sch~~eh mät'nã*
**Je vais nager maintenant.**

■ Hast du/habt ihr Lust mitzukommen?
*ta ã'wi/wus_a'weh ã'wi de makõpan'jeh*
**Tu as envie/vous avez envie de m'accompagner?**
du hast/ihr - habt - Lust - von - mich begleiten

◆ Das Meer ist aber saukalt.
*lä mär ä wasch'mã 'froad*
**La mer est vachement froide.**

■ Kannst Du mir den Rücken einreiben?
*tü me frikß'jɔn le 'do*
**Tu me frictionnes le dos?**

◆ Du hast schon einen Sonnenbrand.
*tü tä atra'peh ɔ̃ ku_d ßɔ'läj*
**Tu t'es attrappé(e) un coup de soleil.**
du - dir hast - gefangen - einen - Sonnenbrand

**Warnungen**

| | | |
|---|---|---|
| Achtung! | *atãß'jõ* | **Attention!** |
| Paß auf! | *fä atãß'jõ* | **Fait attention!** |
| Stop! | *stop* | **Stop!** |
| Mach das nicht! | *ne fä pa 'ßa* | **Ne fais pas ça!** |
| Alles in Ordnung? | *tu wa b'jã* | **Tout va bien?** |
| Ich hatte Vorfahrt! | *~~sch~~a'wä la priɔri'teh* | **J'avais la priorité!** |

**Hilfe!**

| | | |
|---|---|---|
| Hilfe! | *o ße'kur* | **Au secours!** |
| Wir brauchen Hilfe! | *nus_a'wõ beso'ã del'äd* | **Nous avons besoin de l'aide!** |
| Ist dir etwas passiert? | *il tä pa'ßeh kälk'schos* | **Il t'es passé quelque chose?** |
| Es ist alles in Ordnung! | *tu wa b'jã* | **Tout va bien!** |
| Hier tut es weh! | *il me fä mal i'ßi* | **Il me fait mal ici!** |

■ Es wird jemand vermißt!
*il'ja käl'kɔ̃ ki 'mãk*
**Il y a quelqu'un qui manque!**

■ *Jean* ist auf das offene Meer hinaus getrieben worden!
*~~sch~~ã a eh'teh trä'neh ã 'plän 'mär*
***Jean* a été traîné en pleine mer!**

■ Wo gibt es ein Rettungsboot?
*'u äßkil'ja ɔ̃ ka'no de ßow'ta~~sch~~*
**Où est-ce qu'il y a un canot de sauvetage?**

■ Mann über Bord!
*ɔ̃n_'ɔm a la mär*
**Un homme à la mer!**

# Wind, Wellen, Wasser, Strömung

| | | |
|---|---|---|
| Der Wind ist ... | *le 'wã ä* | **Le vent est ...** |
| ... gleichmäßig | *rehgül'jeh* | **... régulier** |
| ... stark/schwach | *'fɔr/'fäble* | **... fort/faible** |
| ... ablandig/auflandig | *de 'tär/de 'mär* | **... de terre/de mer** |
| ... zunehmend | *kroa'ßã* | **... croissant** |
| ... abnehmend | *bä'ßã* | **... baissant** |
| ... stürmisch | *ora'~~sch~~ö* | **... orageux** |
| Windstärke | *fɔrß dü wã* | **la force du vent** |
| Sturm | *tã'pät* | **la tempête** |
| Sturmwarnung | *la'wi de tã'pät* | **l'avis *m* de tempête** |
| Die Wellen sind ... | *leh 'wahg ßõ* | **Les vagues sont ...** |
| ... hoch/niedrig | *ot/baß* | **... hautes/basses** |
| ... flach | *plat* | **... plattes** |
| ... kurz/lang | *'kurt/'lõg* | **... courtes/longues** |
| Die Wellen sind brechend. | *leh 'wahg ße 'bris* | **Les vagues se brisent.** |
| Das Wasser ist ... | *'lo ä* | **L'eau est ...** |
| ... kalt/warm | *froad/schod* | **... froide/chaude** |
| ... sauber/schmutzig | *'prɔpre/'ßal* | **... propre/sale** |
| Die Strömung ist ... | *le ku'rã ä* | **Le courant est ...** |
| ... schwach/stark | *fäble/fɔr* | **... faible/fort** |
| ... auflaufend | *mõ'tã* | **... montant** |
| ... ablaufend | *deh'ßã'dã* | **... descendant** |
| Ebbe | *ma'reh baß* | **la marée basse** |
| Flut | *ma'reh ot* | **la marée haute** |

## Windrichtungen

Nord
*nɔr*
**nord**

Nordwest
*nɔrdu'äst*
**nord-ouest**

Nordost
*nɔr'däst*
**nord-est**

West
*u'äst*
**ouest**

Ost
*äst*
**est**

Südwest
*ßüdu'äst*
**sud-ouest**

Südost
*ßü'däst*
**sud-est**

Süd
*ßüd*
**sud**

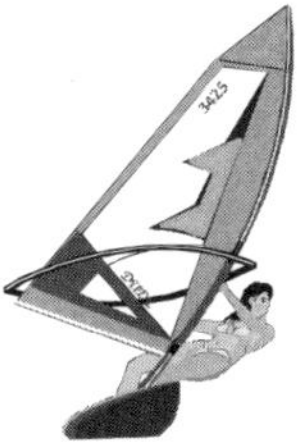


# Surfen und Segeln

Möglichkeiten zum Surfen (**faire de la planche à voile**) und Segeln (**faire de la voile**) gibt es an Atlantik und Mittelmeer. Besonders im Süden, und dort vor allem an der Mittelmeerküste, tummeln sich im Sommer unzählige Segelboote und Surfbretter, ebensoviele Surfschulen werben um immer mehr Neueinsteiger. Anfängern sei geraten, die ersten Stehversuche nicht gerade auf den Wellen des Atlantiks zu unternehmen. Da bläst meist ein starker Wind, und selbst für Fortgeschrittene ist es nicht ganz leicht, die ersten Wellenfronten hinter sich zu lassen, um endlich aufsteigen zu können. Grundsätzlich ist es problemlos, ein Brett zu mieten - egal welche Ansprüche man hat (**location de planches**). Surfen darf man prinzipiell überall, an überfüllten Stränden gibt es meist einen abgetrennten Einstieg (**accès**).

Jede größere Stadt an den Küsten verfügt über einen Hafen, wo täglich Segelschiffe ein- und auslaufen. Der Platz für das Diner an Deck (**dîner sur le pont**) darf da nicht fehlen, und man sich schon auch ganz gern mal auf den Teller schauen.

---

■ Ist das dein Brett/Rigg?
*'ßä 'ta plãsch/'tõn_apa'räj*
**C'est ta planche/ton appareille?**

---

■ Kann ich es zur Seite legen?
*~~sch~~e pö le 'mätre a ko'teh*
**Je peux le mettre à côté?**

---

■ Kannst du etwas Platz machen?
*tü pö me ße'deh la 'plaß ßilte'plä*
**Tu peux me céder la place stp.?**
du - kannst - mir - weichen - die - Platz - bitte

---

■ Kannst du mir mal kurz helfen (das Brett auf's Autodach zu heben)?
*tü pö mä'deh ɔ̃n_ãß'tã (a mõ'teh la plãsch sür la woa'tür)*
**Tu peux m'aider un instant (à monter la planche sur la voiture)?**

---

■ Kann man hier surfen?
*äß'kõ pö a'leh a la 'plãsch i'ßi*
**Est-ce qu'on peut aller à la planche ici?**

■ Wo gibt es hier eine Surfschule?
*u äßkil'ja ün eh'kɔl de plãsch a wo'al i'ßi*
**Où est-ce qu'il y a une école de planche à voile ici?**

■ Wo kann man hier Surfbretter leihen?
*u äß'kõ pö lu'eh deh 'plãsch a wo'al i'ßi*
**Où est-ce qu'on peut louer des planches à voile ici?**

■ Um welche Uhrzeit setzt der Wind ein?
*a käl 'ɔ̈r se läw le 'wã*
**A quelle heure se lève le vent?**

◆ Hier herrscht seit drei Tagen absolute Flaute.
*i'ßi il'ja le 'kalm depü'i tro'a ~~sch~~ur*
**Ici, il y a le calme depuis trois jours.**
hier - es - da - hat - die - Ruhe - seit - drei - Tagen

## Reparatur/ Ausrüstung

■ Wo kann ich Ersatzteile kaufen?
*'u äßke ~~sch~~e pö asch'teh deh p'jäß de reh'schã~~sch~~*
**Où est-ce que je peux acheter des pièces de réchange?**

■ Das Segel/die Startschot ist gerissen.
*la wo'al/la 'drіß ä dehschi'reh*
**La voile/la drisse est déchirée.**

■ Der Mastfuß ist gebrochen.
*le p'jeh dü 'ma ä ka'ßeh*
**Le pied du mât est cassé.**

■ Können sie mein Brett reparieren?
*wu pu'weh rehpa'reh ma 'plãsch*
**Vous pouvez réparer ma planche?**

## Surfen und Segeln

| | | |
|---|---|---|
| am Wind segeln | *a tut wo'al* | **à toutes voiles** |
| anluven | *tri'ßeh* | **trisser** |
| aufriggen | *mätre a la wo'al* | **mettre à la voile** |
| bauchig | *kõ'wäks* | **convexe** |
| Dachgepäckträger | *galeh'ri* | **la galérie** |
| dichtholen | *dehmõ'teh la wo'al* | **démonter la voile** |
| Einführungskurs | *leh'kɔl dãnißaß'jõ* | **l'école *f* d'initiation** |
| Ersatzteil | *p'jäß de re'schã~~sch~~* | **la pièce de rechange** |
| fieren | *mõ'teh la wo'al* | **monter la voile** |
| flach | *plã* | **plãn** |
| Flaute | *kalm* | **le calme** |
| Fußschlaufen | *pa'ßã a p'jeh* | **les passants *m* à pied** |
| gebrochen | *ka'ßeh* | **cassé** |
| gerissen | *dehschi'reh* | **déchiré** |

| | | |
|---|---|---|
| gleiten | *gli'ßeh* | **glisser** |
| Halse | *a'mür* | **l'amure *f*** |
| Handschuhe | *gã* | **les gants *m*** |
| Knoten | *nö* | **le noeud** |
| Lee | *ko'teh abri'teh dü 'wã* | **la côté abrité du vent** |
| Luv | *ko'teh dü 'wã* | **la côté du vent** |
| Schaden | *dɔ'masch* | **le dommage** |
| Schwertkasten | *käß deh'peh* | **la caisse d'épée *f*** |
| Segellatten | *lat de wo'al* | **les lattes *f* de voile** |
| Sitz-Trapez | *tra'päs* | **la trapèze** |
| Startschot | *driß* | **la drisse** |
| surfen | *a'leh a plãsch* | **aller à planche** |
| Surf-Schuhe | *scho'ßür pur la 'plãsch* | **les chaussures pour la planche** |
| Surf-Schule | *eh'kɔl de wo'al* | **l'école *f* de voile** |
| Surfshop | *maga'ßã de wo'al* | **le magasin de voile** |
| trimmen | *tri'meh* | **trimmer** |
| Wasserstart | *dehma'rasch dã 'lo* | **le démarrage dans l'eau** |
| Wende | *tur* | **le tour** |
| Zurrgurt | *kuro'a* | **la courroie** |

*Siehe auch den Abschnitt „Wind, Wasser, Wellen, Strömung". Notsituationen siehe im Abschnitt „Am Strand".*

# Wassersport

**Kanu und Kajak**

Für Kanu- und Kajaktouren wartet Frankreich mit traumhaften Stellen auf. Sei es auf Korsika, in den **Cévennes** oder im Jura, man trifft immer auf Flüsse und Bäche, auf denen es sich lohnt, sich mit solcherart schwimmbaren Untersätzen zu tummeln. Und es ist für alle Ansprüche etwas dabei.

■ Kann man hier in der Nähe Kanus mieten?
*äß'kõ pö lu'eh deh kano'eh prä di'ßi*
**Est-ce qu'on peut louer des canoës près d'ici?**
kann man - leihen - Kanus - nahe - von hier

■ Was kostet das Kajak pro Tag?
*kõ'bjã kut le ka'jak par '~~sch~~ur*
**Combien côute le kayak par jour?**

■ Wo kann ich das Kanu zurückgeben?
*'u äßke ~~sch~~e pö rãdre le kano'eh*
**Où est-ce que je peux rendre le canoë?**

■ Gibt es hier gefährliche Stromschnellen?
*äßkil'ja deh ra'pid dã~~sch~~e'rö i'ßi*
**Est-ce qu'il y a des rapides dangereux ici?**

| | | |
|---|---|---|
| Eskimorolle | *lehskimo'da~~sch~~* | **l'ésquimaudage** *m* |
| Kanu | *kano'eh* | **le canoë** |
| Kajak | *ka'jak* | **le kayak** |
| Kanadier | *kanad'jän* | **la canadlenne** |
| Paddel | *pa'gä* | **le pagaie** |
| paddeln | *pagä'jeh* | **pagayer** |
| Ruder | *ram* | **la rame** |
| rudern | *ra'meh* | **ramer** |
| Rudersport | *awi'rõ/kano'ta~~sch~~* | **l'aviron** *m*/**le canotage** |
| Schleuse | *ehk'lüs* | **l'écluse** *f* |
| Schutzhelm | *kask de protäkß'jõ* | **la casque de protection** |
| Schwimmweste | *~~sch~~i'lä de sow'ta~~sch~~* | **le gilet de sauvetage** |

**Wandern**

| | | |
|---|---|---|
| Kompaß | *bu'ßol* | **la boussole** |
| Rucksack | *saka'do* | **le sac à dos** |
| Taschenmesser | *ka'nif* | **le canif** |
| Trinkflasche | *bi'dõ* | **le bidon** |
| wandern | *fär ün äkßkürß'jõ* | **faire une excursion à pied** |
| Wanderstab | *ba'tõ dü woaja'~~sch~~ör* | **le bâton du voyageur** |

# Fahrrad

Radfahren im Land der **Tour de France** kann ganz schön anstrengend, aber auch sehr erholsam sein, je nachdem, welche Gegend zur Debatte steht.

Für Radwandertouren empfehlen sich die **Michelin-Karten** oder die **Cartes Touristiques** vom **Institut geographique national** mit noch größerem Maßstab. Gute Landkarten, die im allgemeinen im Buchhandel oder in Zeitungsläden erhältlich sind, sollten sich auch Wanderfreunde zulegen. Besonders geeignet hierzu sind die **„topo-guides"**. Es gibt in Frankreich ausgezeichnete Wandermöglichkeiten und ein ausgedehntes Netz an gekennzeichneten und von regionalen Naturschutzgruppen betreuten Wanderwegen (**chemins pédestres**).

## Das Fahrrad

| | | |
|---|---|---|
| Gepäckträger | *port ba'gasch* | **le porte-bagages** |
| Rücklicht | *fö ari'jär* | **le feu arrière** |
| Schutzblech | *gard* | **la garde** |
| Gänge | *wi'täß* | **les vitesses** *f* |
| Kettenschutzblech | *kar'teh* | **le carter** |
| Bremszug | *poan'jeh de frã* | **la poignée de frein** |
| Abblendlicht | *far* | **le phare** |
| Speiche | *rä'jõ* | **le rayon** |

# Wintersport

Auch an Wintersportmöglichkeiten hat Frankreich einiges zu bieten. In den Pyrenäen, im Zentralmassiv und vor allem natürlich in den Alpen gibt es traumhafte Gebiete sowohl für alpines Skilaufen **(faire du ski)** als auch für Langlauf **(la course de fond)**.Riesige Hotelanlagen mit Skischulen, Einkaufszentren und weitem Aprèsskiangebot legen hiervon Zeugnis ab. Für's Skifahren pur ist man damit gut beraten. Aber es verbergen sich auch in den Bergdörfern kleine Pensionen, in denen man gemütliche Skiferien verbringen kann.Da sind **massif central** und **pyrenées** geeignete Regionen,die weniger durch Mega-Skigebiete,futuristische Liftanlagen und kilometerlange präparierte Pisten aller Schwierigkeitsgrade in luftiger Höhe bestechen als vielmehr durch Beschaulichkeit,genügend Zeit und kleine Kneipen mit Holzöfen. Die Qualität der Pisten in Bezug auf Schnee, Beschilderung und Abwechselung kann natürlich mit **les alpes** nicht mithalten.

**Ich möchte ... kaufen.**

■ Ich möchte ... kaufen.
*sche wud'rä asch'teh ...*
**Je voudrais acheter ...**

| | | |
|---|---|---|
| eine Halbtageskarte | *õ fɔr'fä demi'schur* | **un forfait demi-jour** |
| eine Tageskarte | *õ fɔr'fä de 'schur* | **un forfait de jour** |
| eine Wochenkarte | *õ fɔr'fä ehbdoma'där* | **un forfait hébdomadaire** |
| eine Zehnerkarte | *õ kar'nä* | **un carnet** |

■ Ich bin Anfänger/Fortgeschrittener/Könner.
*sche ßü'i dehbü'tã,t/prɔgrä'ßeh/ßa'wã,t*
**Je suis débutant,e/progressé,e/savant,e.**

■ Wo kann ich mich für einen Skikurs anmelden?
*'u äßke sche pö mãß'krir o le'ßõ de ßki*
**Où est-ce que je peux m'inscrire aux leçons de ski?**

■ Können Sie mir meine Bindung einstellen?
*puri'jeh wu maschüß'teh ma fikßaß'jõ*
**Pourriez-vous m'ajuster ma fixation?**

■ Welches ist die einfachste/schwerste Abfahrt?
*käl ä la deh'ßãt la plü fa'ßil/la plü difi'ßil*
**Quelle est la déscente la plus facile/la plus difficile?**

■ Gibt es Tiefschneepisten?
*äßkil'ja deh pißt nuwäl'mã ãnä'~~sch~~eh*
**Est-ce qu'il y a des pistes nouvellement ennei-gées?**

**Skifahren**

| | | |
|---|---|---|
| Abfahrt | *deh'ßãt* | **la descente** |
| abfahren | *deh'ßãndre* | **descendre** |
| Bindung | *fikßaß'jõ* | **la fixation** |
| eingeschneit | *ãnä'~~sch~~eh* | **enneigé** |
| gefroren | *gla'ßeh* | **glacé** |
| Gletscher | *glaß'jeh* | **le glacier** |
| Gondel | *fünikü'lär* | **le funiculaire** |
| Kabinenseilbahn | *tehlehka'bin, tehlehfeh'rik* | **la télécabine, le téléférique** |
| Pappschnee | *nä~~sch~~ mu'jeh* | **la neige mouillée** |
| Piste | *pißt* | **la piste** |
| Pulverschnee | *nä~~sch~~ pud'rös* | **la neige poudreuse** |
| Schlepplift | *tehlehß'ki* | **le téléski** |
| Schnee | *nä~~sch~~* | **la neige** |
| Schneefall | *schüt de nä~~sch~~* | **la chute de neige** |
| Schneegrenze | *li'mit deh nä~~sch~~* | **la limite des neiges** |
| Schneemann | *bɔ'nɔm de nä~~sch~~* | **le bonhomme de neige** |
| Sessellift | *tehlehß'jä~~sch~~* | **le télésiège** |
| Skianzug | *kõ'plä de ßki* | **le complet de ski** |
| Skiausrüstung | *ehkip'mã de ßki* | **l'équipement *m* de ski** |
| Skibrille | *lü'nät de ßki* | **les lunettes de ski** |
| Skier | *plãsch* | **les planches *f*** |
| Skikurs | *le'ßõ de ßki* | **les leçons *f* de ski** |
| Skilaufen | *fär dü ßki* | **faire du ski** |
| Skilehrer | *mɔni'tör* | **le moniteur** |
| Skilift | *tehleh'ßki* | **le téléski** |
| Skischuhe | *bot de ßki* | **les bottes *f* de ski** |
| Skischule | *eh'kɔl de ßki* | **l'école *f* de ski** |
| Skistöcke | *ba'tõ de ßki* | **les bâtons *m* de ski** |
| Skiwachs | *ßir de ßki* | **la cire de ski** |

# Tennis

| | | |
|---|---|---|
| Ergebnis | *rehsül'ta* | **le résultat** |
| gewinnen | *gan'jeh* | **gagner** |
| Netz | *fi'lä* | **le filet** |
| Spieler | *~~sch~~u'ɔ̈r* | **le joueur** |
| Tennis | *tä'niß* | **le tennis** |
| Tennisball | *bal de tä'niß* | **la balle de tennis** |
| Tennishalle | *ol de tä'niß* | **le hall de tennis** |
| Tennisplatz | *kur de tä'niß* | **la court de tennis** |
| Tennisschläger | *ra'kät de tä'niß* | **la raquette de tennis** |
| verlieren | *'pärdre* | **perdre** |
| Zuschauer | *späkta'tɔ̈r* | **le spectateur** |

■ Gibt es hier einen Tennisplatz?
*äßkil'ja ɔ̃n kur de tä'niß i'ßi*
**Est-ce qu'il y a un court de tennis ici?**

■ Wieviel kostet die Stunde?
*kõb'jã kut ün ɔ̈r ßilwu'plä*
**Combien coûte une heure, svp.?**

■ Ich würde gerne einen Tennisplatz für *Sonntag, den 11. Juli von 18 bis 19 Uhr* mieten.
*~~sch~~e wud'rä rehsär'weh ün kur de tä'niß pur di'mãsch le õs ~~sch~~ü'jä de disü'it a diß'nöf ɔ̈r ßilwu'plä*
**Je voudrais réserver une court de tennis *pour dimanche, le 11.juillet de 18 à 19 heures*, svp.**

# Boule/Pétanque

Sehr oft sieht man - meist ältere - Herrschaften, die unter schattigen Bäumen oder auf sonnigen Plätzen Metallkugeln von sich werfen: Das ist **Boule** (im Süden: **Pétanque**). Zwei *Mann*schaften spielen gegeneinander, dabei hat jeder Spieler einer **équipe** mehrere Kugeln (**boules**) zur Verfügung. Zuerst wird die kleine Holzkugel (**cochonette**-Schweinchen) in 6-10 Metern Entfernung plaziert. Danach versuchen die Spieler ihre eigenen Kugeln möglichst nahe neben das „Schweinchen" zu plazieren (**pointer**) oder die Kugel des Gegners wegzuschießen (**tirer**),was auch als die eigentliche Kunstfertigkeit anzusehen ist. Das Spiel ist zu Ende, wenn eine Partei 13 Punkte erreicht hat.

# Unterhaltung

# Kultur und Unterhaltung

Die Tatsache, daß in Frankreich Comic-Zeichner den Bekanntheitsgrad von Politikern erreichen können - wobei fürs Volk die Politiker trotzdem die eigentlichen Satire- bzw. Comicfiguren bleiben, und das nicht zuletzt wegen einer bekannten Fernsehshow - weist auf das spezielle französische Selbstverständnis in kulturellen Angelegenheiten hin. Kultur fängt eben bei der Auswahl des Weines an, berührt die Umgangsformen und hat sich im französischen Konversationsstil noch lange nicht erschöpft. Neben der Hochachtung, die intellektueller Kreativität entgegengebracht wird, findet ein gelungener Werbespot ebenso Anerkennung. Es gibt keine Berührungsängste zwischen Kultur und Unterhaltung.

**Feste und Festivals - fêtes et festivals**

Gefeiert wird, wann immer sich ein Anlaß findet - und davon gibt es bekanntlich genug. Am **14. Juli** befindet sich die ganze Nation im Freudentaumel und feiert den Jahrestag der Revolution. Im Sommer verwandelt sich auch manch ein Dorfplatz zu später Stunde in einen fröhlich lauten Festplatz, und in den Provinzen finden zahlreiche Festivals statt.

**Weihnachten und Neujahr - Noël et Jour de l'an**

Der **père Noël**-*pär no'äl* (Weihnachtsmann) kommt in Frankreich in der Nacht zum ersten Weihnachtstag durch den Kamin und steckt den Kindern kleine Geschenke in den Stiefel. Es ist nicht das große Geschenkfest wie bei uns, und es gibt weitere Verschiedenheiten. Während wir Weihnachtslieder im trauten Heim anstimmen, ist es für Franzosen an diesem Tag fast Pflicht, *nicht* zu Hause zu bleiben: man geht aus und sucht Geselligkeit. **Le réveillon**-*rehwä'jõ* (Weihnachtsfest) beginnt mit der Mitternachtsmesse, nachher wird das Restaurant aufgesucht - der Tisch wurde schon Wochen vorher reserviert - und wenn alles stimmen soll, dann kommt jetzt **la dinde**-*dãd* (die Weihnachtspute) auf den Tisch. Ganz so klischeehaft muß es natürlich nicht sein, aber die Unterschiede zu unseren Festbräuchen sind auffallend, was sich auch darin äußert, daß Christbäume weitestgehend fehlen (außer im **Alsace** - diese Abtrünnigen!) und wichtigstes Dekor in der Kirche **la crèche**-*kräsch* (die Krippe) ist.

**Le réveillon du jour de l'an** oder **la nuit de la Saint-Sylvestre** ist das Neujahrs- und Familienfest, an dem es endlich Geschenke für alle gibt - **les étrennes**-*lehß_eh'trän* (die Einweiher).

# Ausgehen

Man verabredet sich fürs Kino, auch mal für einen Theaterabend, aber für eine gute **bouffe** (Essen) bei guten Freunden kann alles andere liegenbleiben. Noch beliebter ist natürlich das Restaurant, auch wenn **le fric** (das Geld) dahinschwindet, aber beim Essen wird als allerletztes gespart. Weniger üblich ist es, sich wie bei uns auf ein Bier zu verabreden. Bier getrunken wird zwar auch nicht zu wenig (**on va boire un pot**), aber das ergibt sich eher spontan. Zu später Stunde geht es für die Jugend dann auf die Straße.

**Disco**

Wer kein Insider ist und nicht erfährt, wo an diesem Abend **la fête** boomt, der geht in die Disco (**la boîte**). Hier läßt man sich die neuesten Hits (**les tubes**) einhämmern, schüttelt sich auf der Tanzfläche (**la piste**), schaut sich beim Tanzen auch gerne im Spiegel zu und ist ganz außer sich: **super, extra!**

---

■ Hast du heute abend schon etwas vor?
*tü ä 'libre ße ßo'ar*
**Tu es libre ce soir?**
du - bist - frei - diesen - Abend

---

■ Ich kenne ein nettes Restaurant.
*~~sch~~e kɔ'nä ɔ̃ rehß'to trä ßã'pa*
**Je connais un résto trés sympa.**
ich - kenne - ein - Restaurant - sehr - sympathisch

---

■ Hinterher könnten wir in die Disco gehen.
*a'prä õ pu'rä a'leh ã bo'at*
**Après on pourrait aller en boîte.**
danach - man - könnte - gehen - in - Disco

---

■ Das wäre echt klasse.
*ße ße'rä wasch'mã schu'ät*
**Ce serait vachement chouette.**

---

■ Das ist eine gute Idee. .
*ßät_ün bɔn_i'deh*
**C'est une bonne idée.**
das ist - eine - gute - Idee

---

■ Auf die Disco habe ich keine Lust
*la bo'at ßa ne me di ri'jã*
**La boîte ça ne me dit rien.**
die - Disco - das - nicht - mir - sagt - nichts

■ Was wird heute gefeiert?
*käß'kõ 'fät o~~sch~~urdü'i*
**Qu'est-ce qu'on fête aujourd'hui?**
was - ist es - das man - feiert - heute

**Theater**

Im Theater (**le théâtre**) ist frau im Abendkleid (**la robe du soir**) und mann im Anzug (**complet**) anzutreffen. Die Vorstellungen beginnen später als in Deutschland, meist um 21.00 Uhr. Die Garderobe heißt **le vestiaire**-*wäßt'jär*, nicht **garde-robe** (das ist der Kleiderschrank, oder die komplette Kleidersammlung). Für die Platzanweiserinnen (**ouvreuses**) sollte ein Trinkgeld (**pourboire**) bereitgehalten werden. Es ist oft ihr einziges Einkommen. In der Pause stehen **buffet** und **bar** für Erfrischungen und Thekengespräche zur Verfügung.

| | | |
|---|---|---|
| Balkonsitz | *bal'kõ* | **un balcon** |
| Bühnenbild | *deh'kɔr* | **les décors** ***m*** |
| Berühmtheit | *we'dät* | **la vedette** |
| Eintrittskarten | *bi'jä de teh'atre* | **les billets** ***m*** **de théâtre** |
| Foyer | *fɔ'jeh* | **le foyer** |
| Galavorstellung | *ßoa'reh de ga'la* | **la soirée de gala** |
| Garderobe | *wäßt'jär* | **le vestiaire** |
| Kabarett | *kaba'rä* | **le cabaret** |
| Konzert | *kõ'ßär* | **le concert** |
| Konzert-Café | *ka'feh kõ'ßär* | **le café-concert** |
| Laienschauspieler | *kɔmehd'jã/'jän* | **le/la comédien/ne** |
| Loge | *lo~~sch~~* | **la loge** |
| Loge (zweisitzig) | *bän'jɔr* | **la baignore** |
| Loge (bessere) | *awã'ßän* | **l'avant-scène** ***f*** |
| Orchester | *ɔr'kästre* | **l'orchestre** ***m*** |
| Parkettsitz | *par'tär/fo'tɔ̈j dɔr'kästre* | **un parterre/un fauteuil d'orchestre** |
| Premiere | *prem'jär* | **la première** |
| Regisseur | *mä'tɔ̈r ã 'ßän* | **le metteur en scène** |
| Schauspiel | *ßpäk'takle* | **le spectacle** |
| Schauspieler | *ak'tɔ̈r/tra~~sch~~ehd'jã* | **l'acteur** ***m*****/le tragédien** |
| Schauspielerin | *ak'triß/tra~~sch~~ehd'jän* | **l'actrice** ***f*****/la tragédienne** |
| Singspielhalle | *müßik'ɔl/warieh'teh* | **le music-hall/le variété** |
| Sperrsitz | *ßtrapã'tã* | **le strapontin** |
| Solistenkonzert | *rehßi'tal* | **le récital** |
| Spielleitung | *mis_ã 'ßän* | **la mise en scène** |
| Vorstellung | *reprehsãtaß'jõ* | **la représentation** |
| Zuschauerraum | *ßal de ßpäk'takle* | **la salle de spectacle** |

# Kino

Montag ist Kinotag. Trotz der Krise, in der das Kino (**le ciné**) gegenwärtig steckt, hat es in Frankreich noch Anhänger; man geht ins Kino, und das nicht nur einmal im Monat. Schließlich blicken die Franzosen auf eine bewegte Kinogeschichte zurück, in der man mit Erfolg amerikanischen Produktionen die eigene Qualitätsware (**qualité française**) und später die **nouvelle vague** (neue Welle) entgegengesetzt hat. Die Filmfreaks kommen vor allem in den mehr als 500 Kinos von Paris auf ihre Kosten. Außer den neuesten Präsentationen gibt es sämtliche Kultfilme zu sehen, dabei Ausländisches meist in Orginalversion (**v.o.s.t.-version orginale sous-titrée** im Gegensatz zu **v.f.-version française** - synchronisierte Fassung). Die Provinz macht mit zahlreichen Filmfestivals auf sich aufmerksam.

**Einige Tips**

- Da keine Kartenreservierung üblich ist, steht man Schlange (**faire la queue**) vor der Abendkasse und kommt deshalb lieber ein wenig früher.
- Die Filme werden mit zwei Zeiten angekündigt. Mit **séance** ist die Öffnung des Kinosaal gemeint, der Film (**film**) selbst beginnt meist 20 Minuten später.
- Ermäßigungen gibt es für Studierende, bei Kauf eines Zehner-Abos (**carnet**) oder montags (**le lundi**).
- Der eigentliche Kinoabend ist Samstagabend. Das ist schon zu einem Kulturgut geworden; an diesem Tag wird man deshalb auch im Fernsehen Kinofilme vermissen.
- Einmal im Jahr gibt es das **Fête du Cinéma**; eine Karte für **35 FF** ermöglicht freien Eintritt für alle Filme.
- Programmkinos heißen **Cinéma d'Art et d'Essai**.
- Wie im Theater verdienen die Platzanweiserinnen im Kino ihr Abendgehalt nur mit Trinkgeld.

---

■ Hast du Lust, heute abend ins Kino zu gehen?
*ta ã'wi da'leh o ßi'neh ße ßo'ar*
**Tu as envie d'aller au ciné ce soir?**

---

■ Welchen Film möchtest du ansehen?
*ßä 'käl film ke tü wö wo'ar*
**C'est quel film que tu veux voir?**

■ Weiß du, was für eine Art Film das ist?
*ßä käl '~~sch~~ãre de film tü le ßä*
**C'est quel genre de film, tu le sais?**
das ist - welche - Art - von - Film - du - es - weißt

■ In welchem Kino kommt *Drei Farben Blau*?
*dã käl ßi'neh il 'mõtre tro'a ku'lör blö*
**Dans quel ciné ils montrent *trois couleurs bleu* ?**
in - welchem - Kino - sie - zeigen - Drei Farben Blau

■ Wird der Film in Orginalversion gezeigt?
*õ 'mõtre le film ã wärs'jõ ɔr~~sch~~i'nal*
**On montre le film en version orginale?**
man - zeigt - den - Film - in - Orginalversion

■ Hat die Vorstellung schon begonnen?
*le 'film a'til deh'~~sch~~a kɔmã'ßeh*
**Le film a-t-il déja commencé?**

◆ Es tut mir leid, es ist kein Platz mehr frei.
*~~sch~~e re'grät ßä kõ'plä*
**Je regrette, c'est complet.**

◆ Für Jugendliche unter *16* Jahren verboten.
*ãtär'di o mo'ã de 'ßäs_ã*
**Interdit aux moins de *16* ans.**

## Kino

| | | |
|---|---|---|
| Ausgang | *ßɔr'ti* | **la sortie** |
| Eingang | *ã'treh* | **l'entrée *f*** |
| Eintrittskarte | *bi'jä* | **le billet** |
| Erfolg | *ßük'ßä* | **le succès** |
| Erstaufführung | *prem'jär* | **la première** |
| Film | *film* | **le film** |
| Filmstar | *ehto'al de ßi'neh/ we'dät* | **une étoile de ciné/ une vedette** |
| Gang | *kulo'ar* | **le couloir** |
| Kino | *ßineh'ma* | **le cinéma** |
| Kulturfilm | *dɔkümã'tär* | **le documentaire** |
| Kurzfilm | *kur meh'tra~~sch~~* | **le court métrage** |
| Leinwand | *eh'krã* | **l'écran *m*** |
| Notausgang | *ßɔr'ti de ße'kur* | **la sortie de secours** |
| Original | *ɔri~~sch~~i'nal* | **original** |
| Reihe | *rã'~~sch~~eh* | **la rangée** |
| Untertitel | *ßu'titre* | **les sous-titres *m*** |
| Vorprogramm | *a'wã prɔ'gram* | **l'avant-programme *m*** |
| Vorstellung | *ßeh'ãß* | **la séance** |
| Werbung | *püblißi'teh* | **la publicité** |
| Zeichentrickfim | *deh'ßã ani'meh* | **le dessin animé** |

# Musik

In Platten und CD-Geschäften findet sich neben internationaler Musik (**la musique**) meist eine große Auswahl an französischer Musik. Wer sich für französische **chansons** begeistert, ist sicher gut beraten, auch in kleineren Läden oder auf den Flohmärkten zu suchen, da findet sich so manche Rarität. In Paris besucht man den **Louvre** im Untergrund und ist - schwups - im riesigen **Virgin Records**. Da gibt es alles. Auch in Sachen Musik ist Paris also wieder einmal Spitzenreiter.

■ Könnten Sie diese Scheibe für mich auflegen?
*wu pu'weh 'mätre ße 'disk pur mo'a ßilwu'plä*
**Vous pouvez mettre ce disque pour moi svp?**

■ Haben Sie die neuste von *MC Solar*?
*le nu'wo äm'ßi ßɔ'lar ä'til ã 'wãt*
**Le nouveau *MC Solar* est-il déjà en vente?**
die - neue - MC - Solar - ist sie - im - Verkauf

■ Was kostet diese CD?
*kõb'jã kut ße 'dißk*
**Combien coûte ce disque?**

■ Ich suche *schwarzafrikanische Musik*. Haben Sie etwas da?
*~~sche~~ schärsch de la mü'sik noarafri'kän wus_ãn_a'weh*
**Je cherche de la musique noir-africaine. Vous en avez?**

**Musik**

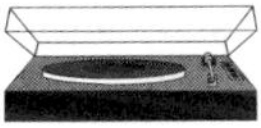

*Häufig zu sehen: K7 - aus K-ka und 7-ßät, also* ka'ßät

| | | |
|---|---|---|
| Compact-Disc | *dißk kõ'pakt* | **le disque compact** |
| Gitarre | *gi'tar* | **la guitare** |
| Hardrock | *ard'rɔk* | **le hard-rock** |
| hören | *ehku'teh* | **écouter** |
| Kassettenrecorder | *manjehto'fɔn* | **le magnétophone** |
| klassische Musik | *mü'sik kla'ßik* | **la musique classique** |
| Lied | *schã'ßõ* | **la chanson** |
| Liedermacher | *schãßɔn'jeh/'jär* | **chansonnier/ère** |
| Life-Musik | *mü'sik o wi'wã* | **la musique au vivant** |
| Musik | *mü'sik* | **la musique** |
| Popmusik | *mü'sik pɔp* | **la musique pop** |
| Musikkassette | *ka'ßät* | **K7** |
| Radiorecorder | *pɔßt de rad'jo* | **le poste (de radio)** |
| Rockmusik | *rɔk* | **le rock** |
| Schallplatte | *disk* | **le disque** |
| Schallplattenspieler | *turne'dißk* | **le tourne-disque** |
| Stereoanlage | *ßo'no/i'fi* | **le sono/le hifi** |

# Radio und Fernsehen

**TV**

Wenn abends Mitterand als Frosch verkleidet (**Kermitterand**) auf dem Bildschirm erscheint, dann lacht ganz Frankreich über den letzten Klatsch, der nun in satirischer Form, zusammengepreßt zu fünf Fernsehminuten, über die Mattscheibe läuft: Die **Bébête-Show** (*tierische Show*, wobei **bête** auch dumm heißt), ein Highlight des französischen Fernsehens, das weniger durch kritische Distanz in Berichterstattungen als durch gekonnte Darbietung gefällt. Show statt Fakten heißt hier das Motto. Vielleicht noch die Folge der Kontrolle durch den Staat, die bis in die 80er Jahre wirksam war und eine kritische Stimme erst gar nicht zu Wort kommen ließ. Reportagesendungen gibt es, wenn überhaupt, zu späterer Stunde, und die Auslandsberichterstattung kommt ziemlich kurz.

**France 2** und **France 3** decken den öffentlichen Sektor der Fernsehlandschaft ab. Während **France 2** verzweifelt versucht, die Einschaltquoten des privatisierten Sender **TF 1** zu erreichen, wird „im Dritten" auch regionalen Themen und Sendungen Raum gelassen. Bleibt noch **ARTE** zu erwähnen, der deutsch-französische Kulturkanal. Bei der jüngeren Bevölkerung sind **MTV**, **MCM** und **M6** beliebt - hier werden Video-Clips gezeigt - und **Canal plus**, wo außer Spielfilmen auch Pornos (**films X**) zu sehen sind.

**Radio**

Etwa 1800 UKW-Stationen beschallen heute das Land. Das war nicht immer so. Bevor François Mitterand 1981 das staatliche Monopol über die Rundfunkstationen kentern ließ, mußten unzählige Piratensender, die **radios libres** (freie Radios) versuchen, ihr Publikum zu erreichen, ohne von irgendwelchen Feldstechern entdeckt zu werden. Heute heißen sie **fun radio** oder **skyrock** und **la pub** (von **publicité**-Werbung) hat längst Einzug gehalten. Die Idee des **radio libre** findet sich heute noch am ehesten bei den **radios municipales** (Gemeinderadio) oder den **radios associatives** wieder, über die verschiedene Gruppen ihr eigenes spezielles Programm ausstrahlen.

---

■ Auf welcher Frequenz empfange ich *Radio Latina*?
*ßür käl freh'kãß õ prã rad'jo la'tina*
**Sur quelle fréquence on prend *radio latina*?**

## Fernsehen

■ Kann ich den Fernseher anschalten?
*~~sch~~e pö alü'meh la teh'leh*
**Je peux allumer la télé?**

■ Was läuft gerade für eine Sendung?
*käßkil'ja dã la teh'leh*
**Qu'est-ce qu'il y a dans la télé?**
was [Frage] - es - hier - hat - in - dem - Fernsehen

■ Wann kommen die Nachrichten?
*a käl 'ɔ̈r paß lehs_ãfɔrmaß'jõ*
**A quelle heure passent les informations?**

■ Macht es Dir/Ihnen etwas aus, den TV etwas lauter/leiser zu stellen?
*ßa te/wu ~~sch~~än dogmã'teh/de bä'ßeh la teh'leh*
**Ça te/vous gêne d'augmenter/de baisser la télé?**
das - dich/Sie - stört - lauter/leiser zu stellen - den - TV

## Funk und Fernsehen

| | | |
|---|---|---|
| ausschalten | *eh'tãdre* | **éteindre** |
| Dokumentarfilm | *dɔkümã'tär* | **le documentaire** |
| einschalten | *alü'meh* | **allumer** |
| Fernsehapparat | *tehlehwis'jõ* | **la télévision** |
| fernsehen | *regar'deh la teh'leh* | **regarder la télé** |
| Film | *film* | **le film** |
| hören | *ehku'teh* | **écouter** |
| Kanal | *schän* | **la chaîne** |
| Kurz-/Langwelle | *leh pe'tits_/grãds_õd* | **les petites/grandes ondes *f*** |
| Nachricht | *nu'wäl* | **la nouvelle** |
| Nachrichtensendung | *ãfɔrmaß'jõ* | **les informations *f*** |
| Radio | *rad'jo* | **la radio** |
| Radio (Empfänger) | *pɔßt* | **le poste** |
| Regionalprogramm | *~~sch~~ur'nal reh~~sch~~jo'nal* | **le journal régional** |
| Reportage | *rehpɔr'ta~~sch~~* | **le réportage** |
| Runder Tisch | *table 'rõd* | **la table ronde** |
| Rundfunkstation | *staß'jõ ehmä'triß* | **la station émettrice** |
| Sender | *schän* | **la chaîne** |
| Sendung | *ehmiß'jõ* | **l'émission *f*** |
| Sendung (life) | *difüß'jõ ã di'räkt* | **la diffusion en direct** |
| Show | *scho* | **le show** |
| Übertragung | *trãßmiß'jõ* | **la transmission** |
| UKW | *modülaß'jõ de freh'kãß* | **la modulation de fréquence, MF** |
| Werbung | *püblißi'teh* | **la publicité** |
| Wetterbericht | *mehteh'o* | **la météo** |

# Zeitungen und Zeitschriften

Die wichtigsten überregionalen Zeitungen (**le journal**) heißen **Le Monde**, **Figaro** und **Libération**. Während **Le Monde**, die um vier Uhr nachmittags erscheint, weiterhin die Pflichtlektüre für Intellektuelle ist, hängt der **„Libé"** bereits morgens im **bureau de tabac**. Aus der Reihe fällt der **Canard enchaîné** („angekettete Ente"): Das satirische Wochenmagazin hat schon so manchen Skandal ans Tageslicht befördert.

---

■ Haben Sie *deutsche* Tageszeitungen?
*wus_a'weh deh ~~sch~~ur'no al'mã*
**Vous avez des journaux *allemands*?**

---

■ Wann kommt die nächste Lieferung?
*kãd_äßke la prɔ'schän liwrä'sõ wa ari'weh*
**Quand est-ce que la prochaine livraison va arriver?**

## Presse

| | | |
|---|---|---|
| Artikel | *ar'tikle* | **l'article** *m* |
| Auflage | *ti'ra~~sch~~* | **le tirage** |
| Ausgabe | *ehdiß'jõ* | **l'édition** *f* |
| Exemplar | *äkßã'plär* | **l'exemplaire** *m* |
| Presse | *präß* | **la presse** |
| Reportage | *rehpɔr'ta~~sch~~* | **le réportage** |
| Reporter | *rehpɔr'tär* | **le réporter** |
| Sportzeitung | *re'wü de 'ßpɔr* | **la revue de sport** |
| Wochenendbeilage | *ßüpleh'mã de wik'änd* | **le supplément de week-end** |
| Zeitschrift | *re'wü* | **la revue** |
| Zeitung | *~~sch~~ur'nal* | **le journal** |
| Zeitungsstand | *ki'ɔßk* | **le kiosque** |

## Zeitungsrubriken

| | | |
|---|---|---|
| **Annonces** | *a'nõß* | Anzeigen |
| **Culture** | *kül'tür* | Kultur, Feuilleton |
| **Courrier** | *kuri'jeh* | Leserbriefe |
| **Economie** | *ehkono'mi* | Wirtschaft |
| **Evénement** | *ehwehn'mã* | Ereignisse/Aktuelles |
| **Finance** | *fi'näß* | Finanzen |
| **France** | *fräß* | Frankreich |
| **Guide** | *gid* | Veranstaltungsführer |
| **Monde** | *mõd* | Aus aller Welt |
| **Politique** | *pɔli'tik* | Politik |
| **Programmes** | *prɔ'gram* | Fernsehprogramm |
| **Spectacles** | *ßpäk'takle* | Veranstaltungen |
| **Sports** | *ßpɔr* | Sport |
| **Télévision** | *tehlehwis'jõ* | Fernsehen |

# Zwischenmenschliches

# Kontakte knüpfen

Wenn man als Reisender Freundschaft mit Franzosen schließen möchte, sind Bar, Theater, Disko etc. die richtigen Adressen, ein unverbindliches Gespräch (**une causerie**) zu beginnen und sich vielleicht auf ein nächstes Mal zu verabreden. Für Berufstätige oder Leute, die nach Frankreich kommen, um zu studieren, ergeben sich sowieso Kontakte. Zwischen Deutschen und Franzosen gibt es jedoch so manche Fremdheit, derer man während eines Gespräches gewahr wird: Wir neigen dazu, eindeutig Stellung zu beziehen, auf Positionen zu verharren, zu überzeugen oder uns zu kümmern. Eine französische Unterhaltung ist dagegen eher von Zurückhaltung geprägt. Man unterhält sich gerne, aber selten wird versucht, die eigene Meinung durchzusetzen oder bessere Argumente zu haben. Geschweige denn redet man - wenn nicht gerade mit dem besten Freund - von den eigenen Problemen. Angenehmer Smalltalk wird gepflegt. Dabei wird eine gewitzte Handhabung der Sprache mit Beifall honoriert.

Eine gute Beherrschung der französischen Sprache ist deshalb so etwas wie ein Freilos für den Umgang untereinander; spricht man Kauderwelsch, kann das ein näheres Kennenlernen erschweren. Die eigenen Bemühungen, französisch zu sprechen, werden aber auch oft gelobt - so wird man zum Weitermachen ermuntert.

**Duzen/Siezen**

*Siehe hierzu auch in der Einleitung: „Allgemeine Tips - Umgang"*

Im Umgang miteinander ist man betont höflich und sogar junge Leute siezen sich (**on se vouvoie**). Bei älteren Zeitgenossen sollte das Duzen (**tutoiement**) sowieso unterlassen werden, es sein denn, der Ältere offeriert das ‚du'. Wird man sogar nach Hause eingeladen, verschwindet diese von uns eher als starre Umgangsform empfundene Höflichkeit zugunsten eines herzlichen Willkommenseins.

**Sich vorstellen** ◆ Wie heißt du?/Wie heißen Sie?
*kɔ'mõ tü ta'päl/kɔ'mõ wu wus_ape'leh*
**Comment tu t'appelles?/Comment vous vous appelez?**

■ Ich heiße *Stephanie.*
*~~sche~~ ma'päl 'schtäfani*
**Je m'appelle *Stephanie.***
ich - mich rufe - Stephanie

◆ Woher kommst du/kommen Sie?
*tü wjã/wu we'neh 'du*
**Tu viens/Vous venez d'où?**
du - kommst/Sie - kommen - von wo

■ Ich komme aus *Leipzig.*
*~~sche~~ wjã de 'laiptßig*
**Je viens de *Leipzig.***

### Ich bin ...

■ Ich bin ...
*~~sche~~ ßü'i ...*
**Je suis ...**

| | | |
|---|---|---|
| Deutscher/-in | *al'mã/-d* | **allemand/-e** |
| Österreicher/-in | *otrisch'jã/otrisch'jän* | **autrichien/-ne** |
| Schweizer/-in | *ßü'iß* | **suisse/suisse** |

■ Wie alt bist du/sind Sie?
*tü a/wus_a'weh 'käl a~~sch~~*
**Tu as/Vous avez quel age?**

■ Ich bin *54.*
*~~sch~~eh ßã'kãt 'katr_ã*
**J'ai *54* ans.**

### Personalien

| | | |
|---|---|---|
| Beruf | *prɔfäß'jõ* | **la profession** |
| Familienname | *nõ* | **le nõm** |
| geschieden | *diwɔr'ßeh* | **divorcé,e** |
| getrennt | *ßehpa'reh* | **séparé,e** |
| heißen | *ßape'leh* | **s'appeler** |
| leben | *'wiwre* | **vivre** |
| ledly | *ßehliba'tär* | **célibataire** |
| verheiratet | *mari'jeh* | **marié,e** |
| Vorname | *preh'nõ* | **le prénom** |
| wohnen | *abi'teh* | **habiter** |
| Wohnort | *dɔmi'ßil* | **le domicile** |

### Familienverhältnisse

| | | |
|---|---|---|
| Bruder | *frär* | **le frère** |
| Cousin/-e | *ku'sã, ku'sin* | **le cousin, la cousine** |
| Ehemann | *leh'pu/ma'ri* | **l'époux *m*, le mari** |
| Ehefrau | *eh'pus* | **l'épouse *f*** |
| Eltern | *pa'rã* | **les parents *m*** |
| Familie | *fa'mij* | **la famille** |
| Freund/-in | *a'mi* | **l'ami *m*,e *f*** |

| | | |
|---|---|---|
| feste/-r Freund/-in | *kɔ'pã, kɔ'pin* | **le copin, la copine** |
| Geschwister | *'frär ä 'ßɔ̈r* | **les frères *m* et sœurs *f*** |
| Großvater, -mutter | *grã'pär, grã'mär* | **le grand-père, la grand-mère** |
| Neffe, Nichte | *ne'wö, 'njäß* | **le neveu, la nièce** |
| Onkel, Tante | *'õkle, 'tãt* | **l'oncle *m*, la tante** |
| Schwager, Schwägerin | *bo'frär, bäl'ßɔ̈r* | **le beau-frère, la belle-sœur** |
| Schwester | *ßɔ̈r* | **la sœur** |
| Sohn, Tochter | *fiß, fij* | **le fils, la fille** |
| Vater, Mutter | *pär, mär* | **le père, la mère** |
| Verlobte/-r | *fiã'ßeh* | **le,la fiancé,e** |

■ Wir trinken auf unsere Schwestern.
*a la ßã'teh de no 'ßɔ̈r*
**A la santé de nos sœurs.**

**Was machst du hier?**

◆ Was machst du/machen Sie in Frankreich?
*käßke tü 'fä/wu 'fät ã 'frãß*
**Qu'est-ce que tu fais/vous faites en France?**

■ Ich mache Urlaub.
*~~sche~~ ßü'i ã wa'kãß*
**Je suis en vacances.**
ich - bin - im - Urlaub

■ Ich möchte Französisch lernen.
*~~sche~~ ßü'i la pur a'prãdre le frã'ßä*
**Je suis là pour apprendre le français.**
ich - bin - da - für - lernen - das - Französische

◆ Seit wann bist du/sind Sie hier?
*depü'i 'kã tü ä/wus_'ät 'la*
**Depuis quand tu es/vous êtes là?**

■ Seit *zwei Wochen.*
*depü'i dö ße'män*
**Depuis *deux semaines*.**

◆ Bist du/Sind Sie zum ersten Mal hier?
*äßke tü ä/wus_'ät i'ßi pur la prem'jär fo'a*
**Est-ce que tu es/vous êtes ici pour la première fois?**

◆ Gefällt es dir/Ihnen hier?
*ßa te/wu 'plä i'ßi*
**Ça te/vous plaît ici?**
das - dir/Ihnen - gefällt - hier

■ Es gefällt mir sehr gut hier.
*ßa me 'plä bo'ku i'ßi*
**Ça me plaît beaucoup ici.**

◆ Wo wohnst du/Wo wohnen Sie?
*ta'bit 'u/wus_abi'teh 'u*
**Tu habites où?/Vous habitez où?**

■ Ich wohne *im Hotel.*
*s~~ch~~e ßü'i a lo'täl*
**Je suis *à l'hôtel*.**
ich - bin - in - dem Hotel

◆ Und was machst du so?
*käßke tü 'fä/wu 'fät dã la 'wi*
**Qu'est-ce que tu fais/vous faites dans la vie?**
was (Frage) - du - machst/Sie - machen - in - dem - Leben

■ Ich studiere *Philosophie.*
*s~~ch~~e fä lehs_eh'tüd de fi'lo*
**Je fait (les études de) *philo*.**
ich - mache - meine - Studien - in - Philosophie

■ Ich bin *Briefträger* (von Beruf).
*s~~ch~~e ßü'i fak'tɔr (de prɔfäß'jõ)*
**Je suis *facteur* (de profession).**

## Schule/ Ausbildung

| | | |
|---|---|---|
| Abi(tur) | *bak(aloreh'a)* | **le bac(calauréat)** |
| Austausch | *leh'schã~~sch~~* | **l'échange *m*** |
| Berufsausbildung | *fɔrmaß'jõ prɔfäßjo'näl* | **la formation professionelle** |
| Gesamtschule | *kɔ'lä~~sch~~* | **le collège** |
| Gymnasium | *li'ßeh* | **le lycée** |
| Handelsschule | *leh'kɔl komärß'jal* | **l'école *f* commerciale** |
| Hochschule | *lüniwärßi'teh* | **l'université *f*** |
| Institut | *lãsti'tü* | **l'institut *m*** |
| Schule | *leh'kɔl* | **l'école *f*** |
| Technische Universität | *leh'kɔl pollitäk'nik* | **l'école polytéchnique** |
| Uni(versität) | *fak(ül'teh)* | **la fac(ulté)** |
| Unterricht | *lãßänje'mã* | **l'enseignement *m*** |
| Unterrichtsfach | *dißi'plin* | **la discipline** |
| Vorlesung | *kur ma~~sch~~iß'tral* | **le cours (magistral)** |

**Studienfächer**

| | | |
|---|---|---|
| Anthropologie | *lãtrɔpɔlɔ'~~sch~~i* | **l'anthropologie *f*** |
| Architektur | *larschitäk'tür* | **l'architecture *f*** |
| Biologie | *biolɔ'~~sch~~i* | **la biologie** |
| Chemie | *schi'mi* | **la chimie** |
| Elektrotechnik | *lehlehktrotäk'nik* | **l'éléctrotechnique *f*** |
| Ethnologie | *lehtnɔlɔ'~~sch~~i* | **l'éthnologie *f*** |
| Geisteswissenschaften | *ß'jãß ü'män* | **les sciences *f* humaines** |
| Geographie | *~~sch~~ehogra'fi* | **la géographie** |
| Geologie | *~~sch~~eholɔ'~~sch~~i* | **la géologie** |
| Germanistik | *~~sch~~ärmaniß'tik* | **la germanistique** |
| Geschichte | *lißto'ar* | **l'histoire *f*** |
| Informatik | *lãfɔrma'tik* | **l'informatique *f*** |
| Jura | *dro'a* | **le droit** |
| Maschinenbau | *kõstrükß'jõ mehka'nik* | **la construction méchanique** |
| Mathe(matik) | *mat(ehma'tik)* | **les math(ématiques *f*)** |
| Medizin | *mehd'ßin* | **la médecine** |
| Musik | *mü'sik* | **la musique** |
| Naturwissenschaften | *ß'jãß natü'räl* | **les sciences *f* naturelles** |
| Physik | *fi'sik* | **la physique** |
| Philosophie | *filo(ßɔ'fi)* | **la philo(sophie)** |
| Politologie | *'ßjãß pɔli'tik* | **les sciences politiques** |
| Psychologie | *psikolɔ'~~sch~~i* | **la psychologie** |
| Romanistik | *eh'tüd deh lãg la'tin* | **l'étude *f* des langues latines** |
| Soziologie | *ßɔßjɔ(lɔ'~~sch~~i)* | **la socio(logie)** |
| Theologie | *teholɔ'~~sch~~i* | **la théologie** |
| Wirtschafts-wissenschaften | *'ßjãß ehkɔnɔ'mik* | **les sciences *f* économiques** |

**Berufe**

| | | |
|---|---|---|
| Angestellte/-r | *lãploa'jeh* | **l'employé,e** |
| Apotheker/-in | *le farmaß'jã* | **le pharmacien** |
| Arbeiter/-in | *luwri'jeh/luwrri'jär* | **l'ouvrier,l'ouvrière** |
| Archäologe/-in | *larkehɔ'lɔg* | **l'archéologue** |
| Architekt/-in | *larschi'täkt* | **l'architecte** |
| Arzt/Ärztin | *mehd'ßã* | **le médecin** |
| Bäcker/-in | *bulã'~~sch~~eh,'~~sch~~är* | **le,la boulanger,ère** |
| Bauingenieur | *lã~~sch~~ehn'jɔr ãdüßtri'jäl* | **l'ingénieur industriel** |
| Beamte/-r | *fõkßjɔ'när* | **le,la fonctionnaire** |
| Briefträger/-in | *fak'tɔr* | **le facteur** |
| Buchhändler/-in | *lib'rär* | **le libraire** |

| | | |
|---|---|---|
| Chemiker/-in | *schi'mißt* | **le chimiste** |
| Dolmetscher/-in | *lãtär'prät* | **l'interprète** |
| Elektriker/-in | *lehlehktriß'jã* | **l'éléctricien,ne** |
| Fischer | *pä'schɔ̈r* | **le pêcheur** |
| Förster | *gard fɔräßt'jeh* | **le garde forestier** |
| Friseur | *koa'fɔ̈r* | **le coiffeur** |
| Friseurin | *koa'fös* | **la coiffeuse** |
| Gärtner | *~~sch~~ardin'jeh* | **le jardinier** |
| Gymnasiast/-in | *lißeh'ã,'än* | **le,la lycéen,ne** |
| Handwerker/-in | *larti'sã* | **l'artisan** *m* |
| Hausfrau | *mehna'~~sch~~är* | **la ménagère** |
| Ingenieur | *ã~~sch~~ehn'jɔ̈r* | **l'ingénieur** |
| Journalist/-in | *~~sch~~urna'lißt* | **le,la journaliste** |
| Kaufmann/-frau | *lɔm da'fär* | **l'homme d'affaires** |
| Koch/Köchin | *küisin'jeh* | **le cuisinier** |
| Künstler | *lar'tißt* | **l'artiste** |
| Kraftfahrer | *scho'fɔ̈r* | **le chauffeur** |
| Krankenpfleger/-schwester | *lãfirm'jeh,'jär* | **l'infirmier,-ère** |
| Landwirt | *lagrikül'tɔ̈r* | **l'agriculteur** |
| Lehrer/-in | *prɔf(ä'ßɔ̈r)* | **le,la prof(esseur)** |
| Maurer | *ma'ßõ* | **le maçon** |
| Mechaniker | *mehkaniß'jã* | **le méchanicien** |
| Metzger | *scharküt'jeh* | **le charcutier** |
| Musiker/-in | *müsiß'jã* | **le musicien** |
| Optiker/-in | *lɔptiß'jã* | **l'opticien** *m* |
| Pfarrer | *kü'reh/paß'tɔ̈r* | **le curé(kath.)/ le pasteur(ev.)** |
| Physiker/-in | *fisiß'jã* | **le physicien** |
| Pilot/-in | *pi'lɔt* | **le pilote** |
| Polizist | *la'~~sch~~ã de pɔ'liß* | **l'agent** *m* **de police** |
| Rechtsanwalt/-anwältin | *lawo'ka* | **l'advocat** |
| Rentner/-in | *reträ'teh* | **le,la retraité,e** |
| Richter/-in | *~~schüsch~~* | **le juge** |
| Schauspieler/-in | *ak'tɔ̈r/ak'triß* | **l'acteur,l'actrice** |
| Schlachter | *bu'scheh* | **le boucher** |
| Schlosser | *ßärür'jeh* | **le serrurier** |
| Schneider/-in | *ta'jɔ̈r* | **le tailleur** |
| Schreiner/-in | *menüis'jeh* | **le menuisier** |
| Schriftsteller/-in | *ehkri'wã* | **l'écrivain** |
| Schuhmacher | *kɔrdɔn'jeh* | **le cordonnier** |
| Schüler/-in (jung) | *eh'läw* | **l'élève** |
| Schüler/-in (älter) | *kɔlä~~sch~~'jã* | **le,la collègien,ne** |
| Sekretär/-in | *ßekreh'tär* | **le,la secrétaire** |
| Stewardess | *lo'täß de'lär* | **l'hôtesse** *f* **de l'air** |
| Techniker/-in | *täkniß'jã* | **le technicien** |
| Tierarzt/-ärztin | *wehtehri'när* | **le vétérinaire** |
| Vertreter/-in | *reprehsã'tã* | **le représantant** |
| Zahnarzt/-ärzin | *dã'tißt* | **le dentiste** |

# Näherer Kontakt

Es besteht in Frankreich eine wesentlich unkompliziertere Beziehung zum eigenen Land als in Deutschland. Für uns, die wir auf eine belastende Vergangenheit zurückblicken, ist es deshalb schwer zu begreifen, warum man in Frankreich nicht ebenso kritisch von der Heimat spricht bzw. auf Kritik (**la critique**) von außen eher empfindlich reagiert. Es ist angebracht, Kritik - wenn überhaupt - in zurückhaltender und nicht auf sich selbst bezogener Form zu äußern. Loblieder auf die **Grande Nation** kommen selbstverständlich viel besser an.

Geredet und diskutiert wird besonders gerne während eines ausgiebigen Essens. Viele Leute haben sich gerade an der gedeckten Tafel kennengelernt. In Gesprächen gilt allgemein: Nicht mit der Tür ins Haus fallen, sondern sich behutsam vortasten. Komplimente (**les compliments**) werden nicht nur in Bezug auf Frankreich gerne gehört, sondern ebenso im Zwischenmenschlichen. Auch etwas, womit Deutsche eher geizen, das in Frankreich jedoch zu den geläufigen Umgangsformen zählt.

**Begrüßung/ Abschied**

| | | |
|---|---|---|
| Hallo. Wie geht's? | *ßa'lü ßa 'wa* | **Salut. Ça va?** |
| Was treibst Du so? | *käßke tü dew'jã* | **Qu'est-ce que tu deviens?** |
| Wie geht es Ihnen? | *kɔ'mõ wus_a'leh* | **Comment vous allez?** |
| Gut. Und dir/Ihnen? | *ßa wa bjã ä to'a/wu* | **Ça va bien. Et toi/ vous?** |
| Es läuft. | *ßa 'marsch* | **Ça marche.** |

■ Das ist *Gregor Samsa*, ein *deutscher* Freund.
*woa'ßi grä'gɔr ßã'ßa ɔ̃n_a'mi al'mã*
**Voici *Gregor Samsa*, un ami *allemand*.**

■ Schön, dich/Sie kennengelernt zu haben.
*ßa ma 'fä ɔ̃ grã plä'sir dawo'ar fä ta/wɔtre kɔnä'ßãß*
**Ça m'a fait un grand plaisir d'avoir fait ta/votre connaissance.**
das - mir hat - gemacht - ein - großes - Vergnügen - zu machen - deine/Ihre - Kenntnis

■ Also, dann bis zum nächsten Mal.
*a'lɔr a ɔ̃ de ßeh schur*
**Alors, à un de ces jours.**
also - bis - einen - von - diesen - Tagen

■ Auf Wiedersehen.
*ɔrwo'ar*
**Au revoir.**

**Verabredung**

■ Wollen wir *heute abend* ausgehen?
*õ wa ßɔr'tir ã'ßãble ße ßo'ar*
**On va sortir ensemble *ce soir*?**
man - geht - ausgehen - zusammen - diesen - Abend

■ Ja, gerne.
*ßät ün bɔn i'deh*
**C'est une bonne idée.**
das ist - eine - gute - Idee

■ Hast Du *morgen* Zeit?
*tü ä 'libre de'mã*
**Tu es libre *demain*?**
du - bist - frei - morgen

**Ablehnen:**

■ Es tut mir leid, aber das geht leider nicht.
*~~sche~~ re'grät mä ßä pa po'ßible*
**Je regrette mais ce n'est pas possible.**
ich - bedauere - aber - dies - nicht ist - nicht - möglich

**Etwas unternehmen**

■ Was machen wir heute (abend)?
*käßkõ 'fä o~~sch~~urdü'i/ße ßo'ar*
**Qu'est-ce qu'on fait aujourd'hui/ce soir?**

■ Wir könnten essen gehen.
*õ pu'rä b'jã a'leh o rehß'to*
**On pourrait bien aller au résto.**

■ Ich würde lieber *ins Kino* gehen.
*~~sch~~äm'rä m'jö kõn_'aij o ßi'neh*
**J'aimerais mieux qu'on aille *au ciné*.**

**Sich näherkommen/ l'amour**

■ Du gefällst mir.
*tü me 'plä*
**Tu me plaîs.**

■ Dieses *Kleid* steht Dir sehr gut.
*ßät 'rɔb te va 'trä bjã*
**Cette *robe* te va très bien.**

■ Hast Du einen Freund/eine Freundin?
*ta ɔ̃ kɔ'pɑ̃/ün kɔ'pin*
**T'as un copin/une copine?**

■ Ich würde Dich gerne bald wiedersehen.
*~~sch~~äm'rä bjɑ̃ te rewo'ar bjɑ̃'to*
**J'aimerais bien te revoir bientôt.**

*Wie gesagt - Komplimente und Schmeicheleien ...*

■ Jede Nacht träume ich nur von Dir.
*tut leh nü'i ~~sch~~e ne 'räw ke de to'a*
**Toutes les nuits je ne rêve que de toi.**
alle - die - Nächte - ich - nicht - träume - als - von - dir

■ Du bist etwas sehr Besonderes für mich.
*tü ä käl'kɔ̃ de trä ßpehß'jal pur mo'a*
**Tu es quelqu'un de très spécial pour moi.**
du - bist - jemand - von - sehr - besonders - für - mich

■ Du bist wunderschön.
*tü ä dün bo'teh märwä'jös*
**Tu es d'une beauté merveilleuse.**

■ Ich liebe Dich.
*~~sch~~e 'täm*
**Je t'aime.**

■ Nimmst Du die Pille?
*tü prɑ̃ la pi'lül*
**Tu prends la pilule?**

■ Laß uns ein Kondom nehmen.
*pre'nõ ɔ̃ prehsärwa'tif*
**Prenons un préservatif.**

## Zwischenmenschliches

| | | |
|---|---|---|
| abblitzen lassen | *ãwoa'jeh schi'jeh* | **envoyer chier *qn*** |
| abfahren auf jmd. | *awo'ar le ti'kä pur* | **avoir le ticket pour *qn*** |
| Abschied | *lehs_adi'jö* | **les *m* adieux** |
| anbaggern | *dra'geh/fär la 'kur* | **draguer/faire la cour** |
| begrüßen | *ßalü'eh* | **saluer** |
| Begrüßung | *ßalütaß'jõ* | **la salutation** |
| flirten | *flör'teh* | **flirter** |
| in Gedanken sein | *ätre dɑ̃ la 'lün* | **être dans la lune** |
| Gespräch/ Unterhaltung | *kõwärßaß'jõ* | **la conversation** |
| Glück haben | *awo'ar de la 'rän* | **avoir de la reine** |
| gut aussehen (Frau) | *b'jɑ̃ ru'leh* | **être bien roulée** |
| Händedruck | *poan'jeh de 'mɑ̃* | **la poignée de main** |

*Unser Pariser ist für echte Pariser eine „englische Haube".*

| | | |
|---|---|---|
| kennenlernen | *fär la kɔnä'ßãß* | **faire la connaissance de *qn*** |
| Kondom/Pariser | *prehßärwa'tif/ ka'pɔt ãg'läs* | **le préservatif/ la capote anglaise** |
| Krise/Weltschmerz haben | *awo'ar le ka'far* | **avoir le cafard** |
| Küßchen geben | *fär la 'bis* | **faire la bise** |
| Liebe am Nachmittag | *ßãka'ßät* | **le cinq à sept** |
| Liebe auf den ersten Blick | *kud 'fudre* | **le coup de foudre** |
| Pille | *pi'lül* | **la pilule** |
| reden | *par'leh* | **parler (du tout)** |
| Risiko eingehen | *ku'rir õ 'rißk* | **courir un risque** |
| Scherz | *blag* | **la blague** |
| scherzen | *rigo'leh* | **rigoler** |
| sich unterhalten | *ßãtrete'nir* | **s'entretenir** |
| Spaß | *lamüs'mã* | **l'amusement *m*** |
| spaßen | *bla'geh* | **blaguer** |
| spazierengehen | *fär ün prɔm'nad* | **faire une promenade** |
| Schwangerschafts-verhütung | *kõtraräßäp'tif* | **le contraceptif** |
| umarmen | *ãbra'ßeh* | **embrasser *qn*** |
| Umarmung | *lakɔ'lad* | **l'accolade *f*** |
| Verabredung | *rãdeh'wu* | **le rendez-vous** |
| verabschieden | *fär ßehs_ad'jö* | **faire ses adieux *m* à *qn*** |
| vorstellen | *prehßã'teh* | **présenter *qn*** |
| wiedersehen | *rewo'ar* | **revoir *qn*** |
| zuhören | *ehku'teh* | **écouter *qn*** |

# Floskeln

Hier sei nochmal auf das Kapitel *Das Wichtigste* verwiesen, wo bereits viele Floskeln erwähnt worden sind.

**Danke/Bitte/ Entschuldigung**

| | | |
|---|---|---|
| Vielen Dank! | *mär'ßi bo'ku* | **Merci beaucoup!** |
| Entschuldigung, bitte ... | *äkßkü'seh mo'a ßilwu'plä* | **Excusez-moi, svp ...** |
| Es tut mir leid. | *~~sche~~ ßü'i dehsɔ'leh* | **Je suis désolé,e.** |
| Ich bitte dich um Verzeihung. | *~~sche~~ te de'mãd par'dõ* | **Je te demande pardon.** |
| Das war (nicht) mein Fehler. | *ßä (pa) ma 'fot* | **C'est/ce n'est pas ma faute.** |

| | | | |
|---|---|---|---|
| **Ausrufe** | Toll! | *schik a'lɔr* | **Chic alors!** |
| | Allerdings! | *ãn_ä'fä* | **En effet!** |
| | Verflixt! | *käl 'barb* | **Quelle barbe!** (wörtl.: Was für ein Bart!) |
| | Also wirklich! | *nã'pɔrt ko'a* | **N'importe quoi!** |
| | Ach! *oder* Nimm! | *t'jã* | **Tiens!** |
| | Komm doch (mit)! | *a'leh w'jã* | **Allez, viens!** |
| **Wünsche und wünschen** | Gesundheit! | *a tä/wo ßu'ä* | **A tes/vos souhaits.** |
| | Alles Gute! | *meh mä'jɔ̈r wö* | **Mes meilleurs vœux.** |
| | Ich habe Lust zu ... | *~~sch~~eh ã'wi de* | **J'ai envie de ...** |
| | Hast du Lust zu ...? | *ta ã'wi de* | **Tu as envie de ...?** |
| | Ich würde echt gerne ... | *~~sch~~äm'rä täl'mã* | **J'aimerais tellement ...** |
| | Ich träume davon. | *~~sch~~ã'räw* | **J'en rêve.** |
| | Wärst du interessiert, ... | *ßa tãträß'rä de* | **Ça t'intéresserait de ...** |
| | Wir könnten ... | *õ pu'rä b'jã* | **On pourrait bien ...** |
| **Meinung/Rat** | Ich denke, daß ... | *mo'a ~~sche~~ pãß ke* | **Moi, je pense que ...** |
| | Ich glaube ... | *~~sche~~ kro'a* | **Je crois ...** |
| | Meiner Meinung nach ... | *a mõn_ a'wi* | **A mon avis ...** |
| | Ich habe das Gefühl, daß ... | *~~sch~~eh lãpräß'jõ ke* | **J'ai l'impression que ...** |
| | Wenn ich an deiner Stelle wäre ... | *ßi ~~sch~~eh'tä a ta 'plaß* | **Si j'étais à ta place ...** |
| | Du brauchst dich nicht zurückzuhalten | *fo 'pat ~~sch~~ä'neh* | **Faut pas te gêner.** |
| **Freude/ Bedauern** | Das gefällt mir. | *ßa me fä plä'sir* | **Ça me fait plaisir.** |
| | Ich fühle mich gut. | *~~sche~~ me ßã b'jã* | **Je me sens bien.** |
| | Ich bin völlig zufrieden. | *~~sche~~ ßü'i wasch'mã kõ'tã* | **Je suis vachement content.** |
| | Das ist nicht schlimm. | *ßä pa 'graw* | **Ce n'est pas grave.** |
| | Es gibt Schlimmeres. | *ja 'pir* | **Y a pire.** |
| | Du hast kein Glück! | *ta 'pad 'po* | **Tu n'as pas de pot.** |
| **Sympathie/ Antipathie** | Das ist ein netter Kerl. | *ßät_õ 'mäk sã'pa* | **C'est un mec sympa.** |
| | Du bist meine beste Freundin. | *tä ma mä'jɔ̈r kɔ'pin* | **T'es ma meilleure copine.** |
| | Ich mag dich gern. | *~~sche~~ täm b'jã* | **Je t'aime bien.** |
| | Er/sie ist mir unsympathisch. | *il/äl mä ãtipa'tik* | **Il/elle m'est antipathique.** |
| | Ich kann ihn nicht leiden. | *~~sche~~ ne pö 'pa le sã'tir* | **Je ne peux pas le sentir.** |
| | Was für ein Idiot. | *käl ehß'päß did'jo* | **Quelle éspèce d'idiot!** |
| | Sie ist langweilig. | *äl ä schi'jãt* | **Elle est chiante.** |

# Argot und Jugendsprache

Das Argot, das früher einmal die „Gaunersprache" war, ist mittlerweile in großen Teilen der Bevölkerung Bestandteil der Umgangssprache bzw. die Umgangssprache selbst wird nun als Argot bezeichnet. Wörter wie **la bouffe** (das Essen) oder **le truc** (das Ding) sind täglich zu hören. Trotzdem gibt es natürlich für jede Subkultur jeweils spezifische Slangs, die sich sehr schnell verändern und deren Entwicklung nicht leicht zu folgen ist. Sie bereichern und aktualisieren die Sprache.

In der Jugendsprache wurde es vor einigen Jahren modern, **verlan** zu reden, d.h. die Silben von Wörtern lautmalerisch umzukehren - **verlan** ist selbst die Umkehrung vom Wort **à l'envers** (umgekehrt). **Femme** (Frau) heißt so **mef** und **chébran** ist das neue **branché** („in" sein). Aus dem Wort **arabe** (der Araber) entwickelte sich **beur**, was anfangs etwas abwertend klang, mittlerweile aber von vielen Jugendlichen arabischer Herkunft offensiv zur Selbstbezeichnung verwandt wird.

**Einige oft benutzte Ausdrücke**

| | | |
|---|---|---|
| **la bagnole** | *ban'jɔl* | Karre |
| **la bouffe** | *buf* | Essen |
| **le boulot** | *bu'lo* | Maloche |
| **la boum** | *bum* | Fete |
| **être cablé** | *ätre kab'leh* | „in" sein |
| **chouette** | *schu'ät* | klasse |
| **la clope** | *klɔp* | Kippe |
| **la connerie** | *kɔn'ri* | Dummheit |
| **le connard** | *kɔ'nar* | Arschloch |
| **déconner** | *dehkɔ'neh* | abdrehen |
| **dingue** | *dãg* | abgefahren |
| **emmerder** | *ãmär'deh* | nerven |
| **fabriquer** | *fabri'keh* | machen |
| **le fric** | *frik* | Kohle |
| **la foutaise** | *fu'täs* | Quatsch |
| **foutu** | *fu'tü* | am Arsch |
| **génial** | *~~sch~~ehn'jal* | obergeil |
| **la gosse** | *gɔß* | Göre |
| **gueuler** | *gö'leh* | rumbrüllen |
| **le machin** | *ma'schã* | Dings |
| **marrant** | *ma'rã* | witzig |
| **le mec** | *mäk* | Kerl |
| **la merde** | *märd* | Scheiße |
| **merdique** | *mär'dik* | beschissen |
| **la nana** | *na'na* | Mädchen |
| **la piaule** | *pi'ɔl* | Bude |

| | | |
|---|---|---|
| **rigolo** | *rigɔ'lo* | lustig |
| **la salope** | *ßa'lɔp* | Drecksau |
| **le truc** | *trük* | Ding |
| **vachement ...** | *wasch'mã* | tierisch ... |

## Bei besonderen Gelegenheiten

| | | |
|---|---|---|
| Das ist ätzend. | *ßä ga'lär* | **C'est galère.** |
| Vergiß es. (Verlan von **laisse tomber**) | *läß be'tõ* | **Laisse beton.** |
| Mir langt's. | *~~sch~~ãn_eh 'mar* | **J'en ai marre.** |
| Das ist mir scheißegal. | *~~sch~~e mã 'fu* | **Je m'en fous.** |
| Das ist nur Schau. | *ßä bi'dõ* | **C'est bidon.** |
| Das kotzt mich an. | *ßa me fä schi'eh* | **Ça me fait chier.** |
| Das ist ekelhaft/ zum Kotzen! | *ßä dehgɔ̈'laß* | **C'est dégueulasse!** |
| Das ist doch Scheiße! | *ßä schi'jã kwo'a* | **C'est chiant, quoi!** |
| Vollidiot! | *äß'päß did'jo* | **Espèce d'idiot!** |
| Sonntagsfahrer! | *schɔ'far* | **Chauffard!** |

## Umgangssprachliche Wortverkürzungen

| | | |
|---|---|---|
| **l'apéro *m*** | *apeh'ro* | **l'apéritif *m*** - Aperitiv |
| **ben** | *bã* | **bien** - gut |
| **la BU** | *beh'ü* | **la bibliothèque universitaire** - Universitätsbibliothek |
| **le bac** | *bak* | **le baccalauréat** - frz. Abitur |
| **le ciné** | *ßi'neh* | **le cinéma** - Kino |
| **chais pas** | *schä 'pa* | **je ne sais pas** - ich weiß nicht |
| **chuis** | *schü'i* | **je suis** - ich bin |
| **d'acc** | *dak* | **d'accord** - einverstanden |
| **dégueu** | *deh'gö* | **dégueulasse** - zum Kotzen |
| **l'expo *f*** | *äkß'po* | **l'exposition *f*** - Ausstellung |
| **extra** | *äkß'tra* | **extraordinaire** - super |
| **le frigo** | *fri'go* | **le frigidaire** - Kühlschrank |
| **i** | *i* | **ils** - sie |
| **la K7** | *ka'ßät* | **la cassette** - Kassette |
| **la manif** | *ma'nif* | **la manifestation** - Demonstration |
| **la météo** | *mehteh'o* | **la météorologique** - Wetterbericht |
| **ouais** | *u'ä* | **oui** - ja |
| **le pédé** | *peh'deh* | **le pédéraste** - Schwuler |
| **le perco** | *pär'ko* | **le percolateur** - Kaffemaschine |
| **pis** | *pi* | **puis** - dann |
| **le prof** | *prof* | **le professeur** - Lehrer |
| **pu** | *pü* | **plus** - mehr |
| **la pub** | *püb* | **la publicité** - Werbung |
| **le resto** | *räß'to* | **le restaurant** - Restaurant |
| **le resto U** | *räß'to 'ü* | **le restaurant universitaire** - Mensa |
| **sensa** | *ßã'ßa* | **sensationel** - spitze |
| **sympa** | *ßẽ'pa* | **sympathique** - nett |
| **la télé** | *teh'leh* | **la télévision** - Fernseher |
| **le vélo** | *veh'lo* | **le vélocypède** - Fahrrad |
| **y a** | *ja* | **il y a** - es gibt |

# Was man sonst noch brauchen kann

# Als Frau alleine unterwegs

Als Frau (**femme**) alleine durch die Stadt zu bummeln, im Park spazieren zu gehen oder abends allein auszugehen (das gilt vor allem für Paris und den Süden Frankreichs), kann mitunter eine lästige Angelegenheit sein, wenn ein **dragueur** („Anmacher") einem mit seiner plumpen Anmache beständig auf die Nerven geht und nicht abzuschütteln ist. Das beginnt meistens mit **Vous avez du feu?** (Haben Sie mal Feuer?) oder **Vous êtes en vacances?** (Sind Sie hier, um Ferien zu machen?) oder dergleichen. Die Touristin wird als solche meist leicht erkannt, und ihr eilt der Ruf voraus, daß sie leicht „rumzukriegen" ist. Was also tun? Während französische Frauen sämtliche Tricks und Finessen des Abblitzenlassens (**comment l'envoyer chier**) beherrschen, ist es für die ausländische Frau aufgrund sprachlicher und kultureller Unterschiede schwieriger, das Gegenüber richtig einzuschätzen. Es ist notwendig, in solchen Fällen eine schroffe Abwehrhaltung zu zeigen, höfliches Abweisen würde auf keinen Fall als Ablehnung verstanden. Geht das Gespräch über die Anmachfloskeln hinaus, wird das schon als halbe Zusage verstanden. Sollte jemand unverschämt werden, gilt es, entschieden aufzutreten und lieber in der eigenen Sprache einen Schwall von Schimpfwörtern (**les gros mots**) von sich zu lassen - das versteht jeder und man erspart sich zugleich, in der Aufregung sprachliche Fehler zu begehen, die nur Gelächter hervorrufen würden. Trotzdem fügen wir im folgenden einige Abwehrfloskeln an, die bei guter Beherrschung gegenüber dem **dragueur** angewandt werden können.

| | | | |
|---|---|---|---|
| **Abwehr** | Nein danke, ... | *mär'ßi bo'ku, ...* | **Merci beaucoup, ...** |
| | ... ich habe keine Zeit. | *... ~~sche~~ neh 'pa de 'tã* | **... je n'ai pas de temps.** |
| | ... ich habe keine Lust. | *... ~~sche~~ neh pas_ã'wi* | **... je n'ai pas envie.** |
| | ... ich möchte nicht. | *... ~~sche~~ ni t'jã 'pa* | **... je n'y tiens pas.** |

■ Quatsch mir nicht die Ohren voll!
*ne me ra'kõt 'pa ta 'wi*
**Ne me raconte pas ta vie!**
nicht - mir - erzähle - nicht - dein - Leben

| | | | |
|---|---|---|---|
| *schroffer:* | Hau ab! | *kaß to'a* | **Casse-toi!** |
| | Verpiß dich! | *wa schi'eh* | **Va chier!** (wörtl.: Geh scheißen!) |
| | Zieh Leine! | *fisch le 'kã* | **Fiche le camps** |

■ Soll ich dir eine runterhauen?
*tü wö ün 'baf*
**Tu veux une baffe?**
du - willst - eine - Ohrfeige

■ Hören Sie sofort auf!
*arä'teh imehdjat'mã!*
**Arrêtez immédiatement!**

**Frauen in Frankreich**

Die französischen Frauen müssen einer Doppelrolle gerecht werden - einerseits wird erwartet, daß sie ihrer Mutterrolle nachkommen und für den Haushalt zuständig sind, andererseits ist da der Beruf, wo gepflegte und attraktive Erscheinung erwartet wird. Tatsächlich sind 70% der Französinnen berufstätig und haben viele ehemalige Männerdomänen längst erobert. Die Unterscheidung Kind *oder* Karriere ist nicht bekannt, es gilt als selbstverständlich, Kinder zu haben und berufstätig zu sein. Dies wird durch erleichterte Berufsrückkehrmöglichkeiten und das Kinderbetreuungs- bzw. Ganztagsschulsystem ermöglicht. Das Single-Dasein gilt in Frankreich als exotisch, aber auch das relativiert sich immer mehr.

Die Doppelbelastung Beruf und Familie kratzt offenbar nicht am Selbstbewußtsein, die eigene Weiblichkeit zu präsentieren. Frauen sind sich bewußt, daß Wirkung und Auftreten wesentlich sind; der regelmäßige Besuch im Kosmetiksalon (**salon de beauté**) ist ebenso selbstverständlich wie das Tragen der neuesten Mode - **le look** nennt man diese Stilisierung des Aussehens. Jedenfalls gilt: Schönheit will gemacht sein. Emanzipation ist ein Begriff, der auch in Frankreich existiert, Frauen vermeiden es aber, ihre Interessen in maskulinen Formen zu vertreten. Daher besteht auch ein negatives Bild vom deutschen Feminismus, über „Schwanz-ab"-Parolen wird nur gelächelt.

# Fotografieren

Filme und Fotozubehör sind in Frankreich etwas teurer als in Deutschland und in den zahlreichen, an gelben Kodak-, grünen Fuji- oder roten Agfaschildern zu erkennenden Fachgeschäften zu erwerben. Hier kann der eifrige Fotograf seine neueste Beute auch entwickeln lassen. Oder er geht in ein **bureau de tabac**, das auch in dieser Hinsicht manchmal weiterhelfen kann.

## Fotografieren und Filmen

| | | |
|---|---|---|
| abholen | *a'leh schär'scheh* | **aller chercher** |
| Abzug | *ti'rasch* | **le tirage** |
| Abzüge machen | *fär deh ti'rasch* | **faire des tirages** |
| Aufnahme (Foto) | *fɔ'to* | **la photo** |
| Aufnahme (Film) | *pris* | **la prise** |
| Batterie | *pil* | **la pile** |
| belichten | *äkßpo'seh* | **exposer** |
| Blende | *luwär'tür* | **l'ouverture *f*** |
| Blitzgerät | *flasch* | **le flash** |
| Diafilm | *päli'kül pur dia'po* | **la pellicule pour diapos** |
| entwickeln | *dehwelɔ'peh* | **développer** |
| Farbfilm | *päli'kül a ku'lɔ̈r* | **la pellicule à couleurs** |
| Film | *päli'kül* | **la pellicule** |
| filmen | *fil'meh* | **filmer** |
| Filmkamera | *kameh'ra* | **la caméra** |
| Filter | *filtre* | **le filtre** |
| Format | *ka'drasch* | **le cadrage** |
| Foto | *fɔ'to* | **la photo** |
| Fotoalbum | *lal'bɔm* | **l'album *m*** |
| Fotoapparat | *lapa'räj fɔ'to* | **l'appareil *m* photo** |
| Fotograf | *fɔto'graf* | **le photographe** |
| fotografieren | *prãdre deh fɔ'to* | **prendre des photos** |
| Fotolabor | *labɔrato'ar fotogra'fik* | **le laboratoire photographique** |
| Größe | *grã'dɔ̈r* | **la grandeur** |
| Hochglanzabzug | *ti'rasch 'lüßtre* | **le tirage lustre** |
| Mattabzug | *ti'rasch 'ma* | **le tirage mat** |
| Motiv | *mɔ'tif* | **le motif** |
| Negativ | *nehga'tif* | **le négatif** |
| Objektiv | *lɔbschäk'tif* | **l'objectif *m*** |
| reparieren | *rehpa'reh* | **réparer** |
| Schwarzweißfilm | *päli'kül no'ar eh'blã* | **la pellicule noir et blanc** |
| Stativ | *trehp'jeh* | **le trépied** |
| Super-8-Film | *film ßüpärü'it* | **le film super-huit** |
| Teleobjektiv | *tehlehɔbschäk'tif* | **le téléobjectif** |

| | | |
|---|---|---|
| Vervielfältigung | *mültiplikaß'jõ* | **la multiplication** |
| Videokamera | *kameh'ra wideh'o* | **la caméra vidéo** |
| Weitwinkelobjektiv | *lɔb~~sch~~äk'tif grãd_ãgü'lär* | **l'objectif *m* grand-angulaire** |
| Zoom | *sum* | **le zoom** |

■ Darf ich ein Foto von ihnen machen?
*pu'rä ~~sche~~ prãdre ün fɔ'to de 'wu*
**Pourrais-je prendre une photo de vous?**
könnte ich - nehmen - ein - Foto - von - ihnen

■ Könnten Sie ein Foto von uns machen?
*puri'jeh 'wu prãdre ün fɔ'to de 'nu*
**Pourriez-vous prendre une photo de nous?**

**Im Geschäft**

■ Ich möchte diesen Film entwickeln lassen.
*~~sche~~ wu'drä fär dehwelɔ'peh ßät päli'kül ßilwu'plä*
**Je voudrais faire développer cette pellicule svp.**
ich - wollte - machen - entwickeln - diesen - Film - bitte

■ Wann ist der Film fertig?
*kã ße'ra la päli'kül 'prät*
**Quand sera la pellicule prète?**

◆ Sie können ihn morgen früh abholen.
*de'mã ma'tã wu pu'weh we'nir la schär'scheh*
**Demain matin vous pouvez venir la chercher.**

Videokamera
*kameh'ra wideh'o*
**la caméra vidéo**

Fotoapparat
*lapa'räj fɔ'to*
**l'appareil *m* photo**

# Mit dem Baby/Kleinkind unterwegs

In Frankreich werden Kinder (**les enfants**) gehätschelt und geliebt. Viele - zum Teil noch sehr junge - Mütter sind jedoch mit der Aufgabe häufig überlastet, Kindererziehung, Haushalt, Berufstätigkeit und weibliche Jugendhaftigkeit unter einen Hut zu bekommen. Zu oft wird alles auf einmal von ihnen verlangt, und viele Männer sehen die unangenehmen Seiten der Kindererziehung nicht als ihre Aufgabe.

In der Öffentlichkeit ist man Kindern gegenüber tolerant, allerdings wird von ihnen verlangt, daß sie gut erzogen, d.h. nicht zu laut, sondern brav und anständig sind. Mit einem Baby (**bébé**) oder Kleinkind zu reisen ist jedenfalls kein Problem, und für Schwangere oder Leute mit Kinderwagen (**poussette**) finden sich immer und überall hilfsbereite Hände. Öffentliche Wickelräume sind, außer an den Bahnhöfen, wo man auch das Fläschchen aufwärmen kann, kaum zu finden. Dafür muß man also mit Toiletten vorlieb nehmen oder in Bistros fragen, ob es in einem Nebenzimmer eine Möglichkeit gibt. Auch öffentliches Stillen ist nie zu sehen; es gehört zur Intimsphäre und sollte daher im Zelt, Hotelzimmer oder an einem anderen ungestörten Ort geschehen.

**Typische Floskeln**

■ Schau mal, wie süß!
*re'gard kɔm il ä ~~scho~~'~~scho~~*
**Regarde, comme il est jojo!**

■ Wie heißt das Baby?
*kɔ'mɑ̃ ßa'päl le beh'beh*
**Comment s'appelle le bébé?**

■ Ist es ein Junge oder Mädchen?
*ßät_ɔ̃ gar'ßɔ̃ u ün 'fij*
**C'est un garçon ou une fille?**

■ Wie alt ist es?
*il a 'käl 'a~~sch~~*
**Il a quel âge?**

**Fragen**

■ Kennen Sie einen netten Babysitter?
*wu kɔnä'ßeh ɔ̃ ~~sch~~ɑ̃'tij behbißi'tär*
**Vous connaissez un gentil babysitter?**

■ Haben Sie einen Kinderbetreuungsservice?
*il'ja ɔ̃ ßär'wiß de behbißi'ting i'ßi*
**Il y a un service de babysitting ici?**
es - hier - hat - einen - Dienst - von - Babysitting - hier

■ Könnten Sie mir ein Kinderbett ins Zimmer stellen?
*puri'jeh wu mätre ɔ̃ li dã'fã dã ma 'schãbre*
**Pourriez-vous mettre un lit d'enfant dans ma chambre?**

■ Wo kann ich hier mein Kind wickeln?
*'u äßke ~~sche~~ 'pö lã'~~sch~~eh mõ beh'beh*
**Où est-ce que je peux langer mon bébé?**

■ Könnten Sie mir mit dem Kinderwagen helfen?
*wu puri'jeh mä'deh a'wäk la pu'ßät/le lã'do*
**Vous pourriez m'aider avec la poussette/le landau?**

■ Könnte ich etwas heißes Wasser für das Baby haben?
*puri'jeh wu me dɔ'neh ɔ̃ pö do 'schod pur le beh'beh*
**Pourriez-vous me donner un peu d'eau chaude pour le bébé?**
Könnten Sie - mir - geben - ein - wenig - von W. - warm - für - das - B.

■ Das Wasser muß abgekocht sein.
*lo do'a ätre fä bu'jir*
**L'eau doit être fait bouillir.**
das Wasser - muß - sein - gemacht - kochen

■ Könnten Sie mir das Fläschchen aufwärmen?
*puri'jeh wu me rehscho'feh le bib'rõ*
**Pourriez-vous me réchauffer le biberon?**

■ Ist das Wasser steril?
*lo ä ßteh'ril*
**L'eau est stérile?**

**Das Baby hat ...**

■ Das Baby hat ...
*le beh'beh a*
**Le bébé a ...**

| | | |
|---|---|---|
| Angst | *pör* | **peur** |
| Blähungen | *tãpa'nit* | **la tympanite** |
| Durst | *ßo'af* | **soif** |
| Hunger | *fã* | **faim** |
| in die Hose gemacht | *fä dã ßa kü'lɔt* | **fait dans sa culotte** |

## Dies und Das

| | | |
|---|---|---|
| Autokindersitz | *ßjä~~sch~~ pur ã'fã* | **le siège pour enfants** |
| Baby | *beh'beh* | **le bébé** |
| Babysitter | *behbißi'tär* | **le babysitter** |
| Babybett | *lidã'fã* | **le lit d'enfant** |
| Babywäsche | *lä'jät* | **la layette** |
| Brei | *bu'ji* | **la bouillie** |
| Creme | *kräm* | **la crème** |
| Fencheltee | *teh o fenu'i* | **le thé au fenouil** |
| Fläschchen | *bib'rõ* | **le biberon** |
| füttern | *nu'rir* | **nourrir** |
| Hort | *kräsch dã'fã* | **la crèche d'enfants** |
| im ... Monat schwanger sein | *ätre ã'ßät de ... mo'a* | **être enceinte de ... mois** |
| Kind | *lã'fã* | **l'enfant *m*** |
| Kinderarzt | *pehdi'atre* | **le pédiatre** |
| Kinderbett | *lidã'fã* | **le lit d'enfant** |
| Kinderermäßigung | *rehdükß'jõ pur ã'fã* | **la réduction pour enfants** |
| Kindergarten | *matär'näl* | **la maternelle** |
| Kinderwagen | *lã'do, pu'ßät* | **le landau (Liege-), la poussette (Sitz-)** |
| Lätzchen | *ba'wät* | **la bavette** |
| Milch | *lä* | **le lait** |
| Mittagsschlaf | *ß'jäßt* | **la sieste** |
| Mullwindel | *kusch de muß'lã* | **la couche de mousselin** |
| nuckeln | *ßü'ßeh* | **sucer** |
| Öl | *lü'il* | **l'huile *m*** |
| Puder | *pudre* | **la poudre** |
| Puppe | *pu'peh* | **la poupée** |
| Säugling | *nuri'ßõ* | **le nourisson** |
| Schaukel | *balãßo'ar* | **la balançoire** |
| schreien | *plɔ̈'reh* | **pleurer** |
| Schule | *leh'kɔl* | **l'école *f*** |
| Schnuller | *teh'tin* | **la tétine** |
| Spielplatz | *teh'rã de ~~sch~~ö* | **le terrain de jeu** |
| Spielzeug | *~~sch~~u'ä* | **les jouets *m*** |
| stillen | *alä'teh* | **allaiter** |
| Strampelhose | *barbɔ'tös* | **la barboteuse** |
| Teddy | *nu'nurß* | **le nounours** |
| Wattebausch | *tã'põ du'at* | **le tampon d'ouate** |
| Wattestäbchen | *kɔtõ'ti~~sch~~* | **le coton-tige** |
| weinen | *plɔ̈'reh* | **pleurer** |
| wickeln | *amajɔ'teh, lã'~~sch~~eh* | **emmailloter, langer** |
| Wiege | *bär'ßo* | **le berceau** |
| Windel | *kusch, ma'jo* | **la couche, le maillot** |

# Geschäftlich in Frankreich

Geschäfte (**les affaires**) werden in Frankreich am reich mit Köstlichkeiten gedeckten Tisch im Restaurant ausgehandelt, am besten beim **dîner**. Im Verlaufe des gemeinsamen Mahls lernt man sich kennen, tauscht Ideen über Kultur, Politik, Wirtschaft und Gesellschaft aus, ohne dabei selbst eindeutig Stellung zu beziehen (das geschieht mit Hilfe von Wendungen wie: einer meiner Bekannten denkt ... oder: es wäre durchaus logisch ... ). Beim Smalltalk also beweist man seine Weltgewandtheit. Natürlich sollte hier der Gast keine Kritik an Frankreich, dessen Politik oder Ökonomie üben; vielmehr werden Nettigkeiten ausgetauscht, die von Intellektualität und Eloquenz zeugen. Das französische Ideal ist nicht der Spezialist für irgendeinen Fachbereich, sondern der hervorragend allgemeingebildete Generalist. Erst mit dem Dessert oder Café kommt dann auch das Geschäftsthema auf den Tisch. Bezahlen schließlich ist klar Aufgabe des Einladenden. Kleidung, Aufmachung und Fahrzeug sollten ebenfalls stilvoll zum sonstigen Auftreten passen. Und bei der Begrüßung nicht versuchen, nach vermeintlich französischer Sitte Küßchen zu geben: Die Hand zu reichen bezeugt Respekt. Zuverlässigkeit und genügend Zeit werden in der Regel vom Gegenüber erwartet, da dies schließlich der eigenen Wichtigkeit angemessen ist. Und falls man irgendwelche Titel des Gegenübers kennt, sollte man diese natürlich anwenden - **M. le Directeur**. Auch bei Behörden kommt man mit Höflichkeit und Pünktlichkeit (am besten früh morgens) am besten durch.

**Termin-absprache**

■ Ich würde gerne persönlich mit ihnen sprechen.
*schäm'rä par'leh a'wäk wus_ãn_'akt de preh'sãß*
**J'aimerais parler avec vous en acte de présence.**
ich würde lieben - sprechen - mit - ihnen - in - Tatsache - von - Gegenwart

■ Könnten wir einen Termin vereinbaren?
*õ pu'rä fik'ßeh ün 'dat*
**On pourrait fixer une date?**

■ Wann paßt es ihnen?
*kãd_äßke ßa wu kõ'wjã*
**Quand est-ce que ça vous convient?**

■ Wo treffen wir uns?
*u äß'kõ ße dɔn rã'deh 'wu*
**Où est-ce qu'on se donne rendez-vous?**
wo - ist es - daß man - sich - gibt - Treffen

**Sich vorstellen**

◆ Ich bin *der Anwalt Pierre Dupont.*
*~~sch~~e ßü'i lawo'ka pjär dü'põ*
**Je suis *l'avocat Pierre Dupont.***

■ Sehr erfreut, *Christiane Friedrich.*
*ãschã'teh krißt'jan frid'risch*
**Enchanté, *Christiane Friedrich.***

◆ Ganz meinerseits.
*le plä'sir ä pur mo'a*
**Le plaisir est pour moi.**
die - Freude - ist - für - mich

◆ Duzen wir uns doch.
*tütoa'jõ 'nu*
**Tutoyons-nous!**

**Verhandeln**

■ Wir übernehmen die Transportkosten.
*nu'nu schar'~~sch~~õ deh frä de trãß'pɔr*
**Nous nous chargeons des frais de transport.**

■ Die Zollkosten müssen Sie übernehmen.
*wu pre'neh ã schar~~sch~~ la 'takß dãpɔrtaß'jõ*
**Vous prenez en charge la taxe d'importation.**

■ Darüber kann ich nicht alleine entscheiden.
*~~sch~~e ne 'pö pa dehßi'deh ße'la mo'a 'mäm*
**Je ne peux pas décider cela moi-même.**

■ Da bin ich anderer Meinung.
*~~sch~~e ßü'i dün otr_opin'jõ*
**Je suis d'une autre opinion.**

**Vertragsabschluß**

■ Schließen wir einen Vertrag ab!
*kõklü'rõs_ɔ̃ kõ'tra*
**Conclurons un contrat!**

■ Können wir hier noch was ändern?
*nu puri'jõ schã'~~sch~~eh kälke'schos i'ßi*
**Nous pourrions changer quelque chose ici?**

- Wie verbleiben wir?
  *kɔ'mã nus_ã räß'tõ*
  **Comment nous en restons?**

- Das muß ich erst noch einmal überdenken.
  *~~sch~~e do'as_ã rehfleh'schir*
  **Je dois en réfléchir.**

- Wann sehen wir uns wieder?
  *kãd_äßke nu'nu rewä'rõ*
  **Quand est-ce que nous nous reverrons?**

## Geschäftsvokabular

| | | |
|---|---|---|
| Abmachung | *la'kɔr* | **l'accord *m*** |
| Abteilungsleiter | *schäf de säkß'jõ* | **le chef de section** |
| akademischer Abschluß | *dip'lɔm deh'tüd ßüpehr'jɔ̈r* | **le diplôme d'études supérieures** |
| Aktiengesellschaft | *ßɔßjeh'teh anɔ'nim* | **la société anonyme** |
| angemessener Preis | *pri räsɔ'nable* | **le prix raisonnable** |
| Angestellte/-r | *ãploa'jeh* | **l'employé *m*, e *f*** |
| Arbeiter/-in | *uwri'jeh,uwri'jär* | **l'ouvrier *m*, l'ouvrière *f*** |
| Arbeitgeber/-in | *ãploa'jɔ̈r* | **l'employeur *m*** |
| Besprechung | *rehün'jõ* | **la réunion** |
| Bestellung | *kɔ'mãd* | **la commande** |
| Chef | *pat'rõ,pat'rɔn* | **le patron *m*, la patronne *f*** |
| Einfuhrzoll | *takß dãpɔrtaß'jõ* | **la taxe d'importation** |
| Einkaufspreis | *pri da'scha* | **le prix d'achat** |
| Export | *äkßpɔrtaß'jõ* | **l'exportation *f*** |
| Exporteur | *äkßpɔrta'tɔ̈r* | **l'exportateur *m*** |
| Facharbeiter/-in | *uwri'jeh, uwri'jär prɔfäßjɔ'näl* | **l'ouvrier *m*, l'ouvrière *f* professionel,le** |
| fällig | *äkßi'~~sch~~able* | **exigeable** |
| Filiale | *mä'sõ a ßükür'ßal* | **la maison à succursales** |
| F.O.B. | *frã 'bɔr* | **franc bord** |
| Fracht | *frä* | **le fret** |
| Frachtbrief | *lätre de schar~~sch~~'mã* | **la lettre de chargement** |
| Frachtkosten | *frä de trãß'pɔr* | **les frais *m* de transport** |
| Führungskraft | *kadre* | **le cadre** |
| Garantie | *garã'ti* | **la garantie** |
| Gehalt | *ßa'lär* | **le salaire** |
| Gerichtsstand | *~~sch~~üridikß'jõ* | **la juridiction** |
| Geschäftsführer/-in | *prehsi'dã diräk'tɔ̈r ~~sch~~ehneh'ral* | **le président-directeur général** |
| Gewinn und Verlust | *prɔ'fi eh pärt* | **les profits *m* et pertes *f*** |

| | | |
|---|---|---|
| GmbH | *äßaär'äl* | **la société à responsabilité limitée, SARL** |
| Größe | *grã'dɔr* | **la grandeur** |
| günstiger Preis | *pri awãta'~~sch~~ö* | **le prix avantageux** |
| Handel | *kɔ'märß* | **le commerce** |
| Handelsspanne | *mar~~sch~~ kɔmärß'jal* | **la marge commerciale** |
| Hauptsitz | *a'~~sch~~äß ßã'tral* | **l'agence *f* centrale** |
| Herstellung | *prɔdükß'jõ* | **la production** |
| Import | *ãpɔrtaß'jõ* | **l'importation *f*** |
| Kalkulation | *kal'kül* | **le calcul** |
| Katalog | *dɔkümãtaß'jõ* | **la documentation** |
| kaufen | *asch'teh* | **acheter** |
| Konkurrenz | *kõkü'rã* | **les concurrents *m*** |
| Konzern | *grup'mã dãtre'pris* | **le groupement d'entreprises** |
| kostenlos | *gratü'i* | **gratuit** |
| Kredit | *kreh'di* | **le crédit** |
| Kunde | *kli'ã* | **le client** |
| Lebenslauf | *kürikü'lɔm wi'tä* | **le curriculum vitae** |
| Lieferant | *furni'ßɔr* | **le fournisseur** |
| Lieferzeit | *tärm de liwrä'sõ* | **le terme de livraison** |
| Lizenz | *li'ßãß* | **la licence** |
| Luftfracht | *frä aehri'ã* | **le fret aérien** |
| Marke | *mark* | **la marque** |
| Mehrwertsteuer | *tehweh'a* | **TVA** |
| Menge | *kãti'teh* | **la quantité** |
| Messe | *fo'ar* | **la foire** |
| per Post | *par kuri'eh* | **par courrier** |
| Preisliste | *lißt deh 'pri* | **la liste des prix** |
| Produktmuster | *ehschãti'jõ* | **l'échantillon *m*** |
| Proformarechnung | *fak'tür profɔr'ma* | **la facture pro-forma** |
| Prospekt | *prɔßpäk'tüß* | **le prospectus** |
| Provision | *gät* | **la guette** |
| Qualität | *kali'teh* | **la qualité** |
| Rabatt | *ehß'kõt* | **l'escompte *m*** |
| Rechnung | *fak'tür* | **la facture** |
| Rohstoff | *mat'jär prem'jär* | **la matière première** |
| Rückgaberecht (Kauf mit ... ) | *a'scha a kõdiß'jõ* | **l'achat *m* à condition** |
| Sekretär/-in | *ßekreh'tär* | **le, la secrétaire** |
| Spedition | *ãtre'pris de trãß'pɔr* | **l'entreprise *f* de transport** |
| Steuer | *takß* | **la taxe** |
| stornieren | *rißtur'neh* | **ristourner** |
| Telefax | *fakß* | **le fax** |
| Telefon | *tehleh'fɔn* | **le téléphone** |
| Termin | *dat* | **la date** |
| Umsatz | *muw'mã kɔmärß'jal* | **le mouvement commercial** |

| | | |
|---|---|---|
| Umsatzsteuer | *tehßeh'a* | **TCA** |
| Umtausch | *eh'schãsch* | **l'échange *m*** |
| verkaufen | *wãdre* | **vendre** |
| Verkäufer | *wã'dör* | **le vendeur** |
| Verkaufspreis | *pri de 'wãt* | **le prix de vente** |
| Versandkosten | *frä däkßpehdiß'jõ* | **les frais *m* d'expédition** |
| Versicherung | *aßü'rãß* | **l'assurance *f*** |
| Vertrag | *kõ'tra* | **le contrat** |
| Vertragsbedingungen | *kõdiß'jõ kõtraktü'äl* | **les conditions *f* contractuelles** |
| Vertreter/-in | *reprehsã'tã,t* | **le,la représentant,e** |
| Vorgesetzte/-r | *ßüpehri'ör* | **le,la supérieur** |
| Werbung | *püblißi'teh* | **la publicité** |
| Zinsen | *ãteh'rä* | **les intérêts *m*** |

**Geschäftsbriefe**

Um Briefe in französische Sprache zu schreiben, muß man die Floskeln kennen, die am Anfang und Ende jedes (offiziellen) Briefes stehen müssen. Durch sie sollten auch die jeweilige (Respekts-)Beziehungen ausgedrückt werden.

Zur Anrede nimmt man nicht den Namen, etwa M. Dupont oder Monsieur Dupont, sondern **Monsieur** oder vertraulicher **cher Monsieur** oder **Monsieur le Directeur** etc. Das gleiche gilt für **Madame** und **Mademoiselle**. Diese Anrede muß ausgeschrieben werden, die Abkürzungen M., Mme oder Mlle sollten nicht verwendet werden. Nach der Anrede folgt ein Komma, mit dem der Brief eingeleitet wird.

Zur Beendigung des Briefes muß eine ganz bestimmte Formel verwendet werden, die folgendermaßen aussieht: **Veuillez accepter, ...** oder noch höflicher: **Je vous prie d'agréer, Monsieur, Madame** etc. (die Anrede von oben wird wiederholt), **mes sentiments les meilleurs** oder respektvoller **mes salutations les plus distinguées.**

Ein Beispiel: **Veuillez accepter, chère Madame, mes sentiments les meilleurs.**

# Das Wetter

Als bedeutender Stimmungsmacher ist das Wetter (**le temps**) immer ein paar Worte wert. Wie bei uns ist es außerdem ein beliebtes Thema, um unangenehme Schweigeminuten zu überbrücken.

■ Heute regnet es Bindfäden.
*il plö kɔm la wasch ki 'piß o~~sch~~urdü'i*
**Il pleut comme la vache qui pisse aujourd'hui.**
es - regnet - wie - die - Kuh - die - pißt - heute

■ Die Sonne sticht.
*le ßɔ'läj tap*
**Le soleil tape.**

**Das Wetter ist ...**

■ Es ist ...
*il 'fä*
**Il fait ...**

| | | |
|---|---|---|
| heiß | *scho* | **chaud** |
| heiter | *klär* | **clair** |
| kalt | *fro'a* | **froid** |
| lau | *tjäd* | **tiède** |
| mild | *du* | **doux** |
| neblig | *dü brui'jar* | **du brouillard** |
| schlecht | *mo'wä* | **mauvais** |
| schön | *bo* | **beau** |
| schwül | *lur* | **lourd** |
| sonnig | *dü ßɔ'läj* | **du soleil** |

**Wetter**

| | | |
|---|---|---|
| bedeckt | *ku'wär* | **couvert** |
| bewölkt | *nüa'~~sch~~ö* | **nuageux** |
| Blitz | *fudre* | **la foudre** |
| Donner | *tɔ'när* | **le tonnerre** |
| frieren (Mensch) | *awo'ar fro'a* | **avoir froid** |
| frieren (Wetter) | *~~sch~~e'leh* | **geler** |
| Gewitter | *lɔ'ra~~sch~~* | **l'orage** *m* |
| Grad | *de'greh* | **le degré** |
| Hagel | *gräl* | **la grêle** |
| Himmel | *ßjäl* | **le ciel** |
| Hitze | *scha'lɔr* | **la chaleur** |
| Kälte | *fro'a* | **le froid** |
| Nebel | *brui'jar* | **le brouillard** |
| Regen | *plü'i* | **la pluie** |
| Regenbogen | *larkãß'jäl* | **l'arc-en-ciel** *m* |
| Regenschauer | *la'wärß, ßo'ßeh* | **l'averse** *f*, **la saucée** |
| Schnee | *nä~~sch~~* | **la neige** |

| | | |
|---|---|---|
| schwitzen | *awo'ar 'scho* | **avoir chaud** |
| Sonne | *ßɔ'läj* | **le soleil** |
| Sturm | *tã'pät* | **la tempête** |
| Temperatur | *tãpehra'tür* | **la température** |
| veränderlich | *wari'able* | **variable** |
| Wetter | *tã* | **le temps** |
| Wind | *wã* | **le vent** |
| Wolken | *nü'a~~sch~~* | **les nuages** *m* |

# Abkürzungen

Abkürzungen sind in Frankreich sehr weit verbreitet, und ohne sie zu kennen, kann man sie oft nicht einmal erraten:

| | |
|---|---|
| **arr.** | **arrondissement** - Verwaltungsbezirk |
| **av.** | **avenue** - Prachtstraße |
| **BD** - *beh'deh* | **bande dessinée** - Comic |
| **bd.** | **boulevard** - Prachtstraße |
| **BP** - *beh'peh* | **boîte postale** - Postfach |
| **CEE** - *'ßeh e e* | **communauté économique européenne** - EG |
| **CGT** - *ßeh~~sch~~eh'teh* | **confédération générale du travail** - frz. Gewerkschaft |
| **DEA** - *dehe'a* | **diplôme d'études approfondies** - Universitätsdiplom |
| **DOM-TOM** - *dõ'tõ* | **départements d'outre-mer - territoires d'outre-mer** - frz. Überseegebiete |
| **dept.** | **département** - Verwaltungsbezirk |
| **FF** | **francs français** - frz. Franken |
| **IVG** - *iweh'~~sch~~eh* | **interuption volontaire de la grossesse** - Schwangerschaftsabbruch |
| **OTAN** - *o'tã* | NATO |
| **PDG** - *pehdeh'~~sch~~eh* | **président-directeur général** - Geschäftsführer |
| **PNB** - *pehän'beh* | **produit national brut** - Bruttosozialprodukt |
| **PTT** - *pehteh'teh* | **postes télégraphes téléphones** - Post |
| **RFA** - *äräf'a* | **république fédérale d'Allemagne** - BRD |
| **SAMU** - *ßa'mü* | **service d'aide médicale d'urgence** - Notdienst |
| **SDF** - *äßdeh'äf* | **sans domicile fixe** - Obdachloser |
| **SIDA** - *ßi'da* | AIDS |
| **TCA** - *tehßeh'a* | **taxe sur le chiffre d'affaires** - Umsatzsteuer |
| **TGV** - *teh~~sch~~eh'weh* | **train à grande vitesse** - Hochgeschw.zug |
| **TTC** - *tehteh'ßeh* | **toutes taxes comprises** - einschl. MWSt. |
| **TVA** - *tehweh'a* | **taxe sur la valeur ajoutée** - MwSt. |
| **VTT** - *wehteh'teh* | **vélo tout-terrain** - Mountainbike |

# Tiere

Pferd
*sch'wal*
**le cheval**

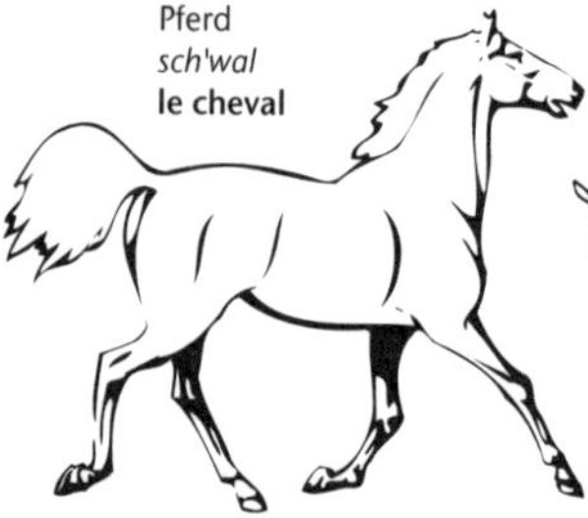

Ziege
*schäwre*
**la chèvre**

Schwein
*pɔr*
**le porc**

Hase
*l'jäwre*
**le lièvre**

Fuchs
*re'nar*
**le renard**

Fledermaus
*schofßu'ri*
**la chaufe-souris**

Taube
*pi'~~sch~~ɔ*
**pigeon**

Sperling
*moa'no*
**le moineau**

Fliege
*musch*
**la mouche**

Biene
*la'bäj*
**l'abeille *f***

Mücke
*muß'tik*
**la moustique**

Spinne
*larän'jeh*
**l'araignée *f***

Ameise
*fur'ni*
**le fournis**

Kuh
*wasch*
**la vache**

Gans
*lo'a*
**l'oie** ***f***

Huhn
*pu'lä*
**le poulet**

Hund
*sch'jã*
**le chien**

Katze
*scha*
**le chat**

Schmetterling
*papi'jõ*
**le papillon**

Eidechse
*leh'sar*
**le lézard**

Fisch
*poa'ßõ*
**le poisson**

Ratte
*ra*
**le rat**

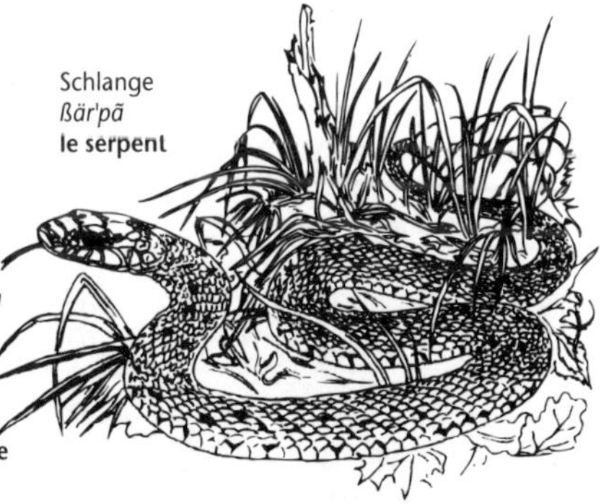

Schlange
*ßär'pã*
**le serpent**

Schnecke
*läßkar'go*
**l'escargot** ***m***

Frosch
*grenu'ij*
**la grenouille**

# Im Falle eines Falles

# Gesundheit

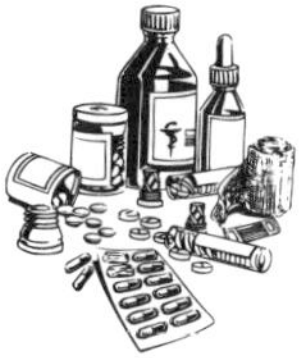

Vor Reiseantritt sollte man sich bei seiner örtlichen Krankenkasse einen Auslandskrankenschein holen. Die Rechnung muß nach einer Arztkonsultation zunächst verauslagt werden, die Kostenerstattung erfolgt nach Vorlage der Arztrechnung. Medikamente bekommt man in der **pharmacie** (Apotheke).

Probleme mit verunreinigten Nahrungsmitteln, z.B. frischem Obst oder rohem Gemüse, sollten eigentlich nicht auftreten, das Leitungswasser ist oft stark gechlort - somit allerdings weniger zum Trinken geeignet. Man kommt an den Wasserflaschen aus dem Supermarkt nicht vorbei. Aids heißt in Frankreich **SIDA**, und man muß wohl nicht darauf hinweisen, daß es an Automaten, in Supermärkten und Drogerien Kondome (**préservatif**) gibt.

**Gesundheit**

| | | |
|---|---|---|
| Aids | *ßi'da* | **le sida** |
| Arzt | *mehd'ßã* | **le médecin** |
| Bruch | *frak'tür* | **la fracture** |
| Formular | *fɔrmü'lär* | **le formulaire** |
| Kondom | *prehsärwa'tif* | **le préservatif** |
| Krankenhaus | *lɔpi'tal* | **l'hôpital** *m* |
| Krankenhausaufenthalt | *ßeh'~~sch~~ur a lɔpi'tal* | **le séjour à l'hôpital** |
| Krankenhausbehandlung | *lɔßpitalisaß'jõ* | **l'hospitalisation** *f* |
| Krankheit | *mala'di* | **la maladie** |
| Operation | *lɔpehraß'jõ* | **l'opération** *f* |
| Pflaster | *pãß'mã* | **le pansement** |
| Pille (Antibaby-) | *pi'lül ãtikõßäpßjo'näl* | **la pilule (anticonceptionelle)** |
| Pille danach | *pi'lül dü lãd'mã* | **la pilule du lendemain** |
| Röntgenaufnahme | *radjogra'fi* | **la radiographie** |
| Schwangerschaftstest | *täßt de grɔ'ßäß* | **le test de grossesse** |
| Schwangerschaftsverhütung | *kõtraßäpß'jõ* | **la contraception** |
| Spritze | *pi'kür* | **la piqûre** |
| Tablette | *kõpri'meh* | **le comprimé** |
| Unfall | *lakßi'dã* | **l'accident** *m* |
| Untersuchung | *kõtrewi'sit mehdi'kal* | **la contre-visite médicale** |
| Verband | *bã'da~~sch~~* | **le bandage** |
| Wunde | *blä'ßür* | **la blessure** |
| Zahnarzt | *dã'tißt* | **le dentiste** |

**Erste Hilfe**

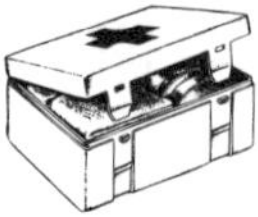

■ Wer kann mir helfen?
*il'ja käl'kɔ̃ ki pö mä'deh*
**Il y a quelqu'un qui peut m'aider?**
es - hier - hat - jemand - der - kann - mir helfen

■ Rufen Sie sofort einen Arzt!
*ap'leh tutßü'it ɔ̃ mehd'ßã*
**Appelez tout de suite un médecin!**

■ Holen Sie schnell Hilfe!
*ape'leh wit dü ßeh'kur*
**Appelez vite du sécours!**

■ Welche Nummer hat die Erste Hilfe?
*käl ä le nümeh'ro dü ßär'wiß de ßäku'risme*
**Quel est le numéro du service de secourisme?**

■ Wie kann ich einen Krankenwagen bekommen?
*kɔ'mã ~~sche~~ pö ape'leh ün ãbü'lãß*
**Comment je peux appeler une ambulance?**

**Beim Arzt**

■ Ich brauche dringend einen Arzt!
*~~sch~~eh grã beso'ã dɔ̃ mehd'ßã*
**J'ai grand besoin d'un médecin.**
ich habe - großes - Bedürfnis - von einem - Arzt

■ Gibt es einen Arzt, der Deutsch spricht?
*il'ja ɔ̃ mehd'ßã ßa'schã par'leh al'mã*
**Il y a un médecin sachant parler allemand?**
es - hier - hat - ein - Arzt - wissend - sprechen - deutsch

■ Wann ist die Sprechstunde?
*kɔ'mã ßõ lehs_ɔ'rär de kõßültaß'jõ*
**Comment sont les horaires de consultation?**
wie - sind - die - Uhrzeiten - von - Beratung

■ Ist er ein guter Arzt?
*ßät_ɔ̃ bõ mehd'ßã*
**C'est un bon médecin?**

■ Kann der Arzt mich besuchen?
*äßkil pö we'nir me wo'ar a la mä'sõ*
**Est-ce qu'il peut venir me voir à la maison?**
[Frage] er - kann - kommen - mich - sehen - in - dem - Haus

**Im Vorzimmer**

■ Ich bin krank.
*~~sche~~ ßü'i ma'lad*
**Je suis malade.**

■ Ich habe hier Schmerzen.
*ßa fä mal i'ßi*
**Ça fait mal ici.**
das - macht - schlecht - hier

■ Können Sie mir bitte einen Termin geben?
*pu'weh 'wu fik'ßeh ün dat pur la kõßültaß'jõ*
**Pouvez-vous fixer une date pour la consultation?**

■ Es ist sehr dringend.
*ßät_ür'~~sch~~ã*
**C'est urgent.**

■ Wie lange muß ich warten?
*kõb'jã de 'tã fot_'il a'tãdre*
**Combien de temps faut-il attendre?**
wieviel - von - Zeit - muß man - warten

■ Können Sie mir eine Rechnung schreiben?
*ßilwu'plä fät mo'a ɔ̃ re'ßü*
**Svp faites-moi un reçu.**
bitte - machen Sie mir - eine - Rechnung

■ Ich brauche sie für die Versicherung.
*ßä nehßeh'ßär pur laßü'rãß*
**C'est nécessaire pour l'assurance.**

■ Wo finde ich eine Apotheke?
*'u ~~sch~~e 'truw ün farma'ßi*
**Où je trouve une pharmacie?**

**Behandlung**

■ Können Sie mir dieses Medikament verschreiben?
*pu'weh 'wu me dɔ'neh ün ɔrdɔ'nãß pur ße mehdika'mã*
**Pouvez-vous me donner une ordonnance pour ce médicament?**

■ Ist das Medikament harmlos?
*äßke 'ßät_ɔ̃ mehdika'mã inɔfã'ßif*
**Est-ce que c'est un médicament inoffensif?**

■ Wann bin ich wieder gesund?
*kãd_äßke ~~sch~~e ße'rä geh'ri*
**Quand est-ce que je serai guéri?**

■ Muß ich noch einmal in die Sprechstunde kommen?
*il 'fo ke ~~sch~~e rew'jän ün dös'jäm fo'a*
**Il faut que je revienne une deuxième fois?**

■ Kann ich die Reise fortsetzen?
*~~sch~~e pö kõtinü'eh le woa'ja~~sch~~*
**Je peux continuer le voyage?**

# Verständigung per Ankreuzliste

**Hinweise für den Arzt**

Die folgenden Seiten sollen der klaren Verständigung zwischen Ihnen und dem Patienten dienen. Sie enthalten die wichtigsten, zur Behandlung notwendigen Fragen und Antworten. Kreuzen Sie links die Fragen an, die Ihnen der Patient beantworten soll. Vergessen Sie nicht, Ihre Diagnose schriftlich niederzulegen. Es ist für den Patienten dann leichter, die Übersetzung in Erfahrung zu bringen und bedeutet auch eine wichtige Information für den Hausarzt.

**Avertissement au médecin**

**Les pages suivantes sont prévues pour servir à une compréhension claire entre vous et le patient. Ils contiennent les questions et réponses les plus importantes et nécessaires pour le traitement. Marquez à gauche les questions auxquelles le patient doit répondre. N'oubliez pas de mettre par écrit votre diagnose. Cela facilitera la traduction au patient et sera une information importante pour le médecin habituel du patient.**

**Umgang mit den Formularen**

■ Ich habe meine Beschwerden hier angekreuzt.
*scheh mar'keh meh ma'läs i'ßi*
**J'ai marqué mes malaises ici.**

■ Bitte benutzen Sie dies für die Behandlung.
*ßilwu'plä ütili'seh ße'ßi pur le trät'mã*
**Svp. utilisez ceci pour le traitement.**

**Beschwerden - problèmes**

◆ Was haben Sie für Beschwerden?
*käl prɔb'läm aweh'wu*
**Quels problèmes avez-vous?**

| | |
|---|---|
| ❑ bin erkältet | **j'ai pris froid** |
| ❑ Schnupfen | **rhume** |
| ❑ Husten | **toux** |
| ❑ Fieber | **fièvre** |
| ❑ Schlafstörung | **insomnie** |
| ❑ Schwindel | **vertige** |
| ❑ Schwäche | **débilité** |
| ❑ Übelkeit | **mal au cour** |
| ❑ ich fröstele | **j'ai le froid** |
| ❑ Kopfschmerzen | **mal à la tête** |

| | | |
|---|---|---|
| | ❑ Augenschmerzen | **mal aux yeux** |
| | ❑ Ohrenschmerzen | **douleur d'oreille** |
| | ❑ Husten länger als 14 Tage | **toux pendant plus de 14 jours** |
| | ❑ huste Blut | **crache du sang** |
| | ❑ Atemnot | **essoufflement** |
| | ❑ Unbehagen | **malaise** |
| | ❑ Brustschmerzen | **douleurs à la poitrine** |
| | ❑ Herzbeschwerden | **troubles cardiaques** |
| | ❑ Bauchschmerzen | **mal au ventre** |
| | ❑ Erbrechen | **vomissement** |
| | ❑ Durchfall | **diarrhée** |
| | ❑ Verstopfung | **constipation** |
| | ❑ Blut im Stuhl | **sang dans la selle** |
| | ❑ Nierenschmerzen | **douleurs des reins** |
| | ❑ Schmerzen beim Urinieren | **douleurs en urinant** |
| | ❑ Verdauungsbeschwerden | **troubles gastriques** |
| | ❑ Magenschmerzen | **mal à l'estomac** |
| | ❑ Schmerzen im Bereich des Unterleib | **douleurs à l'abdomen** |
| | ❑ Beschwerden bei der Monatsblutung | **douleurs en ayant mes règles** |
| | ❑ Unregelmäßigkeiten bei der Monatsblutung | **irrégulations de la menstruation** |
| | ❑ Ausschlag | **exanthème** |
| | ❑ Geschwür | **ulcère** |
| | ❑ Entzündung | **inflammation** |
| | ❑ Blasen an den Füßen | **des bulles aux pieds** |
| **Unfall - accident** | ❑ bin hingefallen | **je suis tombé** |
| | ❑ bin mit dem Fuß umgeknickt | **je me suis plié le pied** |
| | ❑ bin verletzt | **je suis blessé** |
| | ❑ habe mich geschnitten | **je me suis coupé** |
| | ❑ bin gebissen worden | **j'ai été mordu** |
| | ❑ bin gestochen worden | **j'ai été piqué** |
| | ❑ habe einen elektrischen Schlag erlitten | **j'ai subi une secousse éléctrique** |
| | ❑ habe mich verbrannt | **je me suis brûlé** |
| | ❑ habe einen Sonnenbrand | **j'ai un coup de soleil** |
| | ❑ habe zu viel Sonne abbekommen/Sonnenstich | **j'ai pris une insolation** |
| | ❑ habe Meerwasser geschluckt | **j'ai bu de l'eau de mer** |
| | ❑ habe etwas Schlechtes gegessen | **j'ai mangé quelque chose de mauvais** |

## Behandlung - traitement

| | |
|---|---|
| ❑ Wo haben Sie Schmerzen? | **Où est-ce que ça vous fait mal?** |
| ❑ Seit wann haben Sie die Schmerzen? | **Depuis quand vous avez les douleurs?** |
| ❑ Schieben Sie die Ärmel hoch. | **Retroussez les manches.** |
| ❑ Machen Sie sich bitte frei. | **Déshabillez-vous svp.** |
| ❑ Atmen Sie tief durch. | **Respirez à fond.** |
| ❑ Husten Sie bitte. | **Toussez svp.** |
| ❑ Tut das weh? | **Ça fait mal?** |
| ❑ Es muß eine Röntgenaufnahme gemacht werden. | **Il faut faire une radiographie.** |

## Diagnose - diagnose

❑ Meiden Sie die Sonne.
**Ne vous exposez pas au soleil.**

❑ Nehmen Sie keine fetten Speisen zu sich.
**Ne mangez pas de la nourriture grasse.**

❑ Bleiben Sie ____ Tage im Bett.
**Restez au lit pendant ____ jours.**

❑ Baden Sie nicht für ____ Tage.
**Ne vous baignez pas pendant ____ jours.**

❑ Kommen Sie am ____ zur nächsten Untersuchung.
**Venez le ____ pour la prochaine consultation.**

❑ Ich muß Sie in ein Krankenhaus einweisen.
**Il faut que je vous dirige sur un hôpital.**

## Medikamenteinnahme - médicaments

■ Einnahme des Medikaments
**Prenez le médicament**

❑ Dosis
...... **dose**
Mal pro Tag
...... **fois pas jour**
Tabletten
...... **comprimés**
Tropfen
...... **gouttes**
Eßlöffel/Teelöffel
...... **cuillière à soupe/ à café**

❑ vor/nach jeder Mahlzeit
**avant/après chaque répas**
❑ morgens
**le matin**
❑ abends
**le soir**
❑ tagsüber
**pendant la journée**

## Beim Zahnarzt

| | |
|---|---|
| ❑ Ich habe Zahnschmerzen. | **J'ai mal aux dents.** |
| ❑ Ich habe eine Plombe verloren. | **Il me manque un plombage dentaire.** |

❑ Ich muß eine Röntgenaufnahme machen lassen.
**Il faut prendre une radiographie.**

❑ Möchten Sie eine lokale Betäubung?
**Vous désirez une anesthésie locale?**

❑ Ein Zahn muß gezogen werden.
**On doit extraire une dent.**

## Der Körper

| | | |
|---|---|---|
| Bauch | *wãtre* | **le ventre** |
| Blinddarm | *lapã'diß* | **l'appendice *m*** |
| Blut | *ßã* | **le sang** |
| Busen | *ßã* | **les seins *m*** |
| Darm | *lãtäß'tã* | **l'intestin *m*** |
| Haare | *sch'wö* | **les cheveux *m*** |
| Hals (Kehle, Rachen) | *gɔr~~sch~~* | **la gorge** |
| Hals (Nacken) | *ku* | **le cou** |
| Haut | *po* | **la peau** |
| Herz | *kɔ̈r* | **le cœur** |
| Hintern | *där'jär* | **le derrière** |
| Kiefer | *mascho'ar* | **la mâchoire** |
| Kniescheibe | *ru'tül* | **la routule** |
| Knochen | *lɔß* | **l'os *m*** |
| Knöchel | *sche'wil* | **la cheville** |
| Lunge | *pu'mõ* | **le poumon** |
| Magen | *läßto'mak* | **l'estomac *m*** |
| Muskel | *müßkle* | **le muscle** |
| Nerv | *när* | **le nerf** |
| Nervensystem | *ßiß'täm när'wö* | **le système nerveux** |
| Penis | *peh'niß* | **le pénis** |
| Rippe | *kot* | **la côte** |
| Sehne | *tã'tõ* | **le tenton** |
| Urin | *lü'rin* | **l'urine *f*** |
| Vagina | *wa'~~sch~~ã* | **le vagin** |
| Wirbelsäule | *ko'lɔn* | **la colonne** |
| Zahn | *dã* | **la dãnt** |
| Zunge | *lãg* | **la langue** |

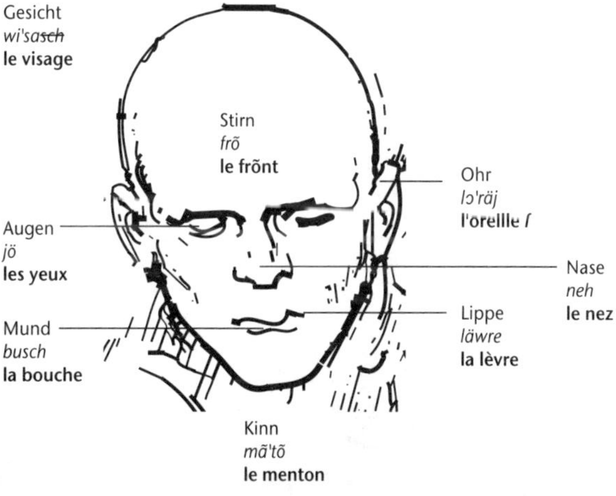

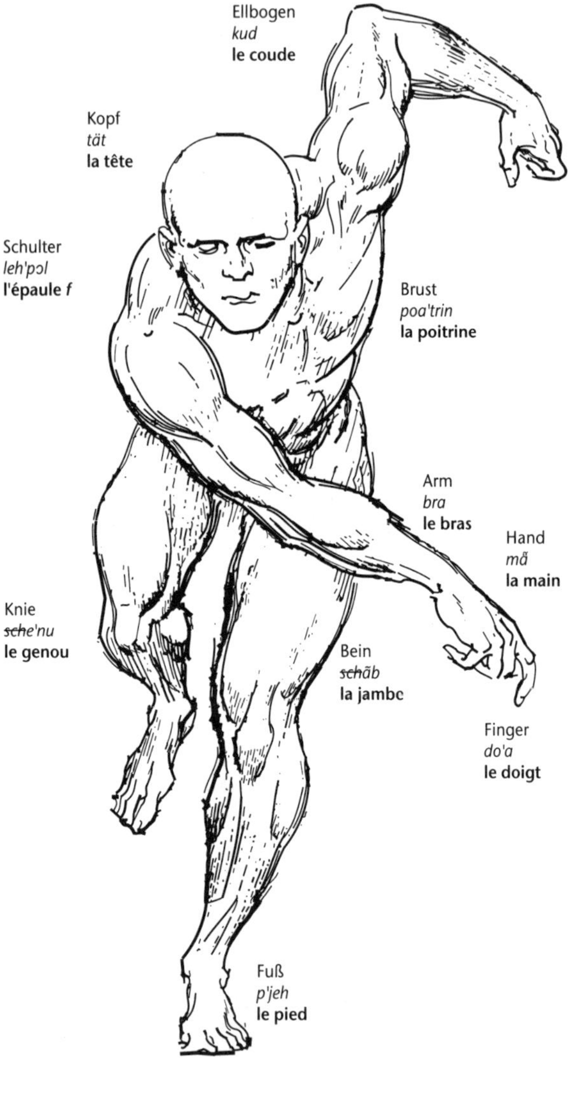

Ellbogen
*kud*
**le coude**

Kopf
*tät*
**la tête**

Schulter
*leh'pɔl*
**l'épaule f**

Brust
*poa'trin*
**la poitrine**

Arm
*bra*
**le bras**

Hand
*mã*
**la main**

Knie
*~~sch~~e'nu*
**le genou**

Bein
*~~sch~~ãb*
**la jambe**

Finger
*do'a*
**le doigt**

Fuß
*p'jeh*
**le pied**

# Pharmacie/Apotheke

Die Öffnungszeiten orientieren sich an den üblichen Geschäftszeiten. Den Sonntagsdienst entnimmt man der Lokalpresse oder dem Schaufensteraushang jeder **pharmacie**. Die Preise der Medikamente unterscheiden sich nur unwesentlich von unseren.

**Medikamente - médicaments**

■ Ich möchte ein Medikament gegen ...
**Je voudrais un remède contre ...**

| | |
|---|---|
| ❑ Kopfschmerzen | **le mal à la tête** |
| ❑ Halsschmerzen | **le mal au gorge** |
| ❑ Husten | **la toux** |
| ❑ Schnupfen | **le rhume** |
| ❑ Grippe | **la grippe** |
| ❑ Zahnschmerzen | **le mal aux dents** |
| ❑ starke Schmerzen | **les douleurs fortes** |
| ❑ Bauchschmerzen | **le mal au ventre** |
| ❑ Erbrechen | **le vomissement** |
| ❑ Durchfall | **la diarrhée** |
| ❑ Verstopfung | **la constipation** |
| ❑ Sonnenbrand | **le coup de soleil** |
| ❑ Insektenstiche | **les piqûres d'insectes** |

**Drogerieartikel**

■ Ich hätte gern ...
**Je voudrais ...**

| | |
|---|---|
| ❑ Sonnencreme | **une crème solaire** |
| ❑ Salbe gegen Verbrennungen | **de la pommade soignant les brûlures** |
| ❑ Kamillentee | **une infusion de camomille** |
| ❑ Pfefferminztee | **une infusion de menthe** |
| ❑ Aspirin | **de l'aspirine** |
| ❑ Abführmittel | **un laxatif** |
| ❑ Schlaftablette | **un somnifère** |
| ❑ Heftpflaster | **un sparadrap** |
| ❑ Mullbinde | **une bande de gaze** |
| ❑ Verbandszeug | **un trousse de pansement** |
| ❑ Schere | **des ciseaux** |
| ❑ Pinzette | **une pince** |
| ❑ Fieberthermometer | **un thermomètre médical** |
| ❑ Monatsbinde | **une serviette hygiènique** |
| ❑ Tampons | **des tampons** |
| ❑ Ohrenstopfen | **des tampons pour les oreilles** |
| ❑ Desinfektionsmittel | **un désinfectant** |
| ❑ Kohletabletten | **des comprimés de charbon** |

# Diebstahl/Polizei

Es ist keine Seltenheit, daß ein Tourist mit griesgrämigem Gesicht den Weg zur nächstgelegen Polizeiwache (**poste de police**) oder **Gendamerie** einschlägt. Der Grund ist nie ein erfreulicher, und der bürokratische Aufwand für die Beamten ebenso unerfreulich, was sich auch manchmal bemerkbar macht. Es dauert dann alles etwas länger als üblich.

Nicht nur in den Großstädten - hier sind die neuralgischen Punkte Bahnhöfe, öffentliche Verkehrsmittel und Touristenattraktionen - auch im ländlichen Süden Frankreichs und in anderen vom Tourismus stark frequentierten Regionen muß man deshalb vorsichtig sein: **keine Wertsachen im Auto, in der Hosen- oder Jackentasche lassen!** In den Zügen sollte das Gepäck nicht unbeaufsichtigt bleiben. Wird man trotz aller Vorsicht bestohlen oder überfallen: Auf jeden Fall zur Polizei! Hier gibt es auch die **attestation de déceleration de vol** (Diebstahl-Bescheinigung), die für die Wiederbeschaffung verlorengegangener Ausweispapiere und für die Versicherung notwendig ist.

---

■ Wo finde ich die nächste Polizeiwache?
*il'ja ɔ̃ poßt de po'liß prä di'ßi*
**Il y a un poste de police près d'ici?**
es - hier - hat - ein - Posten - von - Polizei - nahe - von hier

---

■ Ich bin überfallen worden.
*ɔ̃ ma ata'keh par ßür'pris*
**On m'a attaqué par surprise.**

---

■ Mir wurde *der Fotoapparat* gestohlen.
*ɔ̃ ma wo'leh lapa'räj fo'to*
**On m'a volé *l'appareil photo*.**

---

■ Ich benötige eine Bescheinigung für die Versicherung.
*jeh beso'ã dün atäßtaß'jõ pur laßü'rãß*
**J'ai besoin d'une attestation pour l'assurance.**

**Polizei**

| | | |
|---|---|---|
| Anzeige | *dehklaraß'jõ* | **déclaration** |
| anzeigen | *dehkla'reh* | **déclarer** |
| Bescheinigung | *latäßtaß'jõ* | **l'attestation *f*** |
| Dieb/-in | *wɔ'lör/wɔ'lös* | **le voleur/la voleuse** |
| Diebstahl | *wɔl* | **le vol** |
| Gefängnis | *pri'sõ* | **le prison** |
| Gericht | *tribü'nal* | **le tribunal** |
| Kriminalpolizei | *pɔ'liß ~~sch~~üdiß'jär* | **la police judiciaire** |

| | | |
|---|---|---|
| Messer | *ku'to* | **le coûteau** |
| Pistole | *pißto'lä* | **le pistolet** |
| Polizei | *pɔ'liß* | **la police** |
| Polizeirevier | *pɔßt de pɔ'liß* | **le poste de police** |
| Polizist | *la'schã de pɔ'liß* | **l'agent *m* de police** |
| Rauschgift | *drɔg* | **la drogue** |
| Schlägerei | *ba'gar* | **la bagarre** |
| Überfall | *la'tak* | **l'attaque *f*** |
| unschuldig | *ino'ßã,t* | **innocent,e** |
| verhaften | *mätre os_a'rä* | **mettre aux arrêts** |
| Waffe | *larm* | **l'arme *f*** |

## Was wurde gestohlen?

| | | |
|---|---|---|
| Autoradio | *lotorad'jo* | **l'autoradio *m*** |
| Fotoapparat | *lapa'räj fo'to* | **l'appareil *m* photo** |
| Kleider | *wät'mã* | **les vêtements** |
| Koffer | *wa'lis* | **la valise** |
| Reisepaß | *paß'pɔr* | **le passeport** |
| Rucksack | *ßak a 'do* | **le sac à dos** |
| Schlüssel | *kleh* | **les clés *f*** |
| Schmuck | *bi'schu* | **les bijoux *m*** |

Tasche
*ßak*
**le sac**

Geldbörse
*pɔrtmɔ'nä*
**le porte-monnaie**

Geld
*lar'schã*
**l'argent *m***

Führerschein
*pär'mi*
**le permis**

Papiere
*pap'jeh*
**les papiers**

Uhr
*mõ'tre*
**la montre**

Brille
*lü'nät*
**les lunettes**

Sonnenbrille
*lü'nät de ßo'lej*
**les lunettes de soleil**

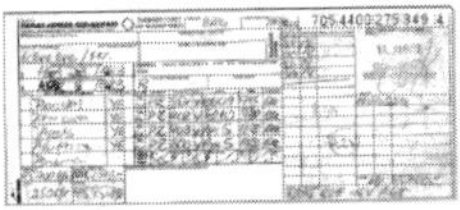

Ticket
*bi'jä*
**le billet**

# Kurzgrammatik

Jemand, der mit einer anderen romanischen Sprache oder dem Lateinischen vertraut ist, wird mit der französischen Grammatik wenig Schwierigkeiten haben. Wir können hier nur die allerwichtigsten Regeln einer recht komplexen Sprache vorstellen.

## Substantive und ihre Artikel

Im Französischen gibt es nur zwei Geschlechter::

**Bestimmter Artikel**

**le** - der und **la** - die
**les** - die (Mehrzahl), gilt für beide Geschlechter

Beispiel

→ **le jardin** - der Garten
→ **la maison** - das Haus (im Französischen feminin)
→ **les jardins, les maisons** - die Gärten, die Häuser

**Unbestimmter Artikel**

**un** - ein und **une** - eine
**des** - der unbestimmte Pluralartikel existiert im Deutschen nicht, ist aber ungefähr mit „einige" zu übersetzen, oder man läßt ihn weg: z.B. *Autos.*

Beispiel

→ **un homme** - ein Mann
→ **une femme** - eine Frau
→ **des hommes, des femmes** - (einige) Männer, (einige) Frauen

**Der Plural des Substantivs**

In der Regel wird einfach ans Ende des Wortes ein **-s** angehängt. Ist schon eines da, so verändert sich nichts. Gesprochen wird das **-s** nicht!

Beispiel

→ **le livre** - das Buch
→ **les livres** - die Bücher
→ **le cours** - der Kurs
→ **les cours** - die Kurse

# Das Verb und seine Zeiten

**Das Präsens der regelmäßigen Verben**

Im Französischen gibt es drei große Gruppen von Verben: Solche, die auf **-er**, auf **-ir** und auf **-re** enden. Sie werden jeweils nach eigenem Muster konjugiert, indem man einfach die im Beispiel unterstrichenen Endungen an den Stamm (Verb ohne -er, -ir, -re) des Verbs der jeweiligen Gruppe anhängt.

| | | **regarder**<br>schauen | **dormir**<br>schlafen | **entendre**<br>verstehen |
|---|---|---|---|---|
| ich | **je** | **regarde** | **dors** | **entends** |
| du | **tu** | **regardes** | **dors** | **entends** |
| er/sie | **il/elle** | **regarde** | **dort** | **entend** |
| wir | **nous** | **regardons** | **dormons** | **entendons** |
| ihr | **vous** | **regardez** | **dormez** | **entendez** |
| sie | **ils/elles** | **regardent** | **dorment** | **entendent** |

**Die unregelmäßigen Verben in der Gegenwart**

Leider gibt es in der französischen Sprache sehr viele unregelmäßige Verben; die allerwichtigsten sind hier angegeben:

| | | **faire**<br>machen | **aller**<br>gehen | **vouloir**<br>wollen | **pouvoir**<br>können |
|---|---|---|---|---|---|
| ich | **je** | **fais** | **vais** | **veux** | **peux** |
| du | **tu** | **fais** | **vas** | **veux** | **peux** |
| er/sie | **il/elle** | **fait** | **va** | **veut** | **peut** |
| wir | **nous** | **faisons** | **allons** | **voulons** | **pouvons** |
| ihr | **vous** | **faites** | **allez** | **voulez** | **pouvez** |
| sie | **ils/elles** | **font** | **vont** | **veulent** | **peuvent** |

Ein Tip: Wer Verbformen und Zeiten ausführlich lernen möchte, sollte sich den **Bescherelle** anschaffen (im Buchgeschäft fragen)!

**Die Hilfsverben**

Die beiden Hilfsverben **être** - sein und **avoir** - haben werden folgendermaßen konjugiert:

| | | **être**<br>sein | **avoir**<br>haben |
|---|---|---|---|
| ich | **je** | **suis** | **ai** |
| du | **tu** | **es** | **as** |
| er/sie | **il/elle** | **est** | **a** |
| wir | **nous** | **sommes** | **avons** |
| ihr | **vous** | **êtes** | **avez** |
| sie | **ils/elles** | **sont** | **ont** |

# Die Vergangenheitsformen

Von den vielen Vergangenheitsformen im Französischen wollen wir die beiden wichtigsten ansprechen: vollendete Gegenwart und unvollendete Vergangenheit.

**Das Perfekt**

Das Perfekt (vollendete Gegenwart) wird mit den Hilfsverben **avoir** und **être** gebildet, das Verb selbst erscheint dann als Partizip Perfekt (wie im Deutschen *ich bin gekommen* und *ich habe gesehen*) und steht nach dem konjugierten Hilfsverb.

Das Partizip Perfekt wird in der Regel folgendermaßen gebildet:

- Bei Verben auf **-er**: die Endung wird umgeformt zu **-é** -z.B. **regarder - il a regardé**
- Bei Verben auf **-re**: die Endung wird umgeformt zu **-u** -z.B. **attendre - tu as attendu**
- Bei Verben auf **-ir**: die Endung wird umgeformt zu **-i** -z.B. **dormir - j'ai dormi**

Bewegungsverben werden mit dem Hilfsverb **être** gebildet, alle anderen mit **avoir**.

Beispiel

➜ **Je suis venu.** Ich bin gekommen.
➜ **Il a parlé.** Er hat gesprochen.

**Das Imperfekt**

Zur Bildung der unvollendete Vergangenheit (**l'imparfait**) wird an den Verbstamm (also das Verb ohne die Endung -er, -ir, -re, etc.) angehängt:

**je parlais** - ich sprach
**tu attendais** - du wartetest
**il dormait** - er schlief
**nous regardions** - wir schauten
**vous entendiez** - ihr verstandet
**elles partaient** - sie fuhren weg

**Das Futur**

Wir erwähnen hier nur die einfache nahe Zukunft (**futur proche**), die mit dem Hilfsverb **aller**, das in diesem Fall soviel wie *werden* heißt, gebildet wird. Nach dem konjugierten Hilfsverb steht der **Infinitiv** des beschreibenden Verbs.

*Das unpersönliche **il faut** ... bedeutet „man muß ..." oder „es ist nötig ..." und existiert nur in der dritten Person Einzahl.*

| | |
|---|---|
| **Je vais voir.** | Ich werde sehen. |
| **Tu vas voyager** | Du wirst reisen. |
| **Il/elle va recevoir.** | Er/sie wird bekommen. |
| **Nous allons parler.** | Wir werden sprechen. |
| **Vous allez dormir.** | Ihr werdet schlafen. |
| **Ils/elles vont sortir.** | Sie werden ausgehen. |

# Adjektive

Adjektive, die ein maskulines Subjekt im Singular beschreiben, verändern sich nicht. Bei Feminina wird im Singular ein **-e**, im Plural ein **-s** und bei ausschließlich femininen Elementen bestehendem Plural ein **-es** angehängt.

Beispiel

| | |
|---|---|
| → **la grande maison** | das große Haus |
| → **le grand jardin** | der große Garten |
| → **les grandes maisons** | die großen Häuser |
| → **les grands jardins** | die großen Gärten |

**Der Komparativ** Steigern und Vergleichen ist nicht schwierig: für die erste Steigerung (Komparativ) stellt man einfach ein **plus** (mehr) voran, für die zweite (Superlativ) ein **le plus** (das am meisten).

Zum Vergleichen ist zur ersten Steigerungsform nur noch ein **que + verglichene Sache** hintanzustellen.

Beispiel

| | |
|---|---|
| → **petit** | klein |
| → **plus petit** | kleiner |
| → **le/la/les plus petit/e/s** | am kleinsten |

Unregelmäßige Steigerungsformen:

**bon** (gut) - **meilleur** (besser) - **le meilleur** (am besten); **mauvais** (schlecht) - **pire** (schlechter) - **le pire** (am schlechtesten)

**Adverbien** Adverbien (Umstandswörter) beziehen sich auf Verben (manchmal auch auf andere Adjektive oder Adverbien) und beschreiben diese genauer. Im Deutschen unterscheiden sie sich selten von den Adjektiven, im Französischen dagegen schon. Man bildet sie, indem man an die weibliche Form des Adjektivs ein **-ment** anhängt.

Beispiel

→ **La mer est tranquille.** - Das Meer ist ruhig.
→ **La mer bouge tranquillement.** - Das Meer bewegt sich ruhig (in ruhiger Art).
→ **Le train est lent.** - Der Zug ist langsam.
→ **Le train roule lentement.** - Der Zug fährt langsam.

Unregelmäßige Adverbien:
**bon** (gut) - **bien** (auf gute Art und Weise)
**mauvais** (schlecht) - **mal** (auf schlechte Art und Weise)
**meilleur** (besser) - **mieux** (auf bessere Art und Weise)
**rapide** (schnell) - **vite** (auf schnelle A. u. W.) oder **rapidement**

# Pronomina

**Die Personalpronomina**

Personalpronomina gibt es im Französischen für den Nominativ (Wer), den Dativ (Wem) und den Akkusativ (Wen):

| | 1. Nominativ | 3. Dativ | 4. Akkusativ |
|---|---|---|---|
| 1. Pers. Ez | **je** | **me** | **me** |
| 2. Pers. Ez | **tu** | **te** | **te** |
| 3. Pers. Ez | **il/elle** | **lui** | **le** m/**la** *f* |
| 1. Pers. Mz | **nous** | **nous** | **nous** |
| 2. Pers. Mz | **vous** | **vous** | **vous** |
| 3. Pers. Mz | **ils/elles** | **leur** | **les** |

Im Dativ gibt es sowohl im Singular als auch im Plural verschiedene Formen für Feminina und Maskulina. Bei gemischten Gruppen nimmt man die männliche Form!

**Je, me, te, le** und in der Umgangssprache auch **tu** werden bei darauffolgenden Vokalen oder vor stummem **h** apostrophiert, z.B. **Je m'appelle André**.

Die Höflichkeitsform wird nicht wie im Deutschen mit der dritten Person Plural, sondern mit der zweiten gebildet: **Vous** - Ihr

**Possessivpronomina**

Das besitzanzeigende Fürwort orientiert sich in seiner Form am besessenen Objekt, nicht am Besitzer.

„Sein Auto" und „ihr Auto" heißt also in beiden Fällen **sa voiture**!

| | männlich Sg. | weiblich Sg. | Pl. |
|---|---|---|---|
| mein,e | **mon** | **ma** | **mes** |
| dein,e | **ton** | **ta** | **tes** |
| sein,e/ihr,e | **son** | **sa** | **ses** |
| unser,e | **notre** | **notre** | **nos** |
| euer,e | **votre** | **votre** | **vos** |
| ihr,e | **leur** | **leur** | **leurs** |

**Demonstrativpronomina**

Die hinweisenden Fürwörter heißen:

Beispiel

| | | |
|---|---|---|
| dieser (*m* Sg.) | **ce** | → **ce livre** - dieses Buch |
| | wird vor Vokalen bzw. stummem **h** zu **cet**: | → **cet odeur** - dieser Geruch |
| diese (*f* Sg.) | **cette** | → **cette voiture** - dieses Auto |
| diese (Pl.) | **ces** | → **ces maisons** - diese Häuser |

# Verschiedenes

**Präpositionen und Bindewörter**

Die beiden wichtigsten Präpositionen sind **de**-*von* und **à**-*nach*. Alle anderen sind in der Vokabelliste zu finden.

→ **C'est le livre d'Anne.** - Das ist das Buch von Anne.
→ **Je vais à Paris à 16 heures.** - Ich fahre nach Paris um 16 Uhr.

**Syntax**

Die normale Wortstellung im Satz ist:
Subjekt - Prädikat - Objekt:

| S | P | O |
|---|---|---|
| **Je** | **vais** | **au cinéma.** |
| Ich | gehe | ins Kino. |

Hebt man die Stimme am Ende eines solchen Satzes, so wird dieser zur Frage.

**Verneinung**

Die einfachste Verneinung ist natürlich **non** (nein) oder **non, merci** (nein, danke). Will man aber nicht alles kategorisch verneinen, sondern nur einzelne Aussagen, so hat man eine Fülle von unterschiedlichen Verneinungen zur Verfügung, wobei ihnen allen gemein ist, daß sie **das konjugierte Verb und eventuelle Pronomina umrahmen**:

| | |
|---|---|
| **ne ... pas** | nicht |
| **ne ... point** | überhaupt nicht |
| **ne ... personne** | niemand |
| **ne ... rien** | nichts |
| **ne ... jamais** | nie |
| **ne ... plus** | nicht mehr |
| **ne ... que** | nichts als, nur |
| **ne ... guère** | kaum |
| **ne ... pas non plus** | auch nicht |
| **ne ... aucun,e** | kein/-e/-er |
| **ne ... ni ... ni** | weder ... noch ... noch |

Steht ein **du tout** nach der Verneinungsformel, so verstärkt es diese. Das **ne** wird vor Vokalen und stummem **h** apostrophiert.

Beispiel

**Elle n'est pas venue.** - Sie ist nicht gekommen.
**Tu ne le lui dis jamais.** - Du sagst es ihm nie.
**Ça ne fait rien du tout.** - Das macht überhaupt nichts.

**All diese Regeln werden von unzähligen Ausnahmen bestätigt!**

# Kompaktwörterbuch Deutsch-Französisch

Gerade Seitenzahlen verweisen auf die themenspezifischen Wortlisten; dort kann die Aussprache nachgesehen werden. *Kursive* Seitenzahlen verweisen auf Redewendungen, in denen das betreffende Wort vorkommt.

## A

Abblendlicht **phare code** *m* 107
Abend *ßo'ar* **soir** 24 *16 19*
aber *mä* **mais**
abfahren **descendre** 131 *20*
Abfahrt **descente** *f* 131
Abfall *ɔr'dür* **ordure** *f*
Abflug *95*
Abfluß **voie d'écoulement** *f* 46 *41*
abgenutzt **usé** 105
(Geld) abheben **retirer** 65
abholen **aller chercher** 160
Abi(tur) **bac(calauréat)** *m* 147
abkochen *fär bu'jir* **faire bouillir**
Abkommen *kõwäß'jõ* **convention** *f*
ablegen **démarrer** *98*
abliefern *dehliw'reh* **délivrer**
Abmachung **accord** *m* 167
abnehmend **baissant** 124
abrechnen *rehg'leh* **régler**
Abreise *deh'par* **départ** *m*
abreisen (nach) **partir (pour)** 43 87 *42*
Abschied **adieux** *m* 152
Abschleppdienst **service de dépannage** *m* 105
abschleppen **remorquer** 105 106
absenden **envoyer** 68
Absender **expéditeur** *m* 68
absolut *abßɔ'lu* **absolu,e**
abstellen (Motor) **arrêter (le moteur)** 102
Abteilung **rayon** *m* 76
abwaschen **faire la vaisselle** 46
Abzug **tirage** *m* 160
Achse **axe** *m* 107
acht **huit**
Achtung **attention** 102 123
Acker *schã* **champs** *m*
Adapterstecker **adapteur** *m* 40
Adler **aigle** *m*
Adresse **adresse** *f* 68 *65*
Agentur *a'~~seh~~äß* **agence** *f*
ähnlich *rehßä'blã* **ressemblant**
Aids **sida** *m* 175
aktiv *ak'tif* **actif,ve**
akzeptieren *akßäp'teh* **accepter** *42*
Alkohol **alcool** *m* 102
Allee **allée** *f*
allein *ßɔl* **seul,e**
alles (belegt) *37*
allgemein *~~seh~~ehneh'ral* **général**
Allgemeinbildung *fɔrmaß'jõ ~~seh~~ehneh'ral* **formation générale** *f*
Almosen *o'mɔn* **aumône** *f*
Alpen **alpes** 113
als *51*
also *dõk* **donc**
alt *wjö,wjäj* **vieu,vieille** *19*
Altar **autel** *m* 115
altmodisch **démodé** 82
Altstadt **cité/la vielle ville** *f* 115
am Ufer von **au bord de**
Ameise **fournis** *m* 172
Ampel **feu** *m* 108
Amphitheater **amphithéâtre** *m* 115 *18*
amüsieren *amü'seh* **amuser**
an *a* **à**
Ananas **ananas** *m* 78
Anchovis **Anchois** 59
Andenken *ßuwe'nir* **souvenir** *m*
anderes *37*
anders (adv.) *otre'mã* **autrement**
andersartig *difehra'mã* **différemment**
Anekdote *lanäk'dɔt* **anecdote** *f*
(am) Anfang **(au) début** 22
anfangen *kɔmã'ßeh* **commencer**
angenehm *agreh'able* **agréable**
Angestellte/-r **employé,e** 148
Angler *pä'schɔr* **pêcheur** *m*
angreifen *ata'keh* **attaquer**
Angst **peur** 163 *33*
anhalten **s'arrêter** 87 *90*
Anhänger **remorque** *f* 46
anklagen *akü'seh* **accuser**
anklopfen *fra'peh* **frapper**
ankommen *ari'weh* **arriver** *29*
ankündigen *anõ'ßeh* **annoncer**
Ankunft **arrivée** 87
anlassen **démarrer** 102
Anlasser **démarreur** *m* 107
anlegen **aborder** 98
anmelden **s'inscrire** 46 *45*
anprobieren *81*
anrufen **appeller** 70
anschalten *141*
Anschluß **correspondance** *f* 87
anschnallen **attacher** 102
anspringen *104*
anstrengen *fati'geh* **fatiguer**
Anstrengung *ä'fɔr* **effort** *m*
Anthropologie **anthropologie** *f* 148
antik *ã'tik* **antique**
Antiquariat **librairie d'occasion, le bouquiniste** *f*
Antiquitäten **brocante** *f* 76
Antwort *reh'põß* **réponse** *f*
antworten **reh'põdre**
Anwalt *166*
Anzahl *nõbre* **nombre** *m*
Anzeige **déclaration** 184
anzeigen *dehnõ'ßeh* **dénoncer** 184
anziehen **serrer**
(Ski-) Anzug **complet (de ski)** *m* 83 131
anzünden *alü'meh* **allumer**
Aperitiv **apéritif** 57
Apfel **pomme** 60
Apfelsine **orange** *f* 78
Apotheke **pharmacie** *f* 76 *177*
Apparat *apa'räj* **appareil** *m*
Appartement **appartement** *m* 43
Appetit *apeh'ti* **appétit** *m*
Aprikose **abricot** *m* 78
April **avril** 25
Aquädukt **aquéduc** *m* 115
Arbeit *tra'waj* **travail** *m*
arbeiten *trawa'jeh* **travailler**
Arbeiter/-in **ouvrier,l'ouvrière** 148
Arbeitgeber/-in **employeur** *m* 167
Arbeitserlaubnis **permis de travail** *m* 28
Archäologe/-in **archéologue** 148
Architektur **architecture** *f* 115 148
Ärger *ãnü'i* **ennui** *m*
ärgerlich *ãnü'jö* **ennuyeux**
ärgern über *ße fa'scheh* **se fâcher (de)**
Arm **bras** *m* 182
Aroma **arôme** *f* 61
Artikel **article** *m* 142
Artischocke **artichaud** *m* 79
Arzneimittel *re'mäd* **remède** *m*
Arzt/Ärztin **médecin** *m* 175 *176*
Aschenbecher *ßãdri'eh* **cendrier** *m*
atmen *rehßpi'reh* **respirer** *180*
Atmosphäre *atmɔß'fär* **atmosphère** *f*
Aubergine **aubergine** *f* 79
auch *o'ßi* **aussi**
auf *ßür* **sur** *17 151*
auf einmal *tut_a la fo'a* **tout à la fois**
auf Wiedersehen! **Au revoir** 15
Aufenthaltsdauer **durée de séjour** *f* 28
Aufenthaltsgenehmigung **permis de séjour** *m* 28
auffallen *fär ßãßaß'jõ* **faire sensation**
aufgeben *abãdɔ'neh* **abandonner**
aufhören zu *ßä'ßeh* **cesser**
aufladen **charger** 106 *105*
Auflauf **soufflé** 60
auflegen **raccrocher** 70
Aufnahme **photo/la prise** *f* 160
aufpassen (auf) *fär atãß'jõ* **faire attention** 122
Aufpreis **supplément** 57
aufpumpen **gonfler** 106
aufräumen *rã'~~seh~~eh* **ranger**
aufregen *ehnär'weh* **énerver**
Aufregung *lehnärw'mã* **énervement**

aufrichtig *ßä'ßär* **sincère**
aufschreiben *nɔ'teh* **noter** *23*
auftauchen *apa'rätre* **apparaître**
auftreten *ße prehsä'teh* **se présenter**
aufwachen(-wecken) *ße rehwä'jeh* **se réveiller**
Aufzug **ascenseur** *m* 43
Auge *loj* **oil** *m* 181
Augenblick *läß'tä* **instant** *m*
August **aout** 25
aus *de* **de**
ausbauen **démonter** 106
außer *ßof* **sauf**
außerdem *ä 'plüß* **en plus**
Ausfahrt **sortie** *f* 102
Ausflug **excursion** *f* 115
ausfüllen **remplir** 65
Ausgabe **édition** *f* 142
Ausgang **sortie** *f* 87
ausgebucht **complet** 43 *92*
ausgehen *ßɔr'tir* **sortir** *151*
Auskunft **renseignement** *m* 70
Ausland *ehträ'~~scheh~~* **étranger**
Ausländer *ehträ'~~scheh~~/~~sch~~är* **étranger/gère**
Ausnahme *äkßäpß'jõ* **exception** *f*
ausnutzen *prɔfi'teh* **profiter de**
auspacken *dehba'leh* **déballer**
Auspuff **échappement** *m* 107 *105*
Ausrede *deh'tur* **détour** *m*
ausruhen *ße repo'seh* **se reposer**
(Ski-/Taucher-) Ausrüstung **équipement** *m* **(de ski/de plongée)** 122 131
ausschalten **éteindre** 141
Aussehen *apa'räß* **apparence** *f*
Aussicht **vue** *f* 43
aussteigen (aus) **descendre (de)** 31 *32*
Ausstellung **exposition** *f* 115
aussuchen *schoa'sir* **choisir**
Austausch **échange** *m* 147
Austern **huîtres** *f* 80
ausverkauft *ehpüi'seh* **épuisé**
auswechseln **échanger** 106
Ausweis **pièce d'identité** *f* 65 *28*
ausziehen *dehsabi'jeh* **déshabiller**
Auto **voiture** *f* 88 *39 104*
Autobahn **autoroute** *m* 102
Autobahnauffahrt **bretelle d'accès** *m f* 102
Autokindersitz **siège pour enfants** *m* 164
Autor *o'tɔr* **auteur** *m*
Autoradio **autoradio** *m* 185
Autovermietung **location de voitures** *f* 102

# B

Baby **bébé** *m* 164 *162*
Babysitter **babysitter** *m* 164
Bäcker/-in **le,la boulanger,ère** 148
Bäckerei **boulangerie** *f* 76
Bad **salle de bains** *f* 38
Badeanzug **maillot de bain** *m* 121
Badehose **slip de bain** *m* 83
(nackt) baden **se baigner (à poile)** 121 *122*
Bahn **chemins de fer** 93
Bahnhof **gare** *f* 93 *86 34*
Bahnsteig **quai** *m* 89
bald *bjä'to* **bientôt**
Balkon (sitz) **balcon** *m* 43 136
Ball *ba'lõ* **ballon** *m*
Banane **banane** *f* 78
Bank **banque** *f* 29 65
Bär **ours** *m*
bar **en éspèces** 65 *75*
barfuß *pjeh nu* **pieds nus**
Barock **baroque** *m* 115
Bart **barbe** *f* 72
Batterie **pile** *f* 160 *105*
Bauch **ventre** *m* 181
bauen *114*
Bauer *päi'sä* **paysan** *m*
Bauernhof *färm* **ferme** *f*
Bauingenieur **ingénieur industriel** 148
Baum *arbre* **arbre** *m*
Baumwolle **coton** *m* 82
Baustelle **chantier/ travaux** 102
Beamte/-r **le,la fonctionnaire** 148
Becher *gɔb'lä* **gobelet** *m*
bedanken *remärß'jeh* **remercier**
bedeckt **couvert** 170
bedeuten *17*
bedienen *ßär'wir* **servir**
Bedienung **service** *m* 43
bedrohen *mena'ßeh* **menacer**
Beefsteak *51*
beeilen *dehpä'scheh* **dépêcher** *33*
beenden *tärmi'neh* **terminer**
Befehl *ɔrdre* **ordre** *m*
(sich) befinden *ße tru'weh* **se trouver**
beginnen *kɔmä'ßeh* **commencer**
begleiten *akõpan'jeh* **accompagner**
begreifen *ßä'sir* **saisir**
begrüßen **saluer** 152
Begrüßung **salutation** *f* 152
behandeln *trä'teh* **traiter**
Behandlung *178*
behaupten *preh'tädre* **prétendre**
bei *scheh* **chez**
Beifahrer **passager** *m* 102
beige **beige** 83
Bein **jambe** *f* 182
beißen *mɔrdre* **mordre**
Bekanntmachung *püblikaß'jõ* **publication** *f*
Bekanntschaft *kɔnä'ßäß* **connaissance** *f*
Bekleidung **vêtements** *m* 83
bekommen *reßwo'ar* **recevoir**
belichten **exposer** 160
benachrichtigen *äfɔr'meh* **informer**
Benehmen *kõpɔrt'mä* **comportement** *m*
benehmen *ße kõpɔr'teh* **se comporter**
benutzen *ütili'ßeh* **utiliser**
Benzin **essence** *f* 102
beobachten *ɔbßär'weh* **observer**
beraten *kõßä'jeh* **conseiller**
bereits *95*
Berg(e) **mont** *m* 21 *114*
Beruf **profession** *f* 145
Berufsausbildung **formation professionelle** *f* 147
berühmt *ßeh'läbre* **célèbre**
Berühmtheit **vedette** *f* 136
beschädigt **déformé** 105
Bescheinigung **attestation** *f* 184
beschleunigen **accélérer** 102
beschuldigen *akü'ßeh* **accuser**
beschützen *prɔteh'~~scheh~~* **protéger**
besetzt **occupé** 70
besichtigen/besuchen **visiter** 115 *113 114*
besitzen *pɔßeh'deh* **posséder**
besonders *ßpehß'jal* **spécial** *152*
Besprechung **réunion** *f* 167
bestätigen **confirmer** 87 *94*
Besteck **couvert** *m* 53
bestellen *kɔmä'deh* **commander**
Bestellung **commande** *f* 167
Besuch *wi'sit* **visit** *f*
besuchen *a'leh wo'ar* **aller voir**
Betrag **montant** *m* 65
Betrug *trõp'ri* **tromperie** *f*
betrügen *trõ'peh* **tromper**
(Baby-/Kinder-)Bett **lit (d'enfant)** *m* 44 164 *38 41*
zu Bett gehen *a'leh ße ku'scheh* **aller se coucher**
Bettdecke **couverture** *f* 40 43
betteln *mäd'jeh* **mendier**
Bettler *mäd'jä* **mendiant** *m*
Bettuch *dra* **drap** *m*
Bettwäsche **linge de lit** *m* 44
Beutel *ßa'schä* **sachet** *m*
Bevölkerung *pɔpülaß'jõ* **population** *f*
bevor *a'wä de* **avant de**
bewacht **surveillé** 46
bewegen *muwo'ar* **mouvoir**
Beweis *prɔ̈w* **preuve** *f*
bewölkt **nuageux** 170
bewundern *admi'reh* **admirer**
Bewunderung *admiraß'jõ* **admiration** *f*
bezahlen *pä'jeh* **payer** *39*
beziehen *41*
bezweifeln *du'teh* **douter**
Biene **abeille** *f* 172
Bier (vom Faß) 80 *62*
Bikini **bikini** *m* 121
Bild *i'ma~~sch~~* **image**
Bildhauer **sculpteur** *m* 115
Bildung *fɔrmaß'jõ* **formation** *f*
billig **moins chèr** *37 39*
Biologie **biologie** *f* 148
Birne **Poire** 60
bis *~~sch~~üßk* **jusque** *18*
bisher *~~sch~~üß'ka preh'sä* **jusqu'à présent**
bitten *demä'deh* **demander**
bitter *a'mär* **amer**
blaß *pal* **pâle**
blau **bleu,e** 83
bleiben *38*
bleifrei **sans plomb** 102 *110*
Bleistift *krä'jõ* **crayon** *m*
Blende **ouverture** *f* 160
Blick *re'gar* **regard** *m*
blind *a'wɔ̈gle* **aveugle**
Blinddarm **appendice** *m* 181
Blinker **clignotant** *m* 107
Blitz **foudre** *f* 170
blockiert **bloqué** 105
Blödsinn *bä'tis* **bêtise** *f*
blond *blõ* **blond**
bloß *ßäple'mä* **simplement**
Blumenkohl **chou-fleur** *m* 79
Blume(nstrauß) *bu'kä de flɔ̈r* **(bouquet de) fleur(s)** *m*
Bluse **blouse** *f* 83
Blut **sang** *m* 181
Blüte *flɔ̈r* **fleur** *f*
bluten **ßän'jeh**
blutig *51*
Boden *ßɔl* **sol** *m*
Bogen **arc m, l'arche** *f* 115
Bohnen **haricots** *m* 79
Boot **bateau** *m* 98 121
(an) Bord **(à) bord** 96
borgen *104*
Boutique **boutique** *f* 76
Brand *läßä'di* **incendie** *m*
brauchen *37*
braun **marron,e** 83
(sich) bräunen **(se) bronzer** 121
Brautpaar *mari'jeh* **mariés** *m*
brechen *104*
Brei **bouillie** *f* 164
breit *lar~~sch~~* **large**

(Hand) Bremse **frein (à main)** *m* 107
bremsen **freiner/ donner un coup de frein** 102
Bremslicht **feu d'arrêt** *m* 107
brennen *brü'leh* **brûler**
Brett *pläsch* **planche** *f* *125*
Brief **lettre** *f* 68 *67*
Briefkasten **boîte aux lettres** *f* 68
Briefmarke **timbre** *m* *68*
Briefträger/-in **facteur** *m* 68 148
Briefumschlag **enveloppe** *f* 68
Brille **lunettes** 71, 185 *71*
Brillengestell **monture** *f* 71
Brillenglas **verre** *m* 71
bringen *52*
Brot **pain** *m* 80 *13 52*
Brötchen *pe'ti pã* **petit pain** *m*
Bruch **fracture** *f* 175
Brücke **pont** *m* 21
Bruder **frère** *m* 145
Brunnen **fontaine** *f* 115
Brust **poitrine** 58
buchen **réserver** 87 *94*
Buchhändler/-in **libraire** *m* 148
Buchhandlung **librairie** *f* 76
Buchstabe *lätre* **lettre** *f*
Bucht (klein/groß) **anse** *f*/**baie** *f* 98 121
Bude **piaule** *f* 155
Bund (z.B. Grünzeug) **botte** *f* 77
bunt **de diverses couleurs** 83
Burg **château fort** *m* 115
Bürgersteig **trottoir** *m* 102
Büro *bü'ro* **bureau** *m*
Bürste *brɔß* **brosse** *f* 72
Bus **car** *m* 31 *19 89*
Busbahnhof **gare routière** *f* 21
Busen **seins** *m* 181
Busfahren **aller en bus** 89
Bußgeld **amende** *f* 102
Busgesellschaft **compagnie de voyage** *f* 89
Buslinie **ligne** *f* 89
Büste **buste** *m*
Butter **beurre** *m* 80

## C

Café *ka'feh* **café** *m*
Champignons **champignons** *m* 79
Charterflug **charter** *m* 96
Check-in *95*
Chef **patron m, la patronne** *f m* 167
Chemie **chimie** *f* 148
Chemiker/-in **chimiste** *m* 148
Cognac **fine** *f* 60
Compact-Disc **disque compact** *m* 139
Cousin/-e **cousin, la cousine** *m* 145
Creme **crème** *f* 83 164

## D

da (hinten) **là (derrière)** 22 *69*
Dach *to'a* **toit** *m*
dagegen *kõtre ße'la* **contre celà**
daher *de'la* **de là**
damals *ãßtã'la* **en ce temps-là**
Dame *dam* **dame** *f*
danach *ãßü'it* **ensuite**
dankbar *rekɔnä'ßã* **reconnaissant**
Danke *mär'ßi* **merci**
danken *remärß'jeh* **remercier**
dann *pü'i* **puis**
darauf ankommen *75*
daraus *deß'la* **de celà**
Darm **intestin** *m* 181
das *ßa* **ça**
Datum *dat* **date** *f* *25*
dauern *33 86*
Decke *kuwär'tür* **couvertüre** *f*
Deckel *ku'wärkle* **couvercle** *m*
defekt **en panne** 105
Defekt *deh'fo* **défaut** *m*
dein *ta,tõ* **ta, ton**
Delikt **délit** *m*
denken (an) *pã'ßeh a* **penser (à)** *104*
Denkmal **monument** *m* 115
denn *kar* **car**
dennoch *pur'tã* **pourtant**
der *le* **le**
deshalb *ßä purko'a* **c'est pourquoi**
deutsch *al'mã* **allemand**
Deutsche/r **allemand/ e** 145
Deutschland *al'manje* **Allemagne**
Dezember **décembre** 25
Diafilm **pellicule pour diapos** *f* 160
dicht *eh'täsch* **étanche**
Dichtung **bourrage** *m* 107
dick *gro* **gros**
die *la* **la**
Dieb/-in **voleur/la voleuse** *m* 184
Diebstahl **vol** *m* 184
dienen *78*
Dienstag **mardi** 24
dies **ceci** 17
diese(r, s) *ße,ßät* **ce, cette** *18*
Diesel **gazoil** *m* *110*
Differenz *difeh'rã* **différend** *m*
Ding **truc** *m* 156
Dioptrie **dioptrie** *f* *71*
direkt *di'räkt* **direct** *32*
Direktor *diräk'tɔr* **directeur** *m*
Disco *135*
Diskussion *dißküß'jõ* **discussion** *f*
diskutieren *dißkü'teh* **discuter**
DM **deutsche Mark** *m* 65 *64*
doch **si** 13
Doktor *mehd'ßã* **médecin** *m*
Dokumentarfilm **documentaire** *m* 141
Dollar **dollar** *m* 65
Dolmetscher/-in **interprète** 148
Dom/Münster **cathédrale** *f* 115
Donner **tonnerre** *m* 170
donnerstag/s **jeudi** *m* 24
doppelt *duble* **double**
Doppelzimmer **chambre à deux personnes** *f* 43
Dorf **village** *m* 21
dort **là-bas** 22
dorthin *par la* **par là**
Dose *bo'at* **boîte** *f*
Dosis *180*
Draht *fil mehta'lik* **fil métallique** *m*
dranbleiben *69*
drängeln *pu'ßeh* **pousser**
draußen *deh'ɔr* **déhors** *39*
dreckig *ßal* **sale**
drei **trois**
dreißig *trãt* **trente**
dringend *ür'~~seh~~ã* **urgent** *177*
drinnen *de'dã* **dedans**
Drogerie **droguerie** *f* 76
drohen *mena'ßeh* **menacer**
drüben *o de'la* **au-delà**
(Reifen) Druck **pression (de gonflage)** *f* 107 108
drücken *ßä'reh* **serrer**
du *tü* **tu**
Duft *ɔ'dɔr* **odeur**
duften (nach) *ßã'tir* **sentir qc**
dunkel *ßõbre* **sombre**
dunkel-(bei Farben) - **foncé** 83
dünn *mäß* **mince**
durch *par* **par**
Durcheinander *kõfüs'jõ* **confusion** *f*
durchgebrannt **fondé/ e** 105 *41*
durchgebraten *51*
Durchreise **passage** *m* *65*
durchstellen **mettre en communication** 70
Durchwahl **communication directe** *f* 70
dürfen *awo'ar la pärmiß'jõ* **avoir la permission** *32*
Durst **soif** 163
durstig sein *awo'ar ßo'af* **avoir soif**
Dusche **douche** *f* 38
Dutzend **douzaine** *f* 77
duzen *166*

## E

Ebbe **marée basse** *f* 124
ebenfalls *ehgal'mã* **également**
echt *wrä* **vrai**
Ecke **coin** *m* 22
Edelstein *p'jär prehß'jös* **pierre précieuse** *f*
Ehe *mari'ja~~seh~~* **marriage** *m*
Ehefrau **épouse** *f* 145
ehemalig *dotrefo'a* **d'autrefois**
Ehemann **époux m, le mari** 145
Ehepaar *kuple* **couple** *m*
eher *plü 'to* **plus tôt**
ehrlich *ɔ'nät* **honnête**
Ei **oeuf** *m* 57 80
Eichhörnchen **écureuil** *m*
Eidechse **lézard** *m* 173
eigentlich *reh'äl* **réel**
Eigentum *prɔprijeh'teh* **propriété** *f*
Eile *at* **hâte** *f*
eilig (haben) *prä'ßã* **pressant** *33*
ein Café **café** *m* 29
ein Dutzend **douzaine** 23
Einbahnstraße **sens unique** 102
einbauen **monter** 106
einfach **rustique**
Einfahrt **entrée** *f* 102
Einfuhrzoll **taxe d'importation** *f* 167
Eingang **entrée** *f* 138
eingeladen *19*
eingemacht **confit** 60
einholen *ratra'peh* **rattraper**
einig werden *tõ'beh da'kɔr* **tomber d'accord (sur qc)**
einigermaßen *a'ßeh b'jã* **assez bien**
einkaufen **faire les courses** 76
Einkaufspreis **prix d'achat** *m* 167
Einkaufszentrum **centre commercial** *m*
Einladung *ãwitaß'jõ* **invitation** *f*
einlösen (Scheck) **encaisser** *65*
einmalig *ü'nik* **unique**
einreiben *123*
Einreise **entrée** *f* 28
eins **un** *m*, **une** *f*
einschalten **allumer** 141
einschlafen *ßãdɔr'mir* **s'endormir**
einsteigen **monter** 31
einstellen **régler** 106
einstürzen *ßäfõd'reh* **s'effondrer**
eintreten (in) *ãt'reh* **entrer (dans)** *29*
Eintritt *ãt'reh* **entrée** *f* *114*
Eintrittskarte **billet** *m* 136 138
einverstanden sein *ätre da'kɔr* **être d'accord** *m*
Einverständnis **accord** *m*
Einwohner *abi'tã* **habitant** *m*
Eis **glace** *f* 80
Eisenbahn **train** *m* 87
Eisenwaren **quincaillerie** *f* 76
Eisschrank *fri'go* **frigo** *m*
Eisspeise **sorbet** 60
Eiswürfel **glaçons** *m* 40
eitel *wã* **vain**
elegant *ehleh'gã* **élégant**
Elektriker/-in **éléctricien,ne** 148
elektrisch *ehläk'trik* **électrique**
Elektrizität *lehläktrißi'teh* **électricité** *m*
elf *õs* **onze**
Ellbogen **coude** *m* 182
Eltern **parents** *m* 145
Empfänger **destinataire** *m* 68
empfehlen *37 51*
empfindlich *sã'ßible* **sensible**
Ende *fã* **fin** *m* 22

endlich! *ã'fã!* **enfin!**
Endstation **terminus** *m* 87
eng *ehtro'a* **étroit** *82*
Enkel *p'ti 'fij* **petit-fils** *m*
entdecken **dégoter** 79
Ente **canard** *m* 80
entfernen *ehloan'jeh* **éloigner**
entfernt *diß'tã* **distant**
Entfernung **distance** *f*
entladen *dehschar'scheh* **décharger**
entleeren (Tank) **vidanger**
entscheiden *dehßi'deh* **décider** *166*
Entscheidung *dehßiß'jõ* **décision** *f*
entschuldigen für *ßäkßkü'seh* **s'excuser** *93*
Entschuldigung! *par'dõ* **Pardon**!
Entschuldigung, bitte **Excusez-moi, svp** 153
Entstehung *lɔri'scheh* **origine** *f*
entwickeln **développer** 160
Epoche **epoche** *f* 115
Erbsen **petit-pois** 59
Erdbeere **fraise** *f* 78
Erde *tär* **terre** *f*
Erdgeschoß *rehdschɔ'ßeh* **rez-de-chaussée** *m*
ereignen *ße pa'ßeh* **se passer**
Ereignis *ehwän'mã* **événement** *m*
erfinden *ãwã'teh* **inventer**
Erfolg **succès** *m* 138
Ergebnis **résultat** *m* 132
erhöhen *ɔgmã'teh* **augmenter**
erholen *ße rehkreh'eh* **se récréer**
Erholung *rehkrehaß'jõ* **récréation** *f*
Erinnerung *ßuwe'nir* **souvenir** *m*
erkälten *prãdre fro'a* **prendre froid**
Erkältung *rüm* **rhume** *m*
erklären *äkßpli'keh* **expliquer**
Erklärung *äkßplikaß'jõ* **explication** *f*
erlauben *pär'mätre* **permettre**
erleben *wiwre* **vivre**
erledigen *rehg'leh* **régler**
Ermäßigung 164 *38*
ernähren (von) *ßalimã'teh* **s'alimenter (de)**
ernst *ßehri'jö* **sérieux**
Ernte *reh'kɔlt* **récolte** *f*
ernten *rehkɔl'teh* **récolter**
erraten *dehwi'neh* **déviner**
erregen *äkßi'teh* **exciter**
erreichen *a'tãdre* **atteindre**
Ersatzteil **pièce de réchange** *106*
erschaffen *kreh'eh* **créer**
erscheinen *apa'rätre* **apparaître**
erschöpft *ehpüi'seh* **épuisé**
erschrecken *äfrä'jeh* **effrayer**
ersetzen **remplacer** 106
Erstaufführung **première** *f* 138
erste(r, s) *prem'jeh/'jär* **premier/ière** *94*
Erste-Klasse *92*
ertragen *ßüpɔr'teh* **supporter**
erwachsen *a'dült* **adult**
Erwachsene,r *a'dült* **adult m,e** *f*
erzählen *rakõ'teh* **raconter**
erziehen *ehdü'keh* **éduquer**
Erziehung *ehdükaß'jõ* **éducation** *f*
es *ßa* **ça**
Esel **âne** *m*
Espresso *62*
essen *mã'scheh* **manger** *13*
Essen *52*
Essig **vinaigre** *m* 53
Ethnologie **éthnologie** *f* 148
(Brillen-) Etui **étui** *m* **(à lunettes)** 71
etwa *apö'prä* **à peu près**
etwa zehn **dixaine** *f* 23
etwas *kälke'schos* **quelque chose** *28*
Eule **hibou** *m*
Exemplar **exemplaire** *m* 142
existieren *äkßiß'teh* **exister**
Export **exportation** *f* 167
Exporteur **exportateur** *m* 167

# F

Fabrik *ü'sin* **usine** *f*
Facharbeiter/-in **ouvrier m, l'ouvrière** *f* **professionel,le** 167
Fahne *dra'po* **drapeau** *m*
Fahrbahn **chaussée** *f* 21 102
Fähre **ferry-boat** *m* 87
fahren **conduire/rouler** 33 102
Fahrer **conducteur** *m* 89
(Taxi) Fahrer **chauffeur (de taxi)** *m* 33
Fahrkarte **ticket** *m* 93 *89*
Fahrkarte lösen *asch'teh õ bi'jä* **acheter un billet**
Fahrkartenautomat **billeterie automatique** *m* 34
Fahrkartenheftchen **carnet** *m* 31
Fahrkartenschalter **guichet** *m* 87
Fahrplan **indicateur** *m* 31
Fahrpreis **prix du transport** *m* 89
Fahrrad **bicyclette, le vélo** *f* 88
Fahrstuhl *aßã'ßɔr* **ascenseur** *m*
Fahrt **course** *f* 89 *33 86*
(Schnee) Fall **chute (de neige)** *f* 131
fallen *tõ'beh* **tomber**
fällig **exigeable** 167
falls *ßi* **si** *38*
falsch *fo* **faux**
Familie(nstand) **(état** *m* **de) famille** *f* 28 145
Familienname **nõm** *m* 145
fangen *atra'peh* **attraper**
(Augen-/Haar-) Farbe *ku'lɔr* **couleur** *f* **(de cheveux/des yeux)** 28 *81*
Farben **couleurs** *f* 83
färben **teindre** 72
Farbfilm **pellicule à couleurs** *f* 160
Fasan **faisan** 58
Faßbier **pression** 60
Fassade **façade** *f*
fast *präßke* **prèsque**
faul **pourri,e** 77
faxen **envoyer un fax** 70
Februar **février** 25
Feder *plüm* **plume** *f*
fehlen *mã'keh* **manquer**
Fehler *fot* **faute** *f*
Feier *fät* **fête** *f*
feiern *fä'teh* **fêter** *136*
Feige **figue** *f* 78
fein **fin,fine** 77
Feld *schã* **champs** *m*
Felge **jante** *f* 107
Fell *fu'rür* **fourrure** *f*
Felsen **rocher** *m* 113
Fenchel **fenouil** 59 164
Fenster (-platz) **(place à la) fenêtre** *f* 38 95 *93*
Ferien (-kurs) *kur de wa'käß* **cours de vacances** *f 97*
fern *lo'ã* **loin**
Ferngespräch **coup de téléphone à longue distance** *m* 70
Fernlicht **feux de route** 107
Fernsehapparat **télé** *f* 38 *141*
fernsehen **regarder la télé** 141
Fernsehen **télé** *f* 43 142
Fest *fät* **fête** *f*
fest *färm* **ferme**
Freund/-in (eng) **copin, la copine** *m* 146
festhalten *te'nir* **tenir**
Fete **boum** *f* 155
feucht *ü'mid* **humide**
Feuer *fö* **feu** *m*
Fieber *fjäwre* **fièvre** *f*
Filiale **maison à succursales** *f* 167
Film **film** *m 138 161*
filmen **filmer** 160
Filmkamera **caméra** *f* 160
Filmstar **étoile de ciné/une vedette** *f* 138
Filter **filtre** *m* 160
Finanzen **finance** 142
finden *tru'weh* **trouver** *29 75*
Finger **doigt** *m* 182
Fingernagel *õgle* **ongle** *m*
Fisch **poisson** 57
fischen *pä'scheh* **pêcher**
Fischer **pêcheur** *m* 148
flach **plan** 126
Fläche *ßür'faß* **surface** *m*
Flagge *pawi'jõ* **pavillon** *m*
Flanell **flanelle** *f* 82
Flanierstraße **promenade** *f* 21
Fläschchen **biberon** *m* 164
Flaute **calme** *m* 126
Fleck *tasch* **tâche** *f*
Fledermaus **chaufe-souris** *f* 172
Fleisch **viande** *f* 57 80
fleißig *aßi'dü* **assidu**
Fliege **mouche** *f* 172
fliegen **voler, prendre l'avion** *m* 96 *94*
fliehen *ßãfü'ir* **s'enfuir**
flirten **flirter** 152
Flitterwochen *lün de 'mjäl* **lune de miel** *f*
Flug *94*
Flügel *äl* **aile** *f*
Flughafen **aéroport** *m* 96 *95*
Flugzeug **avion** *m* 88
Fluß **rivière** *f* 98
Flußarm **bras de rivière**
Flüssigkeit/flüssig *likid* **liquide** *(m)*
Flut **marée haute** *f* 124
Format **cadrage** *m* 160
Formular **formulaire** *m* 175
Förster **garde forestier** *m* 148
Fortsetzung *ßü'it* **suite** *f*
Foto **photo** *f* 160
Fotoalbum **album** *m* 160
Fotoapparat **appareil** *m* **photo** 160, 161
Fotogeschäft **atelier** *m* **de photographie** 76
Fotograf **photographe** *m* 160
fotografieren **prendre des photos** 115 *114*
Fotolabor **laboratoire photographique** *m* 160
Foyer **foyer** *m* 136
Fracht **fret** *m* 167
Frage **question** *f*
fragen *demã'deh* **demander**
frankieren **affranchir** 68
Frankreich **France** 142
"Franzose" (Werkzeug) **clé anglaise** *f* 106
Französisch *17*
Frau *fam* **femme** *f*
frei **libre** *33*
Freiheit *libär'teh* **liberté** *f*
Freitag **vendredi** 24 *86*
fremd *eh'träscheh* **étrange**
fressen *bu'feh* **bouffer**
Freude *scho'a* **joie** *f*
Freund/-in **ami,e** 145 *150 152*
freundlich *ã'mable* **aimable**
Freundschaft *amit'jeh* **amitié** *f*
Friedhof **cimetière** *m* 115
frieren (Mensch) **avoir froid** 170

frieren (Wetter) **geler** 170
frisch **frais/fraîche** 77
Friseur/in **coiffeur *m*/ coiffeuse *f*** 76 149
Friseursalon **salon de coiffure *m*** 72
froh, fröhlich *~~seh~~oa'jö* **joiyeux**
Frosch **grenouille *f*** 173
Frucht *frü'i* **fruit *m***
fruchtig **fruité** 61
Fruchtsaft **Jus de fruits** 60
früh *to* **tôt**
früher *~~seh~~a'diß* **jadis**
Frühling **printemps *m*** 25
Frühobst/-gemüse **primeurs *m*** 79
Frühstück **petit déjeuner *m*** 43 *39*
Fuchs **renard *m*** 172
führen *18*
Führerschein **permis *m*** 103, 185
Führung **visite guidée *f*** 115 *114*
fünf **cinq**
Funktaxi *33*
Funktelefon **radiotéléphone *m*** 70
funktionieren *fõkßjɔ'neh* **fonctionner** *105*
für *pur* **pour** *19*
Fuß **pied *m*** 182
Fußball *fut'bɔl* **football *m***
Fußballspiel *matsch* **match *m***
Fußboden *ßɔl* **sol *m***
Fußgängerzone **zone piétonne *f*** 21
Fußweg **bas-côté *m*** 103
füttern **nourrir** 164

## G

Gabel **fourchette *f*** 53
gähnen *ba'jeh* **bâiller**
Galavorstellung **soirée de gala *f*** 136
Galerie **galérie *f*** 115
Gang **couloir *m*** 138
Gangschaltung **changement de vitesse *m*** 107
Gans **oie** 58
ganz *kõ'plä* **complet**
gar nichts *28*
Garage **garage *m*** 103
Garantie **garantie *f*** 167
Garderobe **vestiaire *m*** 136
Gardine *ri'do* **rideau *m***
Garn *fil* **fil *m***
Garnelen **gambas** 59
Garnelen/Krabben **crevettes *f*** 80
(Stadt-) Garten **jardin (public) *m***
Gärtner **jardinier *m*** 149
Gas *gas* **gaz *m***
Gaskartusche **cartouche de camping gaz *f*** 46
Gaskocher **réchaud à gaz *m*** 46
Gaspedal **accélérateur *m*** 107
Gast *ãwi'teh* **invité *m***
Gastgeber *ot* **hôte**
Gate **sortie *f*** 96 *95*
Gebäude **bâtiment *m*** 115 *114*
geben *13 14 16 18*
Gebiet *reh~~seh~~'jõ* **région *f***
Gebirge **montagne *f*** 21
Gebirgspaß **col *m*** 21
geboren (werden) *ätre neh* **(être) né**
gebrochen **cassé** 105 126
Gebühr **commission *f*** 65
Geburt (-ort/-datum/-tag) *nä'ßãnß* **(lieu/ date de) naissance *f*** 28 *25*
Geburtstag haben *awo'ar laniwär'ßär* **avoir l'anniversaire *m***
Gedanke *pã'ßeh* **pensée *f***
Gedicht *pɔ'äm* **poème *m***
Geduld *paß'jãß* **patience *f***
Gefahr **danger *m*** 103
gefährlich *dã~~seh~~ä'rö,ös* **dangereux,se** *122*
Gefälle **déscente *f*** 21
gefallen *plär* **plaire** *39 42 146*
Gefängnis **prison *m*** 184
Geflügel **volaille *f*** 80
gefroren **glacé** 131
Gefühl *ßãti'mã* **sentiment *m***
gefüllt **farci** 58
gegen *kõtr* **contre**
Gegend *reh~~seh~~'jõ* **région *f*** *51*
Gegenstand *ɔb'~~seh~~ä* **objet**
Gegenteil *kõt'rär* **contraire *m***
gegenüber **en face** 22
Gehacktes **Haché** 58
gehäkelt **fait,e au crochet** 82
Gehalt **salaire *m*** 167
Geheimnis *ßäk'rä* **secret *m***
gehen *a'leh* **aller** *19*
geht klar *41*
Geisteswissenschaften **sciences *f* humaines** 148
gelb **jaune** 83
Geld **argent *m*** 185 *20*
Geldautomat **guichet automatique *m*** 29 65
Geldbörse **porte-monnaie *m*** 185
Geldschein *bi'jä de bäk* **billet de banque *m***
Gemälde **tableau *m*** 115
gemeinsam *ã'ßäble* **ensemble**
gemischt **panaché** 58
Gemüse *leh~~seh~~üm* **légume *m***
Gemüseeintopf **Pot-au-feu** 60
Gemüsepfanne **Ratatouille** 60
gemustert **desinné,e** 83
genau *äk'ßakt* **exact**
genießen *~~seh~~u'ir* **jouir**
genug *a'ßeh* **assez**
geöffnet **ouvert,e** 76 *75*
Geographie **géographie *f*** 148
Geologie **géologie *f*** 148
(Hand-) Gepäck **bagage (à main) *m*** 87 93 *29*
Gepäckaufbewahrung **consigne *f*** 87
geplatzt **crevé/e** 105
gerade (aus) *dro'a* **(tout) droit** 22
Geräusch *brü'i* **bruit *m***
gerecht *~~seh~~üßt* **juste**
Gerechtigkeit *~~seh~~üß'tiß* **justice *f***
Gericht **tribunal *m*** 184
Gerichtsstand **juridiction *f*** 167
gering *p'ti* **petit**
gerissen **déchiré** 126
Germanistik **germanistique *f*** 148
Geruch *ɔ'dör* **odeur**
Gesamtschule **(*etwa*) le collège** 147
Geschäft (Musik-) **magasin *m*** 76 *75*
Geschäftsführer/-in **président-directeur général *m*** 167
Geschäftsmann **homme d'affaire**
geschehen *ße pa'ßeh* **se passer**
Geschenk *preh'sã* **présent *m***
Geschichte **histoire *f*** 148
geschieden **divorcé,e** 145
Geschirr (waschen) *wä'ßäl* **(faire) vaisselle *f*** 46
geschlossen **fermé,e** 76
Geschwindigkeit *wi'täß* **vitesse *f***
Geschwister **frères *m* et sours *f*** 146
Gesetz *lo'a* **loi *f***
Gesicht **visage *m*** 181
gespannt (sein) *tã'dü* **tendu**
gesperrt (Straße) **barrée** 102
Gespräch **conversation *f*** 152
Geste *~~seh~~äßt* **geste *m***
Gestell *71*
gestern **hier** 24
gestreift **rayé,e** 83
gestrichen **annulé** 96 *95*
gestrickt **tricoté,e** 82
gesund *ßã* **sain**
Gesundheit *ßã'teh* **santé *f***
Getränk **boisson *f*** 57
Getreide **céréales *f*** 80
getrennt **séparé,e** 145
Getriebe **boîte de vitesse *f*** 107
gewebt **tissu,e** 82
Gewehr *arm* **arme *f***
Gewicht **poids *m*** 68
Gewinne **profits *m*** 167
gewinnen **gagner** 132
Gewitter **orage *m*** 170
gewöhnen an *ßabitü'eh a* **s'habituer à**
Gewohnheit *abi'tüd* **habitude *f***
Gewölbe **voûte *f***
Gipfel *ßɔ'mä* **sommet *m***
Gitarre **guitare *f*** 139
glänzen *bri'jeh* **briller**
Glas (kaputt) **verre *m*** 53 *52 71*
Glatteisgefahr **verglas fréquent** 102
glauben (an) *kro'ar* **croire** *52*
gleich *pa'räj* **pareille**
Gleichfalls! **De même!** 15
gleichmäßig **régulier** 124
gleiten **glisser** 127
Gletscher **glacier *m*** 131
Glocke *clɔsch* **cloche *f***
Glockenturm **clocher *m*** 115
Glück *bɔn'ör* **bonheur *m***
Glück haben **avoir de la reine** 152
(meine) Glückwünsche! **Félicitations!** 15
Glühbirne **ampoule *f*** 44 *41*
Glühwürmchen **luciole *f***
Gold *ɔr* **or**
gold **doré,e** 83
Gondel **funiculaire *m*** 131
(gotische) Kunst **art *m* (gothique)** 115
Gott *d'jö* **dieu *m***
Grabmal **tombeau *m*** 115
Grad **degré *m*** 170
Gramm **gramme** 77
Granatapfel **grenade *f*** 78
Gras *ärb* **herbe *f***
grau **gris,e** 83
greifen *prãdre* **prendre**
(Schnee) Grenze **limite (des neiges) *f*** 131
Grenze *frõt'jär* **frontière *f***
Griff *poan'jeh* **poignée *f***
Grille **cri-cri *m***
grob **gros,grosse** 77
groß **grand,grande** 37 77 *38*
Größe **grandeur *f*** 160
Größe (Kleidung) *taij* **taille *f***
Großeltern *grãpa'rã* **grands-parents *m***
Großmutter **grand-mère *f*** 146
Großvater **grand-père *m*** 146
grün **vert,e** 83
Gruppe *grup* **group *f***
Grüße *ßalütaß'jõ* **satutations *f***
grüßen *ßalü'eh* **saluer**
gucken *regar'deh* **regarder**
gültig **valable**
Gurke **concombre *m*** 79
Gürtel **ceinture *f*** 83
gut *bõ* **bon,ne** *16*
gut (adv) *b'jã* **bien** *40*
Gute Nacht **Bonne nuit** 15
Guten Abend **Bonsoir** 15
guten Morgen! *bõ ma'tã* **bon matin**
Guten Tag **Bonjour** 15
Gymnasiast/-in **le,la lycéen,ne** 149
Gymnasium **(*etwa*) le lycée** 147

## H

Haar/e **cheveux** *m* 181 *72*
Haarschnitt **coiffure** *f* *72*
Haarspray **laque** *f* 72
haben *17 19 28*
Hafen **port** *m* 98
Haft *ãprißɔn'mã* **emprisonnement** *m*
Hagel **grêle** *f* 170
Hahn **coq** 58
Hähnchen *kɔ'schä* **cochet** *m*
halb *de'mi* **demi**
Hälfte *moat'jeh* **moitiè** *f*
Hals (Kehle, Rachen) **gorge** *f* 181
Hals (Nacken) **cou** *m* 181
Halse **amure** *f* 127
Halsweh *mal de 'gɔrseh* **mal de gorge** *m*
halten *33*
Haltestelle **arrêt** *m* 31 89 *32 90*
Hammel **Agneau** 58
Hammer **marteau** *m* 106
Hand **main** *f* 182
Händedruck **poignée de main** *f* 152
Handel **commerce** *m* 168
handgearbeitet **travaillé,e à main** 82
Handgelenk **poignet** *m* 181
Händler *kɔmär'ßã* **commerçant** *m*
Handschuhe **gants** *m* 83
Handtuch **serviette** *f* 40 44
Handwerk *meht'jeh* **métier** *m*
Handwerker/-in **artisan** *m* 149
Harnblase **vessie** *f* 181
hart **dur** 71
Hase **lièvre** 58
häßlich *läd* **laid**
Haufen *ta* **tas** *m*
Hauptsitz **agence** *f* **centrale** 168
Hauptstadt *kapi'tal* **capitale** *f*
Hauptverkehrszeit **heures de pointe** 103
Haus *mä'sõ* **maison** *f*
Hausfrau **ménagère** *f* 149
Haut **peau** *f* 181
heben *125*
Heck **poupe** *f* 98
Heft *ka'jeh* **cahier** *m*
heilig *ßak'reh* **sacré**
Heimat (geogr.) *päj* **pays** *m*
heiraten *mari'jeh* **marier**
heiß **chaud** 170
heißen **s'appeler** 145 *19 68 144*
heiter **clair** 170
heizen *schɔ'feh* **chauffer**
Heizung **chauffage** *m* 107
helfen *ä'deh* **aider** *105 176*
hell **clair** 83
Hemd **chemise** *f* 83
Henkel (Korb) *ãß* **anse** *f*
Herbst **automne** 25
Herd *fur'no* **fourneau** *m*
Hering (Zelt) **piquet de tente** *m* 46
Herkunft *ori'sehin* **origine**
Herr *möß'jö* **monsieur** *78*
herstellen *fabri'keh* **fabriquer**
Herstellung **production** *f* 168
herumstöbern **fouiner** 79
Herz **cour** *m* 181
herzlos *ßã 'kor* **sans cour**
heute **aujourd'hui** 24 *19 25 114*
heute Abend *62*
hier **ici** 22 *13 17 18 32*
Hilfe *äd* **aide** *f 176*
Hilfe! **Au secours!** 123
Himbeere **framboise** *f* 78
Himmel **ciel** *m* 170
Hin-und Rückreise **aller et retour** 87
hinauf *ã_o* **en haut**
Hindernis **obstacle** *m*
hinten *a lari'jär* **à l'arrière** *72*
hinter **derrière** 22
Hinterachse *104*
hintereinander *5 däri'jär lotre* **un dernier l'autre**
hinterlassen *70*
Hintern **derrière** *m* 181
(Hinter-) Rad **roue** *f* **(arrière)** 107
hinunter *ã 'ba* **en bas**
hinzufügen *asehu'teh* **ajouter**
Hirn **cerveille** *f* 80
Hitze **chaleur** *f* 170
hoch **haut** 66 124
Hochschule **université** *f* 147
Hochzeit *mari'jaseh* **marriage** *m*
Hof **cour** *f* 115
hoffentlich *äßpeh'rõ ke* **espérons que!**
Hoffnung *äßpeh'räß* **espérance** *f*
höflich *po'li* **poli**
Höhe *o'tör* **hauteur f**
Höhle **grotte** *f* 113
holen *a'leh schär'scheh* **aller chercher**
Holz *bo'a* **bois** *m*
Honig **miel** *m* 80
hören **écouter** 139
Hornisse **frelon** *m*
(Kinder-) Hort **crèche d'enfants** *f* 164
Hose **pantalon** *m* 84
Hotel **hôtel** *m* 43 *37 147*
hübsch *seho'li* **joli**
Hubschrauber **hélicopter** *m* 88
Huhn **Poulet** 58
Hummer **Homard** 59
Hund **chien** *m* 173
hundert **cent**
hunderttausend **cent-mille**
Hunger haben *awo'ar fã* **avoir faim** 163
Hupe **corne** *f* 107
husten *tu'ßeh* **tousser** *180*
Hut **chapeau** *m* 83

## I

ich *sehe* **je**
Idee *19 135*
Igel **hérisson** *m m*
ihre *28*
im voraus *39*
immer *tu'sehur* **toujours** *62*
Import **importation** *f* 168
importieren *ãpɔr'teh* **importer**
in *dã* **dans**
in diesem Jahr **cette année** 24
in einem Jahr **dans un an** 24
in einem Monat **dans un mois** 24
in einer Stunde **dans une heure** 24
in einer Woche **dans une semaine** 24
in Gedanken sein **être dans la lune** 152
in Ordnung bringen *41*
in sein **être cablé** 155
Inflation **inflation** *f* 66
Information *läfɔrmaß'jõ* **information** *f*
Ingenieur **ingénieur** 149
(Inlands-) Flug **vol** *m* **(national)** 96
Innenstadt **centre-ville** *m* 21 *37*
ins *19*
Insel **île** *f* 98
Institut **institut** *m* 147
intelligent *ãtäli'sehã* **intelligent**
interessant *ãtehrä'ßã* **intéressant**
interessieren (für) *ßätehreh'ßeh* **s'intéresser**
(Internationaler) Flug **vol)** *m* **(international** 96
inzwischen *ãtre'tã* **entre-temps**
irgendein *käl'kõk* **quelconque**
irgendwo *kälke'par* **quelque part**
Irrtum *lä'rör* **erreur** *m*

## J

ja **oui** 13
Jacht **yacht** *m* 87
Jacke **veste** *f* 84
jagen *scha'ßeh* **chasser**
Jahr *ã* **an** *m*
Jahreszeit **saison** *f* 25
Jahrhundert **siècle** *m* 115
jährlich **annuel** 24
Januar **janvier** 25
Jeans **jeans** *m* 84
jede(r, e) *scha'kõ/'kün* **chacun/une**
jedesmal *schak fo'a* **chaque fois**
jedoch *ßpã'dã* **cependant**
jemand (anderen) *käl'kõ* **quelqu'un**
jene (r, s) *ße/ßät* **ce/cette**
jetzt **maintenant** 24 *33*
Joghurt **yaourt** *m* 80
Johannisbeere **cassis** *m* 78
Journalist/-in **le,la journaliste** 149
Jugend *sehö'näß* **jeunesse** *f*
Juli **juillet** 25
Junge *gar'ßõ* **garçon** *m 162*
Juni **juin** 25
Jura **droit** *m* 148
Justiz/Gerechtigkeit **justice** *f*
Juwelier **bijouterie** *f* 76

## K

Kabarett **cabaret** *m* 136
Kabine **cabine** *f* 98
Kabinenseilbahn **télécabine, le téléférique** *f* 131
Kaffee **café** *m* 80 *52*
Kajak **kayak** *m 128*
Kakerlake **cafard** *m*
Kalamares **calmars** 59
Kalb **veau** 58
Kalbshaxe **jarret de veau** 58
Kalkulation **calcul** *m* 168
kalt/Kälte **froid** *(m)* 124 170 *52 123*
Kamm **peigne** *m* 72
kämmen *pän'jeh* **peigner**
kämpfen *lü'teh* **lutter**
Kanadier **canadienne** *f* 128
Kanal **chaîne** *f* 141
Kaninchen **lapin** 58
(Benzin-) Kanister **bidon (d'essence)** *m* 107
Kanu **canoè** *m 128*
Kapelle **chapelle** *f* 115
Kapitän **capitaine** *m* 98
kaputt **cassé** 41 71 *105*
kaputtmachen *ka'ßeh* **casser**
Karaffe Wein **vin en pichet** 60
kariert **aux carraux** 83
Karre **bagnole** *f* 155
(Monats-) Karte **carte (mensuelle)** *f* 31
Kartoffel **pomme de terre** *f* 59 79
Käse **fromage** *m* 80 *16*
Käseladen **crèmerie** *f* 76
Kasse **comptoir** *m* 103
(Musik-) Kassette **K7** 139
Kassettenrecorder **magnétophone** *m* 139
Katalog **documentation** *f* 168
Katalysator **pot catalytique** *m* 107
Katze **chat** *m* 173
kaufen **acheter** 168 *75*
Kaufhaus **grand magasin** *m* 76
Kaufmann/-frau **homme d'affaires** 149
kaum *gär* **guère** *17*
Keilriemen **courroie** *f* 107
kein *o'kõ* **aucun** *17*
keiner *pär'ßɔn* **personne**

Kellner *gar'ßõ* **garçon** *m 62*
kennen *kɔ'nätre* **connaître** *37 51 114*
kennenlernen **faire la connaissance de qn** 153 *150*
Kerl **mec** *m* 155
Kette **chaine** *f* 129
Kiefer **mâchoire** *f* 181
Kies **gravier** *m* 121
Kilo **kilo** *m* 77
(unbegrenzte) Kilometer **kilométrage (illimité)** 111
Kilometer (-pauschale) *kilo'mätre* **kilomètre** *m* **(supplémentaires)** 111 *101*
Kind **enfant** *m* 164
Kinderarzt **pédiatre** *m* 164
Kindergarten **maternelle** *f* 164
Kinderspielplatz **terrain de jeu pour les enfants** *m* 46
Kinderwagen **landau (Liege-), la poussette (Sitz-)** *m* 164 *163*
Kinn **menton** *m* 181
Kino **cinéma** *m* 138 *19 137*
Kirche **église** *f* 115 *113*
Kirsche **cerise** *f* 78
Kissen **oreiller** *m* 43
Kiste *käß* **caisse** *f*
(erste/zweite) Klasse **(première/deuxième) classe** 93
(klassische) Musik **musique (classique)** *f* 139
kleben *kɔ'leh* **coller**
Kleid **robe** *f* 83 *81 151*
Kleider **vêtements** 185
Kleiderbügel **cintre** *m* 43
Kleidergröße *81*
Kleidung *wät'mã* **vêtements** *m*
klein **petit,petite** 37 77 *65*
kleiner/größer **plus petit/plus grand** 82
Kleingeld **monnaie** *f* 66
Kleinigkeit *baga'täl* **bagatelle** *f* 79
Klient *kli'ã* **client** *m*
Klima **climat** *m*
Klimaanlage **climatiseur** *m* 38
Klingel *ßɔ'nät* **sonnette** *f*
klingeln *ßɔ'neh* **sonner**
Klippe **brisant** *m* 121
klopfen *fra'peh* **frapper**
Kloster **monastère** *m* 115
klug *ätäli'~~seh~~ã* **intelligent**
Knie **genou** *m* 182
Kniescheibe **routule** *f* 181
Knoblauch **ail** *m* 78 79
Knöchel **cheville** *f* 181
Knochen **os** *m* 181
Knopf *bu'tõ* **bouton** *m*
Knoten **noeud** *m* 127
Koch/Köchin **cuisinier** *m* 149
kochen *fär la küi'sin* **faire la cuisine**
Kochtopf *mar'mit* **marmite** *f*
Koffer **valise** *f* 89 *28*
Kofferkuli **chariot à bagages** *m* 29
Kofferraum **coffre** *m* 107
Kohl **chou** *m* 79
"Kohle" (Geld) **fric** *m* 155
Kolben **piston** *m* 107
komfortabel **comfortable** 37
kommen *we'nir* **venir** *13 18 20*
Kompaß **boussole** *f* 128
Kompliment *kõpli'mã* **compliment** *m*
Konditorei **pâtisserie** *f* 76
Kondom/Pariser **préservatif** *m*/**la capote anglaise** 153 175 *152*
König *ro'a* **roi** *m*
Königin *rän* **reine** *f*
Konkurrenz **concurrents** *m* 168
können *puwo'ar* **pouvoir** *13 23*
Konsequenz *kõßeh'käß* **conséquence** *f*
Kontakt (elektr.) **prise de courrant** *f* 107
Kontaktlinsen **lentilles cornéennes** *71*
(Paß-) Kontrolle **contrôle** *m* **(des passeports)** 28 103
kontrollieren *110*
Konzern **groupement d'entreprises** *m* 168
Konzert **concert** *m* 136
Konzert-Café **café-concert** *m* 136
Kopf **tête** *f* 182
Kopfkissen **oreiller** *m* 40 44
Kopfsalat **laitue** *f* 79
Kopfweh *mo de 'tät* **maux** *m* **de tête**
Korken **bouchon** *m* 61
korkig **bouchonné** 61
Körper *kɔr* **corps** *m*
Körpergröße **taille** *f*
Kost und Logis **table et la logis** *f* 43
kosten *ku'teh* **coûter** *33 38 72*
kostenlos **gratuit** 168
Krabben **crevettes** 59
Krach *brü'i* **bruit** *m*
Kraft *fɔrß* **force** *f*
Kraftfahrer **chauffeur** *m* 149
krank (werden) *tõ'beh ma'lad* **(tomber) malade** *176*
Krankenhaus **hôpital** *m* 175
Krankenhausaufenthalt **séjour à l'hôpital** *m* 175
Krankenhausbehandlung **hospitalisation** *f* 175
Krankenpfleger/-schwester **infirmier,-ère** 149
Krankenwagen *176*
Krankheit **maladie** *f* 175
Krapfen **beignet** 60
(Provence) Kräuter **herbes** *f* **(de provence)** 78 79
Gewürze **épices** *m*
Kräutertee **infusion** 60
Krawatte **cravatte** *f* 83
Krebs **écrevisse** *f* 80
Kredit (-karte) **carte** *f* **de crédit** *m* 66 168 *42*
Kreis *ßärkle* **cercle** *m*
Kresse **cresson** 57 59
Kreuz *kro'a* **croix** *m*
Kreuzung **carrefour** *m* 22 21
Krieg *gär* **guerre** *f*
Kriminalpolizei **police judiciaire** *f* 184
kritisieren *kriti'keh* **critiquer**
krumm *20*
Küche *küi'sin* **cuisine** *f*
Kuchen **tarte** 60
Kugellager **roulement à billes** *m* 107
Kuh **vache** *f* 173
kühlen *rehfri~~seh~~eh'reh* **réfrigérer**
Kühler **radiateur** *m* 107 *104*
Kühlerhaube **capot** *m* 107
Kühlschrank **frigo** *m* 43
Kühlwasser **eau** *f* **de refroidissement** 107
Küken **poussin** *m*
Kultur (-/Feuilleton) *kül'tür* **culture** *f* 142
Kulturfilm **documentaire** *m* 138
Kunde **client** *m* 168
Kunst *ar* **art** *m*
Künstler **artiste** 149
künstlich **aritficiel** 82
Kunstwerk *owre artiß'tik* **ovre artistique**
Kuppel **dôme** *m* 115
Kupplung **embrayage** *f* 107
Kurs *64*
Kursbuch **indicateur** 87
Kurve **virage** *m* 103
kurz *kur* **court** 124 *72 82*
Kurzfilm **court métrage** *m* 138
Kurzschluß **court-circuit** *m* 105
kurzsichtig **myope** 71
Kurzwelle **petites ondes** *f* 141
Kuß *bi'su* **bisou** *m*
Küßchen geben **faire la bise** 153
küssen *ãbra'ßeh* **embrasser**
Küste *kot* **côte** *f*
Kutteln **tripes** *f* 80

## L

lächeln *ßu'rir* **sourire**
lachen *rir* **rire**
Lachs **saumon** 59
Laden *maga'sã* **magasin** *f*
Ladung *schar~~seh~~* **charge** *f*
Laienschauspieler **le/la comédien/ne** 136
Lampe **lampe** *f* 44
Land *tär* **terre** *f*
landen **atterrir** 96 *95*
Landkarte *kart turiß'tik* **carte touristique** *f*
Landschaft *paj'ßa~~seh~~* **paysage** *m* 21
Landung **atterrissage** *m* 96
Landwirt **agriculteur** *m* 149
lang *lõ* **long** 124
lange *18*
Länge *lõ'gɔr* **longueur** *f*
länger (als) **plus long** 82 *38*
Langeweile *ãnü'i* **ennui** *m*
langsam **lent** 33 *17 69*
Languste **langouste** 59
langweilen *ãnüi'jeh* **ennuyer**
langweilig *ãnüi'jã* **ennuyant**
Langwelle (Radio) *grãds_õd* **grandes ondes** *f* 141
Lärm *brü'i* **bruit** *m*
lassen *lä'ßeh* **laisser**
Lastwagen **camion** *m* 87
lau **tiède** 170
Lauch **poireau** 59
laufen *ku'rir* **courir** *18*
Laus **pou** *m*
laut *fɔr* **fort**
Lautsprecher **haut-parleur** *m* 93
leb wohl! *ad'jö* **adieu**
leben **vivre** 145
Leben *wi* **vie** *f*
Lebensmittel *wiwre* **vivres** *m*
Lebensmittelgeschäft **épicerie** *f* 76
Leber **foie** *m* 80
lebhaft *wif* **vif**
Leder **cuir** *m* 82
ledig **célibataire** 145
leer *wid* **vide**
Leerlauf **marche à vide** *f* 107
Lehrer/-in **le,la prof(esseur)** 149
leicht **léger** 61
leihen *ãprõ'teh* **emprunter**
Leine *läß* **laisse** *f*
Leinen **lin** *m* 82
Leinwand **écran** *m* 138
leise *fäble* **faible**
Leiter *leh'schäl* **échelle** *f*
Lenkrad **volant** *m* 108
lernen *a'prãdre* **apprendre** *146*
lesen *lir* **lire**
letzte/r *94* 102
Leute *~~seh~~ã* **gens** *m*
Licht **lumière** *f* 43
Lichtschalter **interrupteur** *m* 43
lieb *schär* **cher**
Liebe (auf den ersten Blick) *a'mur* **amour** *f* 153
lieben *ä'meh* **aimer** *152*
lieblich **moelleux** 61
Lied **chanson** *f* 139
Liedermacher **chansonnier/ère** 139
Lieferant **fournisseur** *m* 168
Lieferung *142*
Lieferzeit **terme de livraison** *m* 168
Liege **couchette** *f*
Liege/wagen **couchette** *f* 92 93 121
(Life-) Musik **musique (au vivant)** *f* 139
Linie (Nr.) **ligne (numéro)** *f 90 34*
(Linien-) Flug **vol (de ligne)** *m* 96
links **à gauche** 22 102
Linsen **lentilles** 59
Lippe **lèvre** *f* 181

(Preis-) Liste **liste (des prix)** *f* 168
Liter **litre** *m* 77 *110*
Lizenz **licence** *f* 168
Loch *tru* **trou** *m*
Lockenwickler **papilotte** *f* 72
locker **branlant** 105
Löffel *küi'jär* **cuillère** *f* 53
Loge **loge** *f* 136
Lokomotive *lokomɔ'tif* **locomotive** *f*
löschen *dehschar'~~sch~~eh* **décharger**
lose *dehga'scheh* **dégagé**
losen *ti'reh* **tirer**
losfahren **partir** 103
Luchs **lynx** *m*
Luft *är* **air**
Luftfracht **fret aérien** *m* 168
Luftmatratze **matelas pneumatique** *m* 43
(mit) Luftpost **par avion** 68
Luftpost *pɔßt aehri'jän* **poste aérienne** *f*
Lüge *mã'sõ~~sch~~eh* **mensonge** *m*
Lunge **poumon** *m* 181
Lust haben *awo'ar ã'wi* **avoir envie** *123*
lustig **rigolo** 156
Luxus *lükß* **luxe** *m*

## M

machen **faire** 155 *16*
Macht *fɔrß* **force** *f*
Magen **estomac** *m* 181
mager *mägre* **maigre**
Mahlzeit *re'pa* **repas** *m*
Mai **mai** 25
Mal *146*
malen *pãdre* **peindre**
Maler **peintre** *m* 115
man *õ* **on** *13 18 42*
manchmal **quelquefois** 24
Mandel **Amande** 60
Mann *ɔm* **homme**
Mantel **manteau** *m* 83
Marder **martre** *f*
Marienkäfer **coccinelle** *f*
Marke **marque** *f* 168
Markthallen **halles** 115
Markt (-platz) *plaß dü mar'scheh* **(place du) marché** *m* 21
Marktstand **étal** *m* 79
März **mars** *25*
Maschine *ma'schin* **machine** *f 94*
Maschinenbau **construction méchanique** *f* 148
Mast **mât** *m* 127
Mathe(matik) **math(ématiques f)** 148
Matrose *ma'rã* **marin** *m*
Maul *gɔl* **gueule** *f*
Mauer *mür* **mur** *m*
Maulbeeren **Mûres** 60
Maurer **maçon** *m* 149
Maus **souris** *f*
Mautstelle **péage** 102
Mechaniker **méchanicien** *m* 149
Medikament *177*
Medizin **médecine** *f* 148
Meer *mär* **mer** *f 39 123*
Meeresgrund **fond de la mer** *m* 121
Mehl *fa'rin* **farine** *f*
mehlig **farineux,farineuse** 77
mehr *plü* **plus (de)**
mehrere *plüs'jɔr* **plusieur**
meinen *ätre da'wi* **être d'avis** *m*
Meinung *a'wi* **avis** *m 166*
meistens *la plü'par dü 'tã* **plupart du temps** *f*
melden *ã'fɔrmeh* **informer**
Melone **melon** 60
Menge **quantité** *f* 168
Mensch *ɔm* **homme** *m*
Menü *51*
merkwürdig *küri'jö* **curieux**
Messe **foire** *f* 168
Messer **couteau** *m* 53
Metall *meh'tal* **métal** *m*
Meter *mätre* **mètre** *m*
Metermaß *mä'sür* **mesure** *f*
Metzger **charcutier** *m* 149
Metzgerei **boucherie** *f* 76
mieten **louer** 98 *111*
Milch (-kaffee) **lait** *m* 80 *14*
mild **doux** 170
Milieu *mil'jö* **milieu** *m*
(eine) Million **million** *m*
Mineralwasser **eau minéral** 60
Minibus **minibus** *m* 87
Minirock **mini-jupe** *f* 84
Minister *mi'nißtre* **ministre** *m*
Minute *mi'nüt* **minute** *f 92*
mir, mich *mo'a* **moi** *16 19*
mißbrauchen *abü'seh* **abuser**
Mist *märde* **merde** *f*
Mißverständnis *malãtã'dü* **malentendu** *m*
mit *a'wäk* **avec** *19*
mitnehmen *97*
Mittag *mi'di* **midi** *m* 24
Mittagessen *deh~~sch~~ö'neh* **déjeuner** *m*
Mittagsschlaf **sieste** *f* 164
Mitte *ßätre* **centre** *m*
mitteilen *kɔmüni'keh* **communiquer**
Mittelalter **Moyen Âge** *m* 115
Mittelwelle (Radio) *õd mɔ'jän* **ondes** *f* **moyennes**
Mittwoch **mercredi** 24
modern **moderne** 82
Mofa **mobylette** *f* 87
mögen *ä'meh* **aimer** *14 16*
möglich *pɔ'ßible* **possible** *71*
Moment *mõ'mã* **moment** *m*
Monat **mois** *m* 25
Mond **lune** *f*
Mondschein *klär de 'lün* **clair de lune** *m*
Montag **lundi** 24 *97*
Moped **cyclomoteur** *m* 88
Morgen *ma'tã* **matin** *m*
morgen (früh/abend) *de'mã ma'ã/ßo'ar* **demain (matin/soir)** *24 72 97*
morgens **matin** *m* 24
Mosaik **mosaiquée** *f* 115
Moschee **mosquée** *f* 115
Motiv **motif** *m* 160
Motor **moteur** *m* 108 *104*
Motorrad **moto** *f* 46
Mücke **moustique** *f* 172
müde *fati'geh* **fatigué**
müde werden *ße fatigü'eh* **se fatiguer**
mühsam *peh'nible* **pénible**
Müll **ordures** *f*
Mülleimer *pu'bäl* **poubelle** *f*
Mund **bouche** *f* 181
Münze **pièce** *f* 66
Muscheln **coquilles** *f* 80
Museum **musée** *m* 115
Musik **musique** *f 139*
Musiker/-in **musicien** *m* 149
Muskel **muscle** *m* 181
müssen *il 'fo ke* **il faut que** *19 32*
Muster **dessin** *m* 83
Mut *ku'ra~~sch~~* **courage** *m*
Mutter **mère** *f* 146
Mütze (mit Schirm) **casquette** *f* 83
Mütze (ohne Schirm) **bonnet** *m* 84

## N

nach *a'prä* **après** *20*
Nachbar *woa'sã,sin* **le/la voisin,e**
nachdem *a'prä ke* **après que**
nachher *äßü'it* **ensuite**
nachmittags **après-midi** *m* 24
Nachricht **nouvelle** *f 70 141*
Nachrichtensendung **informations** *f* 141
nächste *33 90*
nachstellen **ajuster** 24
Nacht *nü'i* **nuit** *f 39 152*
Nachtisch **dessert** 57
nackt *nü* **nu**
Nadel *eh'pãgle* **épingle**
Nähe *18*
nahe (bei) **près de** 33 022
nähen *kudre* **coudre**
Nähmaschine *ma'schin a kudre* **machine à coudre** *f*
Nahrung *nuri'tür* **nourriture** *f*
(Nach-) Name *nõ de fa'mij* **nom (de famille)** *m* 28
naß *mui'jeh* **mouillé**
Nase **nez** *m* 181
Nation *naß'jõ* **nation** *f*
Natur *na'tür* **nature** *f*
natürlich **naturel** 82
Nebel **brouillard** *m* 170
neben(an) **à côté** 22
Neffe **neveu** *m* 146
Negativ **négatif** *m* 160
nehmen *prãndre* **prendre** *19*
Neid *~~sch~~alu'ßi* **jalousie** *f*
neidisch sein *~~sch~~alu'seh* **jalouser qn**
nein **non** 13
Nelke **clou de girofle** *m* 78
Nerv **nerf** *m* 181
Nervensystem **système nerveux** *m* 181
nervös *när'wö* **nerveux**
nett *~~sch~~ã'tij* **gentil**
Netz **filet** *m* 132
neugierig *küri'jö* **curieux**
Neuigkeit *nu'wäl* **nouvelle** *f*
neulich *otre ~~sch~~ur* **autre jour**
Neumond *nu'wäl lün* **nouvelle lune** *f*
neun **neuf**
nicht *ne pa* **ne...pas**
Nichte **nièce** *f* 146
Nichtraucherabteil **compartiment non-fumeur** *m* 92
nichts *ri'jã* **rien**
nie **jamais** 24
Niederschlag **précipitations** *f*
niedlich *~~sch~~o'li* **joli**
niedrig **bas** 66 124
niemand *pär'ßɔn* **personne**
Niere **rognon** 58
nirgends *nül 'par* **null part**
noch *ã'kɔr* **encore** *18 41 52*
noch nicht *pas_ã'kɔr* **pas encore**
Nord/en *nɔr* **nord** *m* 124
nördlich (von) *dü nɔr* **du nord**
Nordost **nord-est** 124
Nordwest **nord-ouest** 124
normal *nɔr'mal* **normal** *72*
(Normal-) Benzin **ordinaire** *f 110*
Not *bes'wã* **besoin** *m*
(Not-) Ausgang **sortie (de sécours)** *f* 96
notieren *nɔteh* **noter**
November **novembre** 25
nuckeln **sucer** 164
Nudeln **pâtes** *f* 80
null **zéro**
Nummer *nümeh'ro* **numéro** *m 32*
Nummernschild **plaque (d'immatriculation)** *f* 108
nun *mãt'nã* **maintnent**
nur *ßɔl'mã* **seulement**
(Muskat-) Nuß **noix (de muscade)** *f* 59 78
nützlich *ü'til* **utile**

## O

Obelisk **obélisque** *m* 115
oben **en haut** 22 *72*
oberhalb *od'ßü de* **au-dessus de**
Objektiv **objectif** *m* 160
Obst **fruits** *f* 78
obwohl *mäm 'ßi* **même si**
Ochse *bof* **bouf** *m*
oder *u* **ou** *37*
Ofen *le fur'no* **fourneau** *m*
offen *u'wär* **ouvert**

öffnen *uw'rir* **ouvrir** 28 32 75 93
Öffnung (-zeiten) *uwär'tür* **ouverture** *114*
oft **souvent** 24
ohne *ßã* **sans**
Ohr/en **oreille** *f* 181 *158*
Oktober **octobre** 25
Öl **huile** *m* 164 *104*
Ölpest **marée noire** *f* 121
Ölstand **niveau d'huile** *m* 108
Ölwechsel **vidange** *m* 108
Omnibus **bus** *m* 103
Onkel **oncle** *m* 146
Oper **opéra** *f* 115
Operation **opération** *f* 175
Optiker/-in **opticien** *m* 76 149
optimistisch *ɔpti'mißt* **optimiste**
Orange *ɔ'rã~~sch~~* **orange** *f*
orange **orange** 83
Orchester **orchestre** *m* 136
ordinär *triw'jal* **trivial**
Ordnung bringen *mätre kälk'schos ã_'ɔrdre* **mettre qc en ordre**
Oregano **origan** *m* 78
organisieren *ɔrgani'seh* **organiser**
Orgel **orgue** *f* 115
original **original** 138
Ort *l'jö* **lieu** *m 114*
Ortsgespräch **appel** *m* **local** 70
Ost/en *äßt* **est** 124
Ostern *plak* **Plâques** *m*
Österreicher/in **autrichien/ne** 145

## P

Päckchen *p'ti pa'kä* **petit paquet** *m 67*
packen *ãpoan'jeh* **empoigner**
Paddel **pagaie** *m* 128
paddeln **pagayer** 128
Paket **paquet** *m* 68
Palast **palais** *m* 115
Panne **panne** *f* 103 *104*
Papier/e *pap'jeh* **papier/s** *m* 185
Paprika (schote) **poivron** *m* 59 79
Park **parc** *m* 115
parken **garer** 103 *39*
Parkgebühr **taxe de stationnnement** *f* 103
Parkplatz (überwacht) **parking (surveillé)** *m* 21 103
(Reise-)Paß *paß'pɔr* **passport** *m* 66
passen *165*
passieren *13 104*
Pasta (Nudeln) **Pâtes** 57
Pastete **pâté** 57
Pastis *62*
Patient *kli'ã,ãt* **client,e** *m*
Pause *pos* **pause** *f*
Pech *po'aß* **poisse (arg.)** *f*
Pech haben *awo'ar la deh'wän* **avoir la déveine**
peinlich *~~sch~~ä'nã* **gênant**
Penis **pénis** *m* 181
(Halb-) Pension **(demi-) pension** *f* 43
Person **personne** *f* 46 *37*
Personalausweis **carte d'identité** *f* 28 *65*
Petersilie **Persil** 59
(dünner) Pfannkuchen **crêpe** *f* 60
Pfarrer **curé(kath.)/le pasteur(ev.)** *m* 149
Pfeffer **poivre** 59
Pfeife *bu'fard* **bouffarde** *f*
Pfeiler **pilier** *m*
Pferd **cheval** *m* 172
Pfifferling **girolle** *f* 79
Pfirsich **pêche** 60
Pflanze *plãt* **plante** *f*
pflanzen *plã'teh* **planter**
Pflaster **pansement** *m* 175
Pflaume **prune** 60
Pfund **livre** *m* 78
Philosophie **philo(sophie)** *f* 148
Physik **physique** *f* 148
Physiker/-in **physicien** *m* 149
(Antibaby-) Pille **pilule (du lendemain/ anticonceptionelle)** *f* 153 175
Pilot/-in **pilote** *m* 96 149
Piste **piste** *f* 131
Pistole **pistolet** *m* 185
PKW **voiture** *f* 46
Plakat **affiche** *f*
Platten *104*
Plattenspieler *turne'dißk* **tourne-disque** *m*
Platz (frei) **place** *f 93*
Platzkarte **ticket de réservation** *m* 92 93
plötzlich *tuta'ku* **tout à coup**
Politik **politique** 142
Politologie **sciences politiques** 148
(Verkehrs-) Polizei **police (routière)** *f* 21 103
Polizei (-revier/-wagen) **(poste/ voiture) de police** *m* 185
Polizist **agent** *m* **de police** 185
Pommes frites *frit* **frites** *m*
(Pop-) Musik **musique (pop)** *f* 139
Portal **portail** *m* 115
Porto **port** *m* 68
Post **P.T.T.** 21 *68*
Postamt **bureau de poste** *m* 68 *18*
Post (-fach/-karte) **(boîte/carte) postale** *f* 68
postlagernd **poste restante** 68
Postsparbuch **livret d'épargne postal** *m* 66
Prachtstraße **avenue** *f*
Präsident *prehsi'dã* **président** *m*
Preis *pri* **prix** *m* 169
preiswert *bõmar'scheh* **bon marché**
Premiere **première** *f* 136
Presse **presse** *f* 142
Priester **prêtre** *m* 115
privat *pri'weh* **privé**
pro Tag *128*
(aus)probieren *äßä'jeh* **essayer**
Problem *prɔb'läm* **problème** *m*
Prospekt **prospectus** *m* 168
Prost Neujahr! **Bonne année!** 15
Provision **guette** *f* 168
Prozeß **procès** *m*
Prügel *ro'seh* **rosée** *f*
Psychologie **psychologie** *f* 148
Puder **poudre** *f* 164
Pullover **pull** *m* 84
Pumpe **pompe** *f* 129
pünktlich **à l'heure** 96
Puppe **poupée** *f* 164
putzen *nätoa'jeh* **nettoyer**
Putzfrau *fam de meh'na~~sch~~* **femme de ménage** *f*

## Q

quälen *tɔrtü'reh* **torturer**
Qualität **qualité** *f* 168
Quark **fromage blanc** *m* 80
Quelle **source** *f* 113
quietschen *41*
Quittung **quittance** *f* 66

## R

Rabatt **réduction** *f* 76
Rabe **corbeau** *m*
(Vorder-) Rad **roue (avant)** *f* 108 109
radfahren *a'leh a bißik'lät* **aller à bicyclette**
Radierung **eau-forte** *f*
Radio (Empfänger/ Recorder) **poste de radio** *f* 38 139 141 *140*
Rahmen **cadre** *m* 108
rasen **aller à toute vitesse** 103
Rasierapparat **rasoir électrique** *m*
rasieren **faire la barbe** 72
Rasierklinge **lame de rasoir** *f* 44
Raststätte/Parkplatz **aire** 102
Rat (geben) *dɔ'neh õ kõ'ßäj* **(donner un) conseil** *m*
raten (zu) *kõßäi'jeh* **conseiller (à)**
Rathaus **hôtel** *m* **de ville**
Ratte **rat** *m* 173
Rauch *fü'meh* **fumée** *f*
rauchen *fü'meh* **fumer** *93*
Raucher/Nichtraucher **fumeur/non-fumeur** 93 *95*
Raum *schãbre* **chambre** *f*
räumen *42*
Rauschgift **drogue** *f* 185
Rebsorte **cépage** *m* 61
rechnen *kalkü'leh* **calculer**
Rechnung (ausstellen) *fär ün fak'tür* **(faire une) facture** 168
Recht **droit** *m*
rechts **à droite** 22 102
rechts (von) *ala dro'at* **à la droite (de)**
Rechtsanwalt/-anwältin **advocat** 149
reden **parler (du tout)** 153
Regel *rägle* **règle** *f*
Regen **pluie** *f* 170
Regenbogen **arc-en-ciel** *m* 170
Regenschauer **averse f, la saucée** 170
Regenschirm *paraplü'i* **parapluie** *m*
Regierung *guwärn'mã* **gouvernement** *m*
(regionale) Küche *51*
Regisseur **metteur en scène** *m* 136
regulieren *rehg'leh* **régler**
Reh **chevreuil** 58
Reichtum *ri'schäß* **richesse** *f*
reif **mûr,e** 78
Reifen **pneu** *m* 108
Reihe **rangée** *f* 138
Reihenfolge *ɔrdre* **ordre** *m*
reingelegt werden **se faire rouler** 79
reinigen **nettoyer**
(chemische) Reinigung *nätoa'ja~~sch~~ (a 'ßäk)* **nettoyage (à sec)** *m*
Reinigung **teinturerie** *f* 76
Reis **riz** *m* 80
Reise (büro) *woa'ja~~sch~~* **(agence** *m* **de) voayage** *m 94*
Reisebus **car** *m* 88
Reiseführer **guide** *m* 87
reisen **voyager** 87
Reisepaß **passeport** *m* 185 *65*
Religion *räli~~sch~~'jõ* **religion** *f*
Rennen *kurs* **course** *f*
Rentner/-in **le,la retraité,e** 149
Reparatur **dépannage** 106
reparieren **réparer** 106 *41 71*
Reportage **réportage** *m* 141
Reporter **réporter** *m* 142
(Reserve-) Rad **roue (de secours)** *f* 108
reservieren **réserver** 43
Rest *33*
Restaurant *räßtɔ'rã* **restaurant** *m 51 135*
retten *ßo'weh* **sauver**
Rettung *ßow'ta~~sch~~* **sauvetage** *m*
Rettungsboot/-ring **canot/bouée de sauvetage** *m* 98 121 *123*
Rezeption **bureau d'acceuil** *m* 46
Richter/-in **juge** *m*
richtig *~~sch~~üßt* **juste**
Richtung **direction** *f* 103 *34*
riechen *ßã'tir* **sentir**
Rind **Bouf** 58
Ring *bag* **bague** *f*
Rippe **côte** *f* 181
Risiko (eingehen) **(courir un) risque** 153
Rock **jupe** *f* 84
(Rock-) Musik **rock** *m* 139
roh *krü* **cru**
Rohkost **crudités** 57

Rohstoff **matière première** *f* 168
rollen *ru'leh* **rouler**
Roller **scooter** *m* 87
Rollfeld **aire** *f* **d'atterrissage et de décollage** 96
Rollsplitt **gravillons** 102
Roman *rɔ'mã* **roman** *m*
Romanistik **étude** *f* **des langues latines** 148
romantisch **romantique** 116
Röntgenaufnahme **radiographie** *f* 175
rosa **rose** 83
Rose *ros* **rose** *f*
Rosmarin **romarin** *m* 78
rot **rouge** 57 83
(rote) Fahne **drapeau (rouge)** *m* 121
Rotwein **vin rouge** 60 *19*
Rücken **dos** 58 *123*
Rückfahrkarte **aller et retour** *m* 87 92
Rückgabe **reddition** *f* 111
Rückkehr *re'tur* **retour** *m*
Rucksack **sac à dos** *m* 185
Rücksicht *mehna~~seh~~'mã* **ménagement** *m*
Rücksichtslosigkeit *mãk deh'gar* **manque d'égards** *f*
Rücksitz **fond** *m* 108
Rückspiegel **rétroviseur** *m* 108
rückwärts **en arrière** 22
Ruder **rame** *f* 128
rudern **ramer** 128
Rudersport **aviron m/ le canotage** 128
rufen *ap'leh* **appeler** *42*
Ruhe *ßi'läß* **silence** *f*
ruhig *ßiläß'jö* **silencieux** 37
Rührei *ɔm'lät* **omelette** *f*
Ruine **ruine** *f* 116 *114*
rumbrüllen **gueuler** 155
rund *rõ* **rond**
Rundfahrt **promenade** *f* 116
Rundfunkstation **station émettrice** *f* 141

# S

Sache **chose** *f* 17
Sachen *42*
Sack *sak* **sac** *m*
Saft ~~*sehü*~~ **jus** *m*
Säge *ßi* **scie** *f*
Sahne **crème** *f* 80
Saison *sä'sõ* **saison** *f*
Sakko **veston** *m* 84
Salat **salade** *f* 57 79
salut **Hallo** 15
Salz **sel** *m* 53
sammeln *fär la kɔläkß'jõ* **faire la collection** *68*
Samstag **samedi** 24
Sand **sable** *m* 121
Sandalen **sandales** *f* 84
Sandburg **palais à sable** *m* 121
Sandschaufel **pelle de sable** *f* 121
Sanitäranlage **installations** *f* **sanitaires** 46
satt *ßatiß'fä* **satisfait**
Sattel **selle** *f* 108
Satz *fras* **phrase** *f*
sauber *prɔpre* **propre**
saubermachen *nätoa'jeh* **nettoyer**
sauer *ägre* **aigre**
Sauerkraut **choucroute** 59
saufen *pikɔ'leh* **picoler**
Säugling **nourisson** *m* 164
Säure **acidité** *f* 61
Schachtel *kar'tõ* **carton** *m*
Schaden **dommage** *m* 127
Schaf **mouton** *m*
Schaffner *kõtrɔ'lɔr* **contrôleur** *m*
Schallplatte (-spieler) **(tourne-) disque** *m* 139
Schalter **guichet** *m* 31
schämen *awo'ar öt* **avoir honte**
Schatten **ombre** *m* 46
schattig **ombreux** 37
schätzen *äßti'meh* **estimer**
schauen *81*
Schaufenster *witre* **vitrine** *f*
Schaukel **balançoire** *f* 164
Schauspiel **spectacle** *m* 136
Schauspieler/-in **tragédien/ne** 136 149
Scheck **chèque** *m* 66 *65 75*
Scheibe **pare-brise** *m* 110
Scheibenwischer **essuie-glace** *m* 108
Schein **billet** *m* 66
Scheinwerfer **phare** *m* 108
Scheiße **merde** *f* 155
Scheitel **raie** *f* 72
schenken *dɔ'neh* **donner** *19*
Schere *ßi'so* **ciseaux** *m*
Scherz **blague** *f* 153
scherzen **rigoler** 153
Schicksal *däß'tã* **destin** *m*
schieben *pu'ßeh* **pousser**
schief *ɔb'lik* **oblique**
schielen **loucher** 71
Schiff **bateau** *m* *98*
Schild *pa'no* **panneau** *m*
schimpfen *grõ'deh* **gronder**
Schimpfwort *gro'mo* **gros-mot** *m*
Schinken **jambon** *m* 80
Schlachter **boucher** *m* 149
Schlaf *ßɔ'mäj* **sommeil** *m*
schlafen **dormir** 43
schlafen gehen *ße ku'scheh* **se coucher**
Schlafsack **sac de couchage** *m* 46
Schlafwagen **wagon-lit** *m* 92 93
Schlafzimmer *schãbre a ku'scheh* **chambre à coucher** *f*
schlagen *batre* **battre**
Schlägerei **bagarre** *f* 185
Schlagloch **flache** *f* 103
Schlagsahne **chantilly** 60
Schlange **serpent** *m* 173
Schlange stehen *fär la kö* **faire la queue**
schlank *ßwält* **svelte**
schlau *ma'lã* **malin**
schlecht **mauvais** 170
schleifen **meuler** 105
schleppen **traîner** 103
Schleuse **écluse** *f* 128
Schleusenwärter **éclusier** *m*
schließen *fär'meh* **fermer** *75*
Schließfach **consigne automatique** *f* 29 *40 42*
schließlich *ã'fã* **enfin**
schlimm *graw* **grave**
Schloß **château** *m* 116
Schlosser **serrurier** *m* 149
Schlucht **gorges** *f* 113
Schlüssel **clés** *f* 185
schmal *ehtro'a* **étroit**
Schmerz *du'lor* **douleur** *f*
Schmerzen *176 180*
Schmetterling **papillon** *m* 173
schminken *maki'jeh* **maquiller**
Schmuck **bijoux** *m* 185
schmutzig *ßal* **sale** *41*
Schnabel *bäk* **bec** *m*
Schnaps (Lebenswasser) **eau** *f* **de vie** 60 79
Schnecke **escargot** *m* 57 173
(Pulver) Schnee **neige (poudreuse)** *f* 131 170
Schneemann **bonhomme de neige** *m* 131
schneiden **couper** *72*
Schneider/-in **tailleur** *m* 149
Schneiderei **atelier** *m* **de couture**
schnell **rapide** 33 *71*
Schnittlauch **ciboulette** *f* 79
Schnitzel **escalope** 58
Schnorchel **schnorchel** *m* 121
Schnupfen *rüm de ßär'wo* **rhume de cerveau** *m*
Schnur *kɔrd* **corde** *f*
Schnurrbart **moustache** *f* 72
Schokolade *schɔkɔ'la* **chocolat** *m*
schon *90*
schön **beau** 170
Schönen Tag/Abend! **Bonne journée/ soirée!** 15
Schönheit *bo'teh* **beauté** *f*
Schrank **armoir** *m* 43
Schraube **vis** *f* 106
Schraubenschlüssel **clé à écrous** *f* 106
Schraubenzieher **tournevis** *m* 106
Schreck *frä'jɔr* **frayeur** *f*
schrecklich *ɔ'rible* **horrible**
Schrei *kri* **cri** *m*
schreiben *eh'krir* **écrire** *17*
Schreibpapier **papier à écrire** 40
Schreibtisch *bü'ro* **bureau** *m*
Schreibwarengeschäft **papeterie** *f* 76
schreien *kri'eh* **crier**
Schreiner/-in **menuisier** *m* 149
schriftlich *eh'kri* **écrit**
Schriftsteller/-in **écrivain** 149
Schritt *pa* **pas** *m*
schüchtern *ti'mid* **timide**
Schuhe (-geschäft) **(magasin de) chaussures** *f* 76 83 84
Schuhgröße *81*
Schuhmacher **cordonnier** *m* 149
schuld sein an *ätre ku'pable de* **être coupable de**
schulden *dewo'ar* **devoir**
(Handels-)Schule **école** *f* **(commerciale)** 147 164
Schüler/-in (jung) **élève** 149
Schüler/-in (älter) **le,la collègien,ne** 149
Schulter **épaule** *f* 182
Schüssel *tä'rin* **terrine** *f*
schütteln *ßeku'eh* **secouer**
Schutzhelm **casque de protection** *m* 103
schwach *fäble* **faible**
schwächer werden **s'amortir** 105
Schwager, Schwägerin **beau-frère, la belle-sour** *m* 146
Schwangerschaftstest **test de grossesse** *m* 175
Schwangerschaftsverhütung **contraceptif** *m* 153
schwarz **noir,e** 83
(Schwarzweiß-) Film **pellicule (noir et blanc)** *f* 160
schweigen *ße tär* **se taire**
Schwein **porc** 58
(Schweine-) Fleisch *vjãd de pɔr* **viande (de porc)** *f* 80
Schweizer/in **suisse** 145
Schweizer Franken **francs suisse** *m* 66
schwer *lur* **lourd** 61
schwerhörig *dür dɔ'räj* **dur d'oreille**
Schwester **sour** *f* 140
schwierig *difi'ßil* **difficile**
Schwierigkeit *difikül'teh* **difficulté** *f*
Schwimmbad **piscine** *f* 121
schwimmen **nager** 121 *122*
Schwimmweste **gilet de sauvetage** *m* 98
schwitzen **avoir chaud** 171
schwül **lourd** 170
sechs **six**
See **lac** *m* 113

Seegang *98*
Seeigel **oursin** *m* 121
seekrank (sein) **avoir le mal de mer** 98
Seele *am* **âme**
Seezunge **sole** 59
Segel **voile** *f* 127
sehen *39*
Sehenswürdigkeit **curiosité** *f* 116
Sehkraft **vue** *f*
Sehne **tenton** *m* 181
Sehnsucht *deh'sir* **désir** *m*
sehnsüchtig *dehwo'reh de deh'sir* **dévoré de désir**
sehr **très**
sehr gut *52*
Seide **soie** *f* 82
Seife *ßa'wõ* **savon** *m*
Seil *kɔrd* **corde** *f*
Seilbahn **funiculaire** *m*
sein *19 20*
seit *dehpü'i* **dépuis** *52*
seitdem *deh* **dès**
Seite **Côtes** 58 *72*
Sekretär/-in **le,la secrétaire** 149
Sekunde *ße'kõd* **seconde** *f*
selbst *mäm* **-même**
selbstverständlich (adv) *natüräl'mã* **naturellement**
selten **rarement** 24
senden *ãwoa'jeh* **envoyer**
Sender **chaîne** *f* 141
Sendung **émission** *f* 141
senken *bä'ßeh* **baisser**
senkrecht *wärti'kal* **vertikal**
September **septembre** 25
Service *ßär'wiß* **service** *m*
Serviette **serviette** *f* 53
Sessellift **télésiège** *m* 131
setzen *aßo'ar* **assoir**
Shampoo **shampooing** *m*
Shorts **short** *m* 84
(Bade-) Shorts **caleçon** *m* 121
Show **show** *m* 141
sich anmelden *130*
sich verabschieden *prãdre kõ'~~seh~~eh* **prendre congé**
sicher *ßür* **sur**
Sicherheit *ßehküri'teh* **sécurité** *f*
Sicherheitsgurt **ceinture** *m* 108
sicherlich *ßär'tã* **certain**
sie (sg.) *äl* **elle**
sie (pl.) *il,äl* **ils,elles**
sieben **sept**
Siedlung *abi'ta* **habitat**
Signal *ßin'jal* **signal** *m*
Silber *ar'~~seh~~ã* **argent**
silber **argenté,e** 83
singen *schã'teh* **chanter**
Sitte *ku'tüm* **coutume** *f*
Sitz **siège** *m* 108
Sitz-Trapez **trapèze** *f* 127
sitzen *ätre a'ßi* **être assis**
Skier **planches** *f* 131
Skikurs **leçons** *f* **de ski** 131
Skilaufen **faire du ski** 131
Skilehrer **moniteur** *m* 131
Skorpion **scorpion** *m*
Skulptur **sculpture** *f* 116
so, auf diese Weise *ã'ßi* **ainsi**
sobald *oßi'to* **aussitôt**
Socken **chaussettes** *f* 84
sofort *tudßü'it* **tout de suite**
sogar *mäm* **même**
Sohn **fils** *m* 146
Soldat *ßɔl'da* **soldat** *m*
Sommer **été** 25
Sommersprossen **tache de rousseur** *f* 121
sonderbar *bi'sar* **bizarre**
Sonnabend *ßam'di* **samedi** *m*
Sonne **soleil** *m* 171 *170*
Sonnen (-bad/-brand/-brille) **(lunettes-/bain-/coup-) de soleil** 121 *123*
sonnengebräunt **bronzé** 121
Sonnenschirm **parasol** *m* 122
Sonnenstich **insolation** *f* 122
sonnig **ensoleillé** 37
Sonntag **dimanche** 24
Sorge *ßu'ßi* **souci** *m*
Sorte *ßɔrt* **sorte** *f*
sowieso *de tut fa'ßõ* **de toutes façons**
Soziologie **socio(logie)** *f* 148
sozusagen *pur ã'si dir* **pour ainsi dire**
(Netz-) Spannung **voltage** *m* 43
Spargel **asperge** 59
Spaß **amusement** *m* 153
spaßen **blaguer** 153
spät *tar* **tard** *19*
später *plü tar* **plus tard**
spazierengehen **faire une promenade** 153
Spaziergang *prɔm'nad* **promenade** *f*
Spedition **entreprise** *f* **de transport** 168
Speisekarte *kart* **carte** *f 51*
Speisewagen **wagon-restaurant** *m* 93
Sperling **moineau** *m* 172
Sperrsitz **strapontin** *m* 136
Spezialität *51*
Spiegel **miroir** *m* 43
Spiegelei *of o miro'ar* **ouf au miroir**
Spieler **joueur** *m* 132
Spielleitung **mise en scène** *f* 136
Spielplatz **terrain de jeu** *m* 164
Spielzeug **jouets** *m* 164
Spinat **épinard** *m* 79
Spinne **araignée** *f* 172
Sport (-zeitung) **(revue de) sport** *f* 142 *16*
Sprache *lãg* **langue** *f*
sprechen *par'leh* **parler** *17 69*
Sprechstunde *176*
Spritze **piqûre** *f* 175
Spur **trace** *f* 103
Staat *leh'ta* **état** *m*
Staatsangehörigkeit **nationalité** *f* 29
Stadt **ville** *f* 21 *90*
Stadtmauer/Wall **rempart** *m* 116
Stadtmitte **centre ville** *m* 116
Stadtplan/-rundfahrt **plan/tour de ville** *m* 40 87 *75*
Stadtviertel **quartier** *m* 21
stammen *19*
Standlicht **feux de stationnement** 109
stark *122*
Stärke *fɔrß* **force** *f*
starten **décoller** 96 *95*
Station *34*
Stativ **trépied** *m* 160
Statue **statue** *f* 116
Stau **étale m, l'embouteillage** *m* 103
Staub *puß'jär* **poussière** *f*
staubig *pußjä'rö* **poussiéreux**
Staubsauger **aspirateur** *m* 110
Staudamm **barrage** *m* 21
staunen *ßehtɔ'neh* **s'étonner**
Stausee **lac artificiel** *m* 21
stechen *pi'keh* **piquer**
Steckdose **prise** *f* 44
Stecker **fiche de contact** *f* 44
Stecknadel *eh'pägle* **épingle** *m*
Steg **passerelle** *m* 98
stehen *64 105*
stehenbleiben *104*
stehlen *wɔ'leh* **voler** *184*
steigen *97*
Steigung **montée** *f* 21
Stein *pjär* **pierre** *f*
Steinbock **bouquetin** *m*
Steinbutt **turbot** 59
Steinpilz **cèpe** *m* 79
stellen *mätre* **mettre** *45*
Stellplatz **place** *f* 46
sterben *mu'rir* **mourir**
Stereoanlage **sono/le hifi** *m* 139
Stern **étoile** *m*
Steuer **taxe** *f* 168
Steuer (Boot) **barre** *f*
Stewardess **hôtesse** *f* **de l'air** 149
Stich **gravure** *f*
Stiefel **bottes** *f* 84
Stier **taureau** *m*
Stift **stylo** *m* 17
Stil **style** *m* 116
stillen **allaiter** 164
Stimme **voix** *f* 181
stinken *pü'eh* **puer**
Stipendium *burß* **bourse** *f*
Stirn **front** *m* 181
Stock *ba'tõ* **bâton** *m*
Stockwerk **étage** *m* 43
Stoffe **tissu/s** *m* 76 82
Stop! **Stop!** 123
stornieren **ristourner** 168
Stoßstange **pare-chocs** *m* 109
Strafe *püniß'jõ* **punition** *f*
Strafzettel **contravention** *f* 103
Strand (-weg) **(accès** *m* **à la) plage** *f* 122 *97*
Strapse **jarretelles** *f* 84
Straße **rue** *f* 102 103 *18 101*
Straßenbahn **tram** *m* 31
Straßenkarte **carte routière** *f* 103
Straßensperre **barrage de rue** *f* 103
Strecke **itinéraire** *m* 21
Streichhölzer **allumettes** *f* 46
Streichholzschachtel *bo'at dalü'mät* **boîte d'allumettes** *f*
Streit *kä'räl* **querelle** *f*
streiten *ße kär'leh* **se quereller**
Strohhalm *paj* **paille** *f*
Strom (a. elektr.) *ku'rã* **courant** *m*
Stromanschluß **connexion** *f* 46
Stromschnelle *128*
Strömung **courant** *m* *122*
Strumpf *schɔ'ßät* **chaussette** *f*
Strümpfe **bas** *m* 84
Strumpfhose **collants** *m* 84
Stück **pièce** *f* 78
Stück (von) **morceau** *m* 78
Student,in *ehtüd'jã,t* **étudiant,e**
Studentenermäßigung *114*
Studienjahr *a'neh üniwärßi'tär* **année** *f* **universitaire**
studieren *ehtüd'jeh* **étudier**
Studium *eh'tüd* **études** *f*
Stufe *marsch* **marsch** *f*
Stuhl **chaise** *f* 43
stumm *mu'ä* **muet**
Stunde *ɔr* **heure** *f 52*
stürmisch **orageux** 124
Sturm (-warnung) **(avis** *m* **de) tempête** *f* 124
stützen *apüi'jeh* **appuyer**
suchen *schär'scheh* **chercher**
Süden **sud** 124
Südost **sud-est** 124
Südwest **sud-ouest** 124
süffig **gouleyant** 61
Summe *ßɔm* **somme** *f*
Super *110*
(Super-8-) Film **film (super-huit)** *m* 160
(Super-) Benzin **super** *m* 110
Supermarkt **supermarché** *m m* *76 14 75*
Suppe **soupe** 57
surfen **aller à planche** 127 *125*
süß **doux** 61
Süßwaren **confiserie** *f* 76
Swimming-Pool **piscine** *f* 43
sympathisch *ßãpa'tik* **sympathique**
Synthetik **matière synthétique** *f* 82

## T

T-Shirt **t-shirt** *m* 84
Tabak *ta'bak* **tabac** *m*
Tabak-und Zeitungsgeschäft **bureau de tabac** *m* 76
Tablette **comprimé** *m* 175 *180*
Tag **jour** *m* 24
Tagebuch *~~seh~~ur'nal* **journal** *m*
Tagesausflug *114*
Tageskarte/-pauschale **forfait/prix de jour** *m* 31 111 130
Tagesteller **plat du jour** 57 *51*
Tageszeitung *142*
täglich **quotidien** 24
tagsüber **pendant la journée** 24
Tal **vallée** *f* 113
Tank **réservoir** *m* 109
tanken **faire son plein** 110
Tankstelle **station-service** *f* 103
Tante **tante** *f* 146
Tanz *dãß* **danse** *f*
tanzen *dã'ßeh* **danser**
(Hand-) Tasche *ßak a 'mã* **sac (à main)** *m* 185
Taschenmesser **canif** *m* 128
Taschentuch *muscho'ar* **mouchoir** *m*
Tasse **tasse** *f* 53
Tat *akß'jõ* **action** *f*
tätig *ak'tif* **actif**
Tätigkeit *aktiwi'teh* **activité**
Taube **pigeon** 58
tauchen **plonger** 122
Taucheranzug **scaphandre** *m* 122
tauschen *64*
tausend **mille**
Tausendfüßler **mille-pattes** *m*
Taxi **taxi** *m* 33 *42*
Taxiuhr **taxamètre** *m* 33
Techniker/-in **technicien** *m* 149
Technische Universität **école polytéchnique** 147
Teddy **nounours** *m* 164
Tee **thé** *m* 80
Teelöffel **cuillière à café** *f* 53
Teich *eh'tã* **étang** *m*
teilen *diwi'seh* **diviser**
teilnehmen *partißi'peh* **participer**
Telefax **téléfax/le télécopieur** *m* 70
Telefon **téléphone** *m* 29 41 168
Telefonbuch **bottin** *m* 70
Telefongespräch *kõwärsaß'jõ tehlehfo'nik* **conversation téléphonique** *f*
telefonieren **téléphoner** 70 *69*
Telefonkarte *69*
Telefonnummer **numéro** *m* 70
Telefonzelle **cabine téléphonique** *f* 70 *69*
Telegramm **télégramme** *m* 68
Teleobjektiv **téléobjectif** *m* 160
Teller **assiette** *f* 53
Tempel **temple** *m*
Temperatur **température** *f* 171
Tennis **tennis** *m* 132
Teppich *ta'pi* **tapis** *m*
Termin (vereinbaren) **date** *f* 168 *72 177 165*
teuer **cher** 76 *78*
Teufel *di'able* **diable** *m*
Theater **théâtre** *m* 116
Theke *sãk* **zinc** *m*
Theologie **théologie** *f* 148
Thermen **thermes** *f*
Thunfisch **thon** 59
Thymian **thym** *m* 78
Ticket **ticket** *m* 96 *86*
tief *pro'fõ* **profond**
Tiefgarage **garage souterrain** *m*
Tier *ani'mal* **animal** *m*
Tierarzt/-ärztin **vétérinaire** *m* 149
Tinte *ãkre* **encre** *m*
Tintenfisch **seiche** 59
(Nacht-) Tisch *table* **table (de chevet)** *f* 44 *51*
Tischtuch *nap* **nappe** *f*
Tochter **fille** *f* 146
Tod *mɔr* **mort** *f*
Toilette **W.C** *m* 38
Tomaten **tomates** *f* 79
Ton *ßõ* **son** *m*
Tor **porte** *f* 116
tot *mɔr* **mort**
Touristenbüro **syndicat d'initiative** *m* 21
tragen *pɔr'teh* **porter**
trampen **faire du stop** 87
Träne *larm* **larme** *f*
transportieren *trãßpɔr'teh* **transporter**
Traube **raisin** 60
Traum *räw* **rêve** *f*
träumen *rä'weh* **rêver** *152*
traurig *trißt* **triste**
Travellerschecks **chèque de voyage** *m* 66 *65*
treffen *rãkõ'treh* **rencontrer**
Treppe **escalier** *m* 116
Tretboot **pédalo** *m* 122
trimmen **trimmer** 127
trinken *bo'ar* **boire** *62*
Trinkflasche **bidon** *m* 128
Trinkgeld *pubo'ar* **pourboire** *m*
Trinkwasser **eau** *f* **potable** 43
Triumphbogen **arc de triomphe** *m* 116
trocken **sec, brut** 61
trocknen *ßä'scheh* **sécher**
Trödel **brocante** *f* 76
Tropfen *gut* **goutte** *f* *180*
tropfen *41*
trotzdem *kã'mäm* **quand même**
Truthahn **dinde** 58
Tschüß **salut, ciao** 15
tun *fär* **faire**
Tür **porte** *f* 109 *32*
türkis **bleu turquoise** 83
Turm **tour** *f* 116
Turnschuhe **chaussures** *f* **de gymnastique** 84

## U

U-Bahn **souterrain** *m* 31
über/auf **sur** 22
überall *par'tu* **partout** *72*
Überbackenes **gratin** 60
Übereinstimmung *kõkɔr'dãß* **concordance** *f*
Überfall **attaque** *f* 185
überfallen *184*
Überfluß **pléthore** *f* 79
überhitzt **surchauffé/e** 105
überholen (beim Fahren) **doubler** 103
überlegen *rehfleh'schir* **réfléchir**
übermorgen **après demain** 24 *97*
übernachten **loger pour la nuit** 43
überprüfen **vérifier** 106
überqueren *travär'ßeh* **traverser**
Überraschung *ßür'pris* **surprise** *f*
übersetzen *tradü'ir* **traduire**
Übertragung **transmission** *f* 141
übertreiben *äkßa~~seh~~eh'reg* **exagérer**
Ufer *riw* **rive** *f*
Uhr **montre** *f* 185
Uhrmacher **horlogerie** *f* 76
UKW **modulation de fréquence, MF** *f* 141
umarmen **embrasser qn** 153
Umarmung **accolade** *f* 153
umbuchen *94*
umdrehen *tur'neh* **tourner**
Umgebung *ãwi'rõ* **environs** *m*
umkippen **(ren)verser** 103
Umkleidekabine **cabine à se changer** *f* 122 *81*
Umleitung **déviation** *f* 103
Umsatz **mouvement commercial** *m* 168
umsonst *pur r'jã* **pour rien**
umsteigen **changer (de)** 87 *90 34*
Umtausch **échange** *m* 169
umtauschen *ehschã'~~seh~~eh* **échanger**
Umweg *deh'tur* **détour** *m*
Umwelt *ãwirɔn'mã* **environnement**
unbekannt *ãkɔ'nü* **inconnu**
und *eh* **et**
undicht sein **joindre mal** 105
unecht *imi'teh* **imité**
Unfall **accident** *m* 103 *13 104*
ungefähr *ãwi'rõ* **environ** *33*
ungezogen *mal ehle'weh* **mal élevé**
Unglück *ma'lɔr* **maleur** *m*
unglücklich *malɔ'rɔ* **malheureux**
uni **uni** 83
Uni(versität) **fac(ulté) f/université** *f* 116 147
unmöglich *ãpɔ'ßible* **impossible**
Unordnung *dehs'ɔrdre* **désordre** *m*
unreif **pas mûr** 77
uns *nu* **nous**
unschuldig **innocent,e** 185
Unsinn *nõ'sã* **non-sens** *m*
unten **en bas**
unter **sous**
(sich) unterhalten **s'entretenir** 153
Unterhaltung **conversation** *f* 152
Unterhaltung (Gespräch) *lãtre'tjã* **entretien**
Unterhemd **tricot de corps** *m* 84
Unterhose **slip** *m* 84
Unterkunft *lo~~seh~~'mã* **logement** *m* *37*
Unterricht **enseignement** *m* 147
Unterrichtsfach **discipline** *f* 147
Unterschied *difeh'rãß* **différence** *f*
unterschreiben **signer** 66 *65*
Unterschrift **signature** *f* 66
unterstützen *ßute'nir* **soutenir**
Unterstützung *ßut'jã* **soutien** *m*
Untersuchung **contre-visite médicale** *f* 175
Untertitel **sous-titres** *m* 138
Unterwäsche **dessous** *m* 84
unterwegs *ãsch'mã* **en chemin**
Unwohlsein *ma'läs* **malaise** *m*
Urin **urine** *f* 181
Urlaub *wa'kãß* **vacances** *f* *146*
Ursache *koß* **cause** *f*
Ursprung *ori'~~seh~~in* **origine** *f*

## V

Vagina **vagin** *m* 181
Vater *pär* **père** *m* 146
Ventil **valve** *f* 109
Verabredung **rendez-vous** *m* 153
verabschieden **faire ses adieux** *m* **à qn** 153
veränderlich **variable** 171
veranstalten *ɔrgani'seh* **organiser**
Veranstaltungen **spectacles** 142
Veranstaltungsführer **guide** 142
Verband **bandage** *m* 175
verbieten *ãtär'dir* **interdire**
verbinden **mettre en communication** 70
Verbindung **communication** *f* 70 *92*
verboten *138*

verbrauchen *kõßɔ'meh* **consommer**
Verbrechen **crime** ***m***
verbrennen *brü'leh* **brûler**
verdienen *gan'jeh* **gagner**
Vergangenheit *pa'ßeh* **passé** ***m***
Vergaser **carburateur** ***m*** 109
vergessen *ubli'jeh* **oublier**
vergilbt *~~seh~~o'ni* **jauni**
Vergnügen *plä'sir* **plaisir** ***m***
vergnügt *~~seh~~oa'jö* **joyeux**
verhaften **mettre aux arrêts** 185
Verhalten *kõpɔrt'mã* **comportement** ***m***
verheiratet **marié,e** 145
Verkauf *wãt* **vente** ***f***
verkaufen **vendre** 169
Verkäufer **vendeur** ***m*** 169
Verkehr *tra'fik* **trafic** ***m***
Verkehrsschild **panneau** ***m*** 103
verkehrt *räwär'ßeh* **renversé**
verlangsamen *33*
verlassen *ki'teh* **quitter**
verleihen *lu'eh* **louer**
verletzen *blä'ßeh* **blesser**
verletzt **blessé(e)** 103
Verletzung *blä'ßür* **blessure** ***f***
verlieben in *tõ'beh amu'rö* **tomber amoureux**
verlieren **perdre** 132 *104*
Verlobte/-r **le,la fiancé,e** 146
verloren *71*
Verlust/e *pärt* **perte/s** ***f*** 167
vermieten *lu'eh* **louer**
Vernehmung **interrogatoire**
vernichten *dehtrü'ir* **détruire**
vernünftig *räsõ'nable* **raissonable**
Verpflegung *aprɔwißjɔn'mã* **approvisionnement**
verrechnen *52*
verrostet **rouillé/e** 105
verrückt *fu* **fou** *19*
verschieben *dehpla'ßeh* **déplacer**
verschieden *difä'rã* **différent**
verschmutzt **sali** 105
Verschmutzung **pollution** ***f*** 103
Verschulden *kɔ'mätre* **commettre**
verschütten *räwär'ßeh* **renverser**
verschwinden *dißpa'rätre* **disparaître**
versehentlich *par ä'rɔr* **par erreur**
versichert *111*
Versicherung **assurance** ***f*** 169 *177*
verspätet **en retard** 96
Verspätung **retard** ***m*** 93 *92*
Versprechen *prɔ'mäß* **promesse** ***f***
verstecken *ka'scheh* **cacher**
verstehen *kõ'prädre* **comprendre** *17*
verstopft *41*
Versuch *lä'ßäj* **essai**
versuchen *äßä'jeh* **essayer**
vertagen *a~~seh~~ur'neh* **ajourner**
verteidigen *deh'fädre* **défendre**
Verteiler **distributeur** ***m*** 109
Vertrag **contrat** ***m*** 169 *166*
Vertrauen *kõf'jäß* **confiance** ***f***
Vertreter/-in **le,la représentant,e** 169
Vervielfältigung **multiplication** ***f*** 161
verwählt *70*
Verwaltung *administraß'jõ* **administration** ***f***
verwandt (sein) *ätre pa'rã* **être parents**
Verwandte,r *pa'rã,t* **le,la parent,e**
verwechseln *ehschã'~~seh~~eh* **échanger**
Verwechslung *kõfüs'jõ* **confusion** ***f***
verwenden *ütili'seh* **utiliser**
Verwunderung *ehtɔn'mã* **étonnement**
verzeihen *pardɔ'neh* **pardonner**
verzichten auf *renõ'ßeh* **renoncer à**
verzollen *28*
verzweifelt *dehßäßpeh'reh* **désespérer**
vibrieren **vibrer** 105
Videokamera **caméra vidéo** ***f*** 161
viel *bo'ku* **beaucoup**
Viel Glück! **Bonne chance!** 15
Viel Spaß! **Amuse-toi!(sg.)/Amusez-vous bien!(pl.)** 15
Vielen Dank! **Merci beaucoup!** 153 *42*
vielleicht **peut-être**
vier **quatre**
(ein) Viertel *ɔ̃ kar* **(un) quart** 78
Viertelstunde *kar 'dɔr* **quart d'heure** ***m*** *105*
violett **violet** 83
Visum **visa** ***m*** 29
Vogel *oa'so* **oiseau** ***m***
Volk *pɔple* **peuple** ***m***
Volkslied **chanson populaire** ***f***
voll **plein** 110
Volleyball **volleyball** ***m*** 122
völlig *tɔ'tal* **total**
Vollmond *plän 'lün* **pleine lune** ***f***
(Voll-) Pension **pension (complète)** ***f*** 43
volltanken *110*
von **de** *18*
von dort *di'ßi* **d'ici**
von hier *86*
von Zeit zu Zeit **de temps en temps** 24
vor **devant** 22 *95*
vorbestellen **commander d'avance** 93
Vorgesetzte/-r **le,la supérieur** 169
vorgestern **avant-hier** 24
vorher *a'wã* **avant**
vorkommen *awã'ßeh* **avancer**
vorläufig *prowißo'ar* **provisoire**
Vorlesung **cours (magistral)** ***m*** 147
Vormittag *mati'neh* **matinée** ***f***
vormittags **matin** ***m*** 24
Vorname **prénom** ***m*** 28
vorne *de'wã* **devant** *72*
vornehm *dißtã'geh* **distingué**
Vorort **banlieue** ***f*** 21
Vorprogramm **avant-programme** ***m*** 138
vorschlagen *propo'seh* **proposer**
Vorschrift *präßkripß'jõ* **prescription** ***f***
Vorsicht *atãß'jõ* **attention** *122*
Vorspeise *51*
vorstellen **présenter qn** 153
Vorstellung **séance** ***f*** 138
Vorteil *awã'ta~~seh~~* **aventage** ***m***
Vorwahl **code** ***m*** 70
vorwärts **en avant**
Waage **crichot** ***m*** 79

## W

wach sein *wä'jeh* **veiller**
wachsen *ogmã'teh* **augmenter**
Wachtel **caille** 58
Waffe **arme** ***f*** 185
Wagen *woa'tür* **voiture** ***f***
Wagenheber **cric** ***m*** 106 *104*
Waggon **wagon** ***m*** 93
wählen **faire le numéro** 70
wahr *wrä* **vrai**
während *pã'dã* **pendant**
Wahrheit *wehri'teh* **vérité** ***f***
Währung **monnaie** ***f*** 66
Wald **fôret** ***m*** 113
Wand *mür* **mur** ***m***
wandern **faire une excursion à pied** 128
Wanderweg **sentier pédestre** ***m*** 113
wann *kã* **quand**
Waren **marchandises** ***f*** 29
warm *scho* **chaud** 124
Wärme *scha'lɔr* **chaleur** ***f***
wärmen *rehscho'feh* **réchauffer**
warnen (vor) *prehw'nir* **prévenir**
Warnung *awärtiß'mã* **avertissement** ***m***
warten (auf) *a'tãdre* **attendre** *32 52*
Wartesaal **salle d'attente** ***f*** 87
warum *purko'a* **pourquoi**
was *käßke* **qu'est-ce que**
Waschbecken/-raum **lavabo** ***m*** 38 46
Wäsche *lã~~seh~~* **linge** ***m***
waschen **laver** 110
Wäscherei **laverie, la blanchisserie** ***f*** 76
Waschstraße **tunnel de lavage** ***m*** 110
(Meer-) Wasser **eau** ***f*** **(de mer)** 80 122 *52*
Wasserfall **cascade** ***f*** 113
Wasserflasche **bidon** ***m*** 46
Wasserhahn **robinet** ***m*** 44 *41*
Watte (-bausch) *u'at* **(tampon** ***m*** **d') ouate** ***f***
Wattestäbchen **coton-tige** ***m*** 164
WC *weh'ßeh* **WC** ***m*** *41*
Wechselkurs **taux d'échange** ***m*** 66
wechseln **changer** 66 *64*
wecken **réveiller** 43 *40*
Wecker **réveil (-matin)** ***m*** 43
Weg **chemin** ***m*** 21 *18*
wegen *a'kos de* **à cause de**
wegnehmen *äle'weh* **enlever**
wehtun *fär 'mal* **faire mal** *180*
weich **mou/molle** 71 78
weil *parß'ke* **parce que**
Wein **Vin** 57 80 *16 51*
weinen **pleurer** 164
Weintraube *rä'sõ* **raisin** ***m***
weiß **blanc** 83
Weißwein **vin blanc** 60
weit(von) **loin (de)** 22 *18*
weiter *ültehri'ɔr* **ultérieur**
Weizen *bleh* **blé** ***m***
welcher *19*
Welle **vagues** ***f*** 98 124 *122*
Wellenreiten **surf** ***m*** 122
Welt **monde** ***m*** 142
Weltraum *äß'paß kɔß'mik* **espace** ***m*** **cosmique**
wem *19*
Wende **tour** ***m*** 127
wenden **tourner** 103
wenig *pö* **peu** *72*
wenn *kã* **quand** *93*
Werbung **publicité** ***f*** 169
werfen *lã'ßeh* **lancer**
Werkstatt **garage** ***m*** *105*
Werktag *~~seh~~ur uw'rable* **jour ouvrable** ***m***
Werkzeug **outils** 106
Wert *wa'lɔr* **valeur** ***f***
Wertsachen *40*
Wespe **guêpe** ***f***
West **ouest** 124
Wetter **temps** ***m*** 171
Wetterbericht **météo** ***f*** 141
wichtig *ãpɔr'tã* **important**
wickeln **emmailloter, langer** 164 *163*
wie immer *62*
wie? *kɔ'mã* **comment?**
wieder *denu'wo* **de nouveau**
wiederholen *rehpeh'teh* **répéter** *17*

wiederkommen **revenir** 43
wiedersehen **revoir qn** 153 *151*
Wiege **berceau** *m* 164
wiegen *pä'ßeh* **pèser**
wieviel *kõ'bjã* **combien**
Wild **venaison** 58
(Wild-) Leder **chamois** *m* 82
willkommen *bjãwe'nü* **bienvue**
Wind **vent** *m* 171 *126*
Windel **couche, le maillot** *f* 164
windig *wã'tö* **venteux**
Windschutzscheibe **pare-brise** *m* 109
winken *fär 'ßinje* **faire signe**
Winter **hiver** 25
wir *nu* **nous**
Wirbelsäule **colonne** *f* 181
wirklich *wrä'mã* **vraiement**
wirksam *äfi'kaß* **efficace**
Wirkung *ä'fä* **effet** *m*
Wirtschaft **economie** 142
Wirtschaftswissenschaften **sciences** *f* **économiques** 148
wissen *18 28*
(Geistes/Natur) Wissenschaften **sciences** *f* **(humaines/naturelles)** 148
Witwe *wöw* **veuve** *f*
Witz *pläsã'tri* **plaisanterie** *f*
witzig **marrant** 155
wo/wohin *u* **où** 17 *20*
Woche *ß'män* **semaine** *f* *146*
Wochenende **week-end** *m* 24
Wochenkarte **forfait hébdomadaire** *m* 34 130
wöchentlich **hébdomadaire** 24
woher *du* **d'où** *20*
wohin *u* **où**
wohnen **habiter** 43 *147*
Wohnmobil **camping-car** *f* 88
Wohnort **domicile** *m* 145
Wohnung *apart'mã* **appartement** *m*
Wohnwagen **caravane** *f* 87
Wolke **nuage** *m m* 171
Wolle **laine** *f* 82
wollen *wulo'ar* **vouloir** *19*
woraus *deko'a* **de quoi**
Wort *mo* **mot** *m*
wozu *purko'a* **pour quoi**
Wunde **blessure** *f* 175
Wunder *prɔ'disch* **prodige** *m*
wundern über *ßehtɔ'neh* **s'étonner de**
Wunsch *deh'sir* **désir** *m*
wünschen *dehsi'reh* **désirer** *40 81*
Wurzel *ra'ßin* **racine** *f*
würzig **savoureux, épicé** 61
Wut *fü'rɔr* **fureur** *f*
wütend *füri'jö* **furieux**

## Z

Zahl *schifre* **chiffre** *m* *23*
zahlen **payer** 66 *42 52*
Zahnarzt/-ärzin **dentiste** *m* 149
Zahn (-bürste) **(brosse à) dent** *f* 44 181
Zähne putzen *brɔ'ßeh leh dã* **brosser les dents**
Zahnpaste *dãti'friß* **dentifrice** *f*
Zange **pince** *f* 106
Zecke **tique** *f*
Zehe *ɔr'täj* **orteil** *m*
zehn **dix**
Zehnerkarte **carnet** *m* 130
zehntausend **dix-mille**
Zeichnung **dessin** *m* 116
zeigen *mõ'treh* **montrer** *32 39 75*
(Abfahrts-) Zeit **heure** *f* **du départ** 31
Zeit *tã* **temps** *m*
Zeitpunkt *mɔ'mã* **moment** *m*
Zeitschrift **revue** *f* 142
Zeitung **journal** *m* 142
Zeitungsstand **kiosque** *m* 142
Zelt (plane/-stange) **(bâche/mât de) tente** *f* 46 *45*
Zeltplatz **terrain de camping** *m* 46
Zentrum *ßãtre* **centre** *m* *18*
zerreißen *dehschi'reh* **déchirer** *126*
zerstören *dehtrü'ir* **détruire**
Zettel **bout de papier** *m* 17
Ziege **chèvre** *f* 172
Ziegelstein *brik* **brique** *f*
ziehen *ti'reh* **tirer**
Zigarette *ßiga'rät* **cigarette** *f*
Zimmer frei *37*
Zimmer (-nummer/schlüssel) **(numéro/clé de la) chambre** *m* 43 44 *40*
Zitrone **citron** *m* 78
Zollabfertigung **passage en douane** *m* 29
Zoll (-beamter/-gebühren/-kontrolle) **(agent** *m***/droits/visite de) douane** 29
zollfrei **à exempt de droits** 29
zollpflichtig **soumis à la douane** 29
Zoom **zoom** *m* 161
Zorn *kɔ'lär* **colère** *f*
zornig *ãkɔ'lär* **en colère**
zu *tro* **trop**
zu Fuß gehen **aller à pied** 87
zu klein/groß **trop petit/trop grand** 82
zu Mittag essen *dehschö'neh* **déjeuner**
zu scharf *52*
zu teuer *37 39*
zubinden *li'eh* **lier**
Zucchini **courgette** *f* 79
Zucker **sucre** *m* 80
zudecken *kuw'rir* **couvrir**
zuerst *da'bɔr* **d'abord**
Zufahrt **accès** *m* 46
Zufall *a'sar* **hasard** *m*
zufällig *par a'sar* **par hasard**
Zug **train** *m* *20 92*
Zugabteil *kõpart'mã* **compartement** *m*
zugeben *awu'eh* **avouer**
zuhören **écouter qn** 153
zuknöpfen *butɔ'neh* **boutonner**
Zukunft *awe'nir* **avenir** *m*
zulassen *ad'mätre* **admettre**
zuletzt *ala'fã* **à la fin**
zum Glück *ɔrös'mã* **heureusement**
Zum Wohl! **A la santé!** 15
Zündkerze **bougie** *f* 109
Zündschlüssel **clé d'allumage** *f* 109
zunehmend **croissant** 124
Zuneigung *afäkß'jõ* **affection** *f*
Zunge **langue** *f* 181
zurechtkommen *ße dehbrui'joh* **se débrouiller**
Zurrgurt **courroie** *f* 127
zurück *ãn_ari'är* **en arrière**
zurückgeben **rendre** *42 111*
zurückkommen *rewe'nir* **revenir** *69*
zurückrufen *70*
zusammen *ã'ßäble* **ensemble**
Zuschauer **spectateur** *m* 132
Zuschauerraum **salle de spectacle** *f* 136
Zuschlag **supplément** *m* 92 93
zuschließen *fär'meh a kleh* **fermer à clé**
zuviel *tro* **trop**
(jdm) zuvorkommen *dehwã'ßeh* **dévancer qn**
zwei **deux** *37*
Zweifel *dut* **doute** *m*
zweifeln *du'teh* **douter**
zweite Klasse *86*
Zwiebel **oignons** 59
zwingen *fɔr'ßeh* **forcer**
Zylinder **cylindre** *m* 109

# Kompaktwörterbuch Französisch-Deutsch

Gerade Seitenzahlen verweisen auf die themenspezifischen Wortlisten; dort kann die Aussprache nachgesehen werden. *Kursive* Seitenzahlen verweisen auf Redewendungen, in denen das betreffende Wort vorkommt.

## A

**à** *a* an
**à cause de** *a'kos de* wegen
**à côté** neben(an) 22
**à droite** rechts 22 102
**à exempt de droits** zollfrei 29
**à gauche** links 22 102
**à l'arrière** *a lari'jär* hinten
**à l'heure** pünktlich 96
**à la droite (de)** *ala dro'at* rechts (von)
**à la fin** *ala'fã* zuletzt
**A la santé!** Zum Wohl! 15
**à peu près** *apö'prä* etwa
**abandonner** *abãdɔ'neh* aufgeben
**abeille** *f* Biene 172
**aborder** anlegen 98
**abricot** *m* Aprikose 78
**absolu,e** *abßɔ'lü* absolut
**abuser** *abü'seh* mißbrauchen
**accélérateur** *m* Gaspedal 107
**accélérer** beschleunigen 102
**accepter** *akßäp'teh* akzeptieren *42*
**accès** *m* **(à la plage)** Zufahrt (Strandweg) 46 122
**accident** *m* Unfall 103 *13 104*
**accolade** *f* Umarmung 153
**accompagner** *akõpan'jeh* begleiten
**accord** *m* Abmachung 167
**accuser** *akü'seh* anklagen
**acheter (un billet)** *asch'teh õ bi'jä* (Fahrkarte) kaufen 168 *75*
**acidité** *f* Säure 61
**acteur,actrice** Schauspieler/-in 149
**actif,ve** *ak'tif* aktiv/tätig
**action** *f akß'jõ* Aktie
**activité** *aktiwi'teh* Tätigkeit
**adapteur** *m* Adapterstecker 40
**addition** *52*
**adieu** *ad'jö* leb wohl!
**adieux** *m* Abschied 152
**admettre** *ad'mätre* zulassen
**administration** *f administraß'jõ* Verwaltung
**admiration** *f admiraß'jõ* Bewunderung
**admirer** *admi'reh* bewundern
**adresse** *f* Adresse 68
**adult** *a'dült* erwachsen
**adult m,e** *f a'dült* Erwachsene,r
**advocat** Rechtsanwalt/-anwältin 149
**aéroport** *m* Flughafen 96 *95*
**affaires** *40 42*
**affection** *f afäkß'jõ* Zuneigung
**affiche** *f* Plakat
**affranchir** frankieren 68
**âge** *19*
**agence** *f* **(de voayage)** *a'schãß* Agentur (Reisebüro) 168
**agent** *m* **(de douane/de police)** Zollbeamter/Polizist 29 185
**agitée** *98*
**agneau** Hammel 58
**agréable** *agreh'able* angenehm
**agriculteur** *m* Landwirt 149
**aide** *f äd* Hilfe
**aider** *ä'deh* helfen *105 176*
**aigle** *m* Adler
**aigre** *ägre* sauer
**ail** *m* Knoblauch 79
**aile** *f äl* Flügel
**aimable** *ä'mable* freundlich *97*
**aimer** *ä'meh* lieben *152*
**ainsi** *ã'ßi* so, auf diese Weise
**air** *är* Luft
**aire** Raststätte/Parkplatz 102
**ajourner** *aschur'neh* vertagen
**ajouter** *aschu'teh* hinzufügen
**ajuster** nachstellen
**album** *m* Fotoalbum 160
**alcool** *m* Alkohol 102
**algue** *f* Meeresalge 121
**allaiter** stillen 164
**allée** *f* Allee
**Allemagne** *al'manje* Deutschland
**allemand/e** *al'mã/d* deutsch, Deutsche/r 145
**aller (à)** *a'leh* gehen (fahren nach) 33 *18 19*
**aller à bicyclette** *a'leh a bißik'lät* radfahren
**aller à pied** zu Fuß gehen 87
**aller à planche** surfen 127 *125*
**aller à toute vitesse** rasen 103
**aller chercher** abholen 160
**aller en bus** Busfahren 89
**aller et retour** *m* Rückfahrkarte 87 92
**aller se coucher** *a'leh ße ku'scheh* zu Bett gehen
**aller simple** *86*
**aller voir** *a'leh wo'ar* besuchen
**allumer** *alü'meh* anzünden *141*
**allumettes** *f* Streichhölzer 46
**alpes** Alpen 113
**alternateur** *m* Lichtmaschine 108
**amande** Mandel 60
**ambulance** *176*
**âme** *am* Seele
**amende** *f* Bußgeld 102
**amener** *52*
**amer** *a'mär* bitter
**ami m,e** *f* Freund/-in 145 *150*
**amitié** *f amit'jeh* Freundschaft
**amour** *f a'mur* Liebe
**amphithéâtre** *m* Amphitheater 115 *18*
**ampoule** *f* Glühbirne 44 *41*
**amusement** *m* Spaß 153
**amuser** *amü'seh* amüsieren
**an** *m ã* Jahr
**ananas** *m* Ananas 78
**anchois** Anchovis 59
**ancre** *m* Anker 98
**âne** *m* Esel
**anecdote** *f anäk'dɔt* Anekdote
**animal** *m ani'mal* Tier
**année** *f* **(universitaire)** *a'neh üniwärßi'tär* (Studien-) Jahr
**annoncer** *anõ'ßeh* ankündigen
**annonces** Anzeigen 142
**annuel** jährlich 24
**annulé** gestrichen 96 *95*
**anse** *f* Bucht (klein) 98
**anthropologie** *f* Anthropologie 148
**antique** *ã'tik* antik
**août** August 25
**apéritif** Aperitiv 57
**apparaître** *apa'rätre* auftauchen
**appareil** *m* **(photo)** *apa'räj* (Foto-) Apparat 127 160, 161 *125*
**apparence** *f apa'rãß* Aussehen
**appartement** *m* Appartement 43
**appel** *m* **local** Ortsgespräch 70
**appeler** *ap'leh* rufen *42*
**appendice** *m* Blinddarm 181
**appétit** *m apeh'ti* Appetit
**apprendre** *a'prãdre* lernen *146*
**approvisionnement** *aprɔwißjɔn'mã* Verpflegung
**appuyer** *apüi'jeh* stützen
**après** *a'prä* nach
**après demain** übermorgen 24 *97*
**après que** *a'prä ke* nachdem
**après-midi** *m* nachmittag/s 24
**aquéduc** *m* Aquädukt 115
**araignée** *f* Spinne 172
**arbre** *m arbre* Baum
**arc** *m* **(de triomphe), l'arche** *f* (Triumph-) Bogen 115 116
**arc-en-ciel** *m* Regenbogen 170
**archéologue** Archäologe/-in 148
**architecte** Architekt/-in 115
**architecture** *f* Architektur 148
**argent** *m* Geld 185 *20*
**argenté,e** silber 83
**aritficiel** künstlich 82
**Arkade** arcade 115
**arme** *f arm* Gewehr 185
**armoir** *m* Schrank 43
**arôme** *f* Aroma 61
**(point d') arrêt** *m* Haltestelle 31 89 *32 - 90*
**arrêter (le moteur)** anhalten/abstellen (Motor) 102 *33 90*
**arrivée** Ankunft 87
**arriver** *ari'weh* ankommen *18 29 95*
**art** *m ar* Kunst
**artichaud** *m* Artischocke 79

**article** *m* Artikel 142
**artisan** *m* Handwerker/-in 149
**artiste** Künstler 149
**ascenseur** *m* Aufzug 43
**asperge** Spargel 59
**aspirateur** *m* Staubsauger 110
**assez (bien)** *a'ßeh b'jä* genug (einigermaßen)
**assidu** *aßi'dü* fleißig
**assiette** *f* Teller 53
**assoir** *aßo'ar* setzen
**assurance** *f* Versicherung 169 *177*
**assuré** *111*
**atelier** *m* **(de couture/ de photographie)** Schneiderei/ Fotogeschäft 76
**atmosphère** *f* *latmɔß'fär* Atmosphäre
**attacher** anschnallen 102
**attaque** *f* Überfall 185
**attaquer** *ata'keh* angreifen *184*
**atteindre** *a'tädre* erreichen
**attendre** *a'tãdre* warten (auf) *32 52*
**attention** Achtung 102 123 *122*
**atterrir** landen 96
**atterrissage** *m* Landung 96
**attestation** *f* Bescheinigung 184
**attraper** *atra'peh* fangen
**au bord de** am Ufer von
**Au revoir** auf Wiedersehen! 15
**Au secours!** Hilfe! 123
**au-delà** *o de'la* drüben
**au-dessus de** *od'ßü de* oberhalb
**aubergine** *f* Aubergine 79
**aucun** *o'kõ* kein
**augmenter** *ɔgmä'teh* erhöhen
**aujourd'hui** heute 24 *25 114*
**aumône** *f o'mɔn* Almosen
**aussi** *o'ßi* auch
**aussitôt** *oßi'to* sobald
**autel** *m* Altar 115
**auteur** *m o'tör* Autor
**automne** Herbst 25
**autoradio** *m* Autoradio 185
**autoroute** *m* Autobahn 102
**autre** *37*
**autre jour** *otre ~~sehur~~* neulich
**autrement** *otre'mã* anders (adv.)
**autrichien/ne** Österreicher/in 145
**avancer** *awã'ßeh* vorkommen
**avant (de)** *a'wã de* vorher (bevor) *95*
**avant-hier** vorgestern 24
**avec** *a'wäk* mit *19*
**avenir** *m awe'nir* Zukunft
**aventage** *m awã'~~tasch~~* Vorteil
**avenue** *f* Prachtstraße
**averse f** Regenschauer 170
**avertissement** *m awärtiß'mã* Warnung
**aveugle** *a'wögle* blind
**avion** *m* Flugzeug 88 *94*
**aviron m** Rudersport 128
**avis** *m a'wi* Meinung
**avocat** Avokado 59 *166*
**avoir** *17*
**avoir besoin de** *37*
**avoir chaud** schwitzen 171
**avoir de la reine** Glück haben 152
**avoir envie** *awo'ar ã'wi* Lust haben *123*
**avoir faim** *awo'ar fä* Hunger haben
**avoir froid** frieren (Mensch) 170
**avoir honte** *awo'ar õt* schämen
**avoir l'anniversaire** *m awo'ar laniwär'ßär* Geburtstag haben
**avoir la déveine** *awo'ar la deh'wän* Pech haben
**avoir la permission** *awo'ar la pärmiß'jõ* dürfen
**avoir soif** *awo'ar ßo'af* durstig sein
**avouer** *awu'eh* zugeben
**avril** April 25
**axe** *m* Achse 107

## B

**babiole** *f* Kleinigkeit 79
**babysitter** *m* Babysitter 164
**bac(calauréat)** *m* Abi(tur) 147
**bâche de tente** *f* (Zelt-) Plane 46
**bagages (à main)** *m* (Hand-) Gepäck 87 93 *29*
**bagarre** *f* Schlägerei 185
**bagatelle** *f baga'täl* Kleinigkeit
**bagnole** *f* Karre 155
**bague** *f bag* Ring
**baie** *f* Bucht 98 121
**bâiller** *ba'jeh* gähnen
**bain de soleil** *m* Sonnenbad 121
**baissant** abnehmend 124
**baisser** *bä'ßeh* senken
**balançoire** *f* Schaukel 164
**balcon** *m* Balkon 43 136
**ballon** *m ba'lõ* Ball
**banane** *f* Banane 78
**bandage** *m* Verband 175
**banlieue** *f* Vorort 21
**banque** *f* Bank 29 65
**barbe** *f* Bart 72
**baroque** *m* Barock 115
**barrage (de rue)** *m* (Straßen-) Sperre 21 103
**barrée** gesperrt (Straße) 102
**bas** niedrig 66 84 124
**bas-côté** *m* Fußweg 103
**bateau** *m* Boot *98*
**bâtiment** *m* Gebäude 115 *114*
**bâton** *m* **(de ski)** *ba'tõ* Stock (Ski-) 128 131
**batterie** *105*
**battre** *batre* schlagen
**bavette** *f* Lätzchen 164
**beau** schön 170
**beau-frère, la belle-sour** *m* Schwager, Schwägerin 146
**beaucoup** *bo'ku* viel
**beauté** *f bo'teh* Schönheit *75 152*
**bébé** *m* Baby 164 *162*
**bec** *m bäk* Schnabel
**beige** beige 83
**beignet** Krapfen 60
**berceau** *m* Wiege 164
**besoin** *m bes'wä* Not
**bêtise** *f bä'tis* Blödsinn
**beurre** *m* Butter 80
**biberon** *m* Fläschchen 164
**bicyclette, le velo** *f* Fahrrad 88
**bidon (d'essence)** *m* (Benzin-) Kanister/ Trinkflasche 46 107 128
**bien** *b'jä* gut (adv) *18 39*
**bientôt** *bjä'to* bald
**bienvue** *bjäwe'nü* willkommen
**bière** *f* Bier 80
**bifteck** *51*
**bijouterie** *f* Juwelier 76
**bijoux** *m* Schmuck 185
**bikini** *m* Bikini 121
**billet** *m* **(d'aller et retour)** Eintrittskarte (Rückfahrkarte) 31 66 87 138
**billet de banque** *m bi'jä de bãk* Geldschein
**billeterie automatique** *m* Fahrkartenautomat 34
**biologie** *f* Biologie 148
**bisou** *m bi'su* Kuß
**bizarre** *bi'ßar* sonderbar
**blague** *f* Scherz 153
**blaguer** spaßen 153
**blanc** weiß 83
**blé** *m bleh* Weizen
**blessé(e)** verletzt 103
**blesser** *blä'ßeh* verletzen
**blessure** *f blä'ßür* Verletzung 175
**bleu turquoise** türkis 83
**bleu,e** blau 83
**Blitzgerät** le flash 160
**blond** *blõ* blond
**blouse** *f* Bluse 83
**boire** *bo'ar* trinken *62*
**bois** *m bo'a* Holz
**boisson** *f* Getränk 57
**boîte** *f bo'at* Dose *135*
**boîte (aux lettres/ postale)** *f* Briefkasten/Postfach 68
**boîte d'allumettes** *f bo'at dalü'mät* Streichholzschachtel
**bon marché** *bõmar'scheh* preiswert
**bon matin**! *bõ ma'tä* guten Morgen!
**bon,ne** *bõ* gut
**bonheur** *m bɔn'ör* Glück
**bonhomme de neige** *m* Schneemann 131
**Bonjour** Guten Tag 15
**Bonne chance!** Viel Glück! 15
**bonnet** *m* Mütze (ohne Schirm) 84
**Bonsoir** Guten Abend 15 *16*
**(à) bord** (an) Bord 96
**botte** *f* Bund (z.B. Grünzeug) 77
**bottes** *f* **(de ski)** (Ski-) Stiefel 84 131
**bottin** *m* Telefonbuch 70
**bouche** *f* Mund 181
**bouché** *41*
**boucher** *m* Schlachter 149
**boucherie** *f* Metzgerei 76
**bouchon** *m* Korken 61
**bouée de sauvetage** *f* Rettungsring 121
**bouf** *m bof* Ochse
**Bouf** Rind 58
**bouffarde** *f bu'fard* Pfeife
**bouffer** *bu'feh* fressen
**bougie** *f* Zündkerze 109
**bouillie** *f* Brei 164
**boulangerie** *f* Bäckerei 76
**boulevard** *m* breite Straße 21
**boulot** *m* Maloche 155
**boum** *f* Fete 155
**bouquet de fleurs** *m bu'kä de flör* Blumenstrauß
**bouquetin** *m* Steinbock
**bourrage** *m* Dichtung 107
**bourse** *f burß* Stipendium
**boussole** *f* Kompaß 128
**bout de papier** *m* Zettel 17
**boutique** *f* Boutique 76
**bouton** *m bu'tõ* Knopf
**boutonner** *butɔ'neh* zuknöpfen
**branlant** locker 105
**bras** *m* Arm 182
**bras de rivière** Flußarm
**bretelle d'accès** *m f* Autobahnauffahrt 102
**briller** *bri'jeh* glänzen
**brique** *f brik* Ziegelstein
**brisant** *m* Klippe 121
**brocante** *f* Antiquitäten 76
**broche** *f brɔsch* Brosche
**bronzé** sonnengebräunt 121
**(se) bronzer** (sich) bräunen 121
**brosse (à cheveux/à dent )** *f brɔß* (Haar-/ Zahn-) Bürste 44 72
**brosser les dents** *brɔ'ßeh leh dã* Zähne putzen
**brouillard** *m* Nebel 170
**bruit** *m brü'i* Geräusch
**brûlé** *41 52*
**brûler** *brü'leh* brennen
**bureau** *m bü'ro* Büro *94*
**bureau d'acceuil** *m* Rezeption 46
**bureau de poste** *m* Postamt 68 *18*
**bureau de tabac** *m* Tabak-und Zeitungsgeschäft 76

**bus** *m* Omnibus 103 *19*
**buste** *m* Büste

C

**ça** *ßa* das *33*
**cabaret** *m* Kabarett 136
**cabine (à se changer)** *f* (Umkleide-) Kabine 98 122 *81*
**cabine téléphonique** *f* Telefonzelle 70 *69*
**cacher** *ka'scheh* verstecken
**cadrage** *m* Format 160
**cadre** *m* Führungskraft 108 167
**cafard** *m* Kakerlake
**café** *m* *ka'feh* Café 29 80 *52*
**café crème** *14*
**café-concert** *m* Konzert-Café 136
**cahier** *m* *ka'jeh* Heft
**caille** Wachtel 58
**caisse** *f* *käß* Kiste
**calcul** *m* Kalkulation 168
**calculer** *kalkü'leh* rechnen
**caleçon** *m* (Bade-) Shorts 121
**calmars** Kalamares 59
**calme** *m* Flaute 126
**camelot** *m* Ramschverkäufer 79
**caméra (vidéo)** *f* Film- (Video) Kamera 161
**camion** *m* Lastwagen 87
**camping-car** *f* Wohnmobil 88
**canard** *m* Ente 80
**canif** *m* Taschenmesser 128
**canoe** *128*
**canoè** *m* Kanu 128
**canot (à moteur/de sauvetage )** *m* (Motor-/Rettungs-) Boot 98 121 *123*
**capitaine** *m* Kapitän 98
**capitale** *f* *kapi'tal* Hauptstadt
**car** *m* Bus 31 88 *89*
**caravane** *f* Wohnwagen 87
**carnet** *m* Zehnerkarte 31 130
**carrefour** *m* Kreuzung 22 21
**carte (mensuelle)** *f* (Monats-) Karte/ Speisekarte 31 *51*
**carte d'identité** *f* Personalausweis *28 65*
**carte de crédit** *f* Kreditkarte 66 *42*
**carte du jour** *f* Tageskarte 31
**carte hébdomadaire** *f* Wochenkarte 34
**carte postale** *f* Postkarte 68 *67*
**carte routière** *f* Straßenkarte 103
**carte touristique** *f* *kart turiß'tik* Landkarte
**carton** *m* *kar'tõ* Schachtel
**cartouche de camping gaz** *f* Gaskartusche 46
**cascade** *f* Wasserfall 113
**casque de protection** *m* Schutzhelm 103
**casquette** *f* Mütze (mit Schirm) 83
**cassé/e** gebrochen 105 126 *71*
**casser** *ka'ßeh* kaputtmachen *104*
**cassis** *m* Johannisbeere 78
**cathédrale** *f* Dom/ Münster 115 *14*
**cause** *f* *koß* Ursache
**ce soir** *62*
**ce/cette** *ße/ßät* diese/ jene (r, s) *19*
**ceci** dies 17 *28 39*
**ceinture** *f* Gürtel 83 108
**célèbre** *ßeh'läbre* berühmt
**célibataire** ledig 145
**celle-ci** *39*
**cendre** *f* *ßãdre* Asche
**cendrier** *m* *ßãdri'eh* Aschenbecher
**cent** hundert
**cent-mille** hunderttausend
**centre** *m* *ßãtre* Mitte *18*
**centre commercial** *m* Einkaufszentrum
**centre ville** *m* Stadtmitte 21 116 *32 37*
**cépage** *m* Rebsorte 61
**cèpe** *m* Steinpilz 79
**cependant** *ßpã'dã* jedoch
**cercle** *m* *ßärkle* Kreis
**céréales** *f* Getreide 80
**cerise** *f* Kirsche 78
**certain** *ßär'tã* sicherlich
**cerveille** *f* Hirn 80
**cesser** *ßä'ßeh* aufhören zu
**chacun/une** *scha'kõ/ 'kün* jede(r, e)
**chaîne** *f* Kette/Kanal 129 141
**chaise** *f* Stuhl 43
**chaleur** *f* Hitze 170
**chambre** *f* **(à un lit/à deux personnes)** *schãbre* (Einzel/ Doppel-) Zimmer 43 *37 38*
**chambres libres** *37*
**chamois** *m* Wildleder 82
**champignons** *m* Champignons 79
**champs** *m* *schã* Acker
**changement de vitesse** *m* Gangschaltung 107
**changer** wechseln 66 *64 94 34*
**changer (de)** umsteigen 87 *90*
**chanson** *f* Lied
**chanson (populaire)** *f* (Volks-) Lied 139
**chansonnier/ère** Liedermacher 139
**chanter** *schã'teh* singen
**chantier** Baustelle 102
**chantilly** Schlagsahne 60
**chapeau** *m* Hut 83
**chapelle** *f* Kapelle 115
**chaque fois** *schak fo'a* jedesmal
**charcutier** *m* Metzger 149
**charge** *f* *scharsch* Ladung
**charger** aufladen 106
**chariot à bagages** *m* Kofferkuli 29
**charter** *m* Charterflug 96
**chasser** *scha'ßeh* jagen
**chat** *m* Katze 173
**château (fort)** *m* Schloß (Burg) 115 116
**chaud** heiß 124 170
**chaufe-souris** *f* Fledermaus 172
**chauffage** *m* Heizung 107
**chauffer** *schɔ'feh* heizen
**chauffeur (de taxi)** *m* (Taxi) Fahrer 33 149
**chaussée** *f* Fahrbahn 21 102
**chaussette** *f* *schɔ'ßät* Strumpf/Socke 84
**chaussettes** *f* Socken
**chaussures** *f* Schuhe 84
**chemin** *m* Weg 21 *18 101*
**chemins de fer** Bahn 93
**chemise (de nuit)** *f* *sch'mis de nü'i* (Nacht-) Hemd 83
**chèque (de voyage)** *m* (Traveller-) scheck 66 *65 75*
**cher** *schär* lieb 76
**chercher** *schär'scheh* suchen
**cheval** *m* Pferd 172
**cheveux** *m* Haar 181 *72*
**cheville** *f* Knöchel 181
**chèvre** *f* Ziege 172
**chevreuil** Reh 58
**chez** *scheh* bei *65*
**chien** *m* Hund 173
**chiffre** *m* *schifre* Zahl *23*
**chimie** *f* Chemie 148
**chimiste** *m* Chemiker/ -in 148
**chocolat** *m* *schɔkɔ'la* Schokolade
**choisir** *schoa'sir* aussuchen
**chose** *f* Sache 17
**chou** *m* Kohl 79
**chou-fleur** *m* Blumenkohl 79
**choucroute** Sauerkraut 59
**chute (de neige)** *f* (Schnee) Fall 131
**ciboulette** *f* Schnittlauch 79
**ciel** *m* Himmel 170
**cigarette** *f* *ßiga'rät* Zigarette
**cimetière** *m* Friedhof 115
**ciné(ma)** *m* Kino 138 *19 137*
**cinq** fünf
**cintre** *m* Kleiderbügel 43
**ciseaux** *m* *ßi'so* Schere
**cité** Altstadt 115
**citron** *m* Zitrone 78
**clair** heiter 83 170
**clair de lune** *m* *klär de 'lün* Mondschein
**(deuxième/première) classe** (zweite/erste) Klasse 93
**clé** *f* **(à écrous/ d'allumage)** (Schrauben/Zünd-) Schlüssel 106 109 185 *40*
**clé anglaise** *f* "Franzose" 106
**client,e** *m* *kli'ã,ãt* Patient/Klient 168
**clignotant** *m* Blinker 107
**climat** *m* Klima
**climatiseur** *m* Klimaanlage 38
**clocher** *m* Glockenturm 115
**clope** *f* Kippe 155
**clou de girofle** *m* Nelke 78
**coccinelle** *f* Marienkäfer
**cochet** *m* *kɔ'schã* Hähnchen
**code** *m* Vorwahl 70
**coffre** *m* Kofferraum 107
**coffre-fort** *42*
**coiffeur/se** *f* Friseur/in 149
**coiffure** *f* Haarschnitt 72
**coin** *m* Ecke 22
**col** *m* Gebirgspaß 21
**colère** *f* *kɔ'lär* Zorn
**collants** *m* Strumpfhose 84
**coller** *kɔ'leh* kleben
**colonne** *f* Wirbelsäule 181
**combien** *kõ'bjã* wieviel *18 25*
**comfortables** komfortable 37
**commande** *f* Bestellung 167
**commander (d'avance)** *kɔmã'deh* (vor-) bestellen *93*
**comme** *51*
**comme ça** *81*
**comme d'habitude** *62*
**commencer** *kɔmã'ßeh* anfangen
**comment?** *kɔ'mã* wie? *19*
**commerçant** *m* *kɔmär'ßã* Händler
**commerce** *m* Handel 168
**commettre** *kɔ'mätre* Verschulden
**commission** *f* Gebühr 65
**communication** *f* Verbindung 70
**communication directe** *f* Durchwahl 70
**communiquer** *kɔmüni'keh* mitteilen
**compagnie de voyage** *f* Busgesellschaft 89
**compartement** *m* *kõpart'mã* Zugabteil
**compartiment non-/ fumeur** *m* Nicht-/ Raucherabteil 92
**complet (de ski)** *m* (Ski-) Anzug 43 83 131 *92 94*
**compliment** *m* *kõpli'mã* Kompliment
**comportement** *m* *kõpɔrt'mã* Benehmen
**comprendre** *kõ'prãdre* verstehen *17*
**comprimé** *m* Tablette 175 *180*
**comptoir** *m* Kasse 103
**concert** *m* Konzert 136
**concombre** *m* Gurke 79

**concordance** *f* *kõkɔr'dãß* Übereinstimmung
**concurrents** *m* Konkurrenz 168
**conducteur** *m* Fahrer 89
**conduire** fahren (FahrerIn) 102
**confiance** *f* *kõf'jãß* Vertrauen
**confirmer** bestätigen 87
**confiserie** *f* Süßwaren 76
**confit** eingemacht 60
**confusion** *f* *kõfüs'jõ* Durcheinander
**connaissance** *f* *kɔnä'ßãß* Bekanntschaft
**connaisser** *37 51*
**connaître** *kɔ'nätre* kennen *114*
**connexion** *f* Stromanschluß 46
**conseil** *m* *kõ'ßäj* Rat
**conseiller (à)** *kõßäi'jeh* raten (zu) *51*
**conséquence** *f* *kõßeh'kãß* Konsequenz
**consigne (automatique)** *f* Gepäckaufbewahrung (Schließfach) 29 87 *40*
**consommer** *kõßɔ'meh* verbrauchen
**construction méchanique** *f* Maschinenbau 148
**construire** *114*
**contraceptif** *m* Schwangerschaftsverhütung 153
**contraire** *m* *kõt'rär* Gegenteil
**contrat** *m* Vertrag 169 *166*
**contravention** *f* Strafzettel 103
**contre (celà)** *kõtre ße'la* (da)gegen
**contre-visite médicale** *f* Untersuchung 175
**contrôle (des passeports)** *m* (Paß-) Kontrolle 28 103
**contrôleur** *m* *kõtrɔ'lör* Schaffner
**convenir** *165*
**convention** *f* *kõwãß'jõ* Abkommen
**conversation** *f* Unterhaltung 152
**conversation téléphonique** *f* *kõwärsaß'jõ tehlehfo'nik* Telefongespräch
**convexe** bauchig 126
**copain** *152*
**copin, la copine** *m* feste/-r Freund/-in 146
**coq** Hahn 58
**coquilles** *f* Muscheln 80
**corbeau** *m* Rabe
**corde** *f* *kɔrd* Schnur
**cordonnier** *m* Schuhmacher 149
**corne** *f* Hupe 107
**corps** *m* *kɔr* Körper
**correspondance** *f* Anschluß 87 *92*
**côte** *f* *kot* Küste/Seite 58 181
**coton** *m* Baumwolle 82
**coton-tige** *m* Wattestäbchen 164
**cou** *m* Hals (Nacken) 181
**couche** *f* Windel 164
**couchette** *f* Liegewagen 92 121
**coude** *m* Ellbogen 182
**coudre** *kudre* nähen
**couler** *41*
**couleur (des yeux/de cheveux)** *f* *ku'lɔr* (Augen/Haar-) Farbe 28 *81*
**couloir** *m* Gang 138
**coup de soleil** *m* Sonnenbrand 121 *123*
**coupe** *72*
**couper** schneiden *72*
**couple** *m* *kuple* Ehepaar
**cour** *m* Herz 115 181
**courage** *m* *ku'rasch* Mut
**courant** *m* *ku'rã* Strom (a. elektr.) *122*
**courbée** *20*
**courgette** *f* Zucchini 79
**courir (un risque)** *ku'rir* laufen (riskieren) 153
**courrier** *68*
**cours (magistral)** *m* Vorlesung 147
**cours de vacances** *m* *kur de wa'kãß* Ferienkurs
**course** *f* Fahrt 89
**court** *kur* kurz 124 *82*
**court métrage** *m* Kurzfilm 138
**court-circuit** *m* Kurzschluß 105
**cousin, la cousine** *m* Cousin/-e 145
**couteau** *m* Messer 53
**coûter** *ku'teh* kosten *33 38 72*
**coutume** *f* *ku'tüm* Sitte
**couvercle** *m* *ku'wärkle* Deckel
**couvert** bedeckt 53 170
**couverture** *f* *kuwär'tür* (Bett-) Decke 40 43
**couvrir** *kuw'rir* zudecken
**cravatte** *f* Krawatte 83
**crayon** *m* *krä'jõ* Bleistift
**crèche (d'enfants** *f*) (Kinder-) Hort 164
**crédit** *m* Kredit 168
**créer** *kreh'eh* erschaffen
**crème (solaire)** *f* (Sonnen-) Creme 80 83 121 164
**crèmerie** *f* Käseladen 76
**crêpe** *f* (dünner) Pfannkuchen 60
**cresson** Kresse 59
**crevé/e** geplatzt 105
**crevettes** *f* Garnelen/ Krabben 59 80
**cri** *m* *kri* Schrei
**cri-cri** *m* Grille
**cric** *m* Wagenheber 106 *104*
**crichot (romain)** *m* (römische) Waage 79
**crier** *kri'eh* schreien
**crime** *m* Verbrechen
**critiquer** *kriti'keh* kritisieren
**croire** *kro'ar* glauben (an) *52*
**croissant** zunehmend 124
**croix** *m* *kro'a* Kreuz
**cru** *krü* roh
**crudités** Rohkost 57
**cuillière (à café/à soupe)** *f* *küi'jär* (Tee/ Eß-)Löffel 53
**cuir (artificiel)** *m* (Kunst-) Leder 82
**cuisine** *f* Küche 41 *51*
**cuisinier** *m* Koch/ Köchin 149
**culture** *f* *kül'tür* Kultur 142
**curieux** *küri'jö* merkwürdig
**curiosité** *f* Sehenswürdigkeit 116
**cyclomoteur** *m* Moped 88
**cylindre** *m* Zylinder 109

# D

**d'abord** *da'bɔr* zuerst
**d'autrefois** *dotrefo'a* ehemalig
**d'ici** *di'ßi* von dort *86*
**d'où** *du* woher *20*
**dame** *f* *dam* Dame
**danger** *m* Gefahr 103
**dangereux,se** *dã~~seh~~ä'rö,ös* gefährlich *122*
**dans** *dã* in *38*
**dans un an** in einem Jahr 24
**dans un mois** in einem Monat 24
**dans une autre couleur** in einer anderen Farbe 82
**dans une autre taille** in einer anderen Größe 82
**dans une heure** in einer Stunde 24
**dans une semaine** in einer Woche 24
**danse** *f* *dãß* Tanz
**danser** *dã'ßeh* tanzen
**date (de naissance)** *f* *dat* (Geburts-) Datum 168 *25 177*
**de** *de* aus/von
**de celà** *deß'la* daraus
**de diverses couleurs** bunt 83
**De même!** Gleichfalls! 15
**de nouveau** *denu'wo* wieder
**de quoi** *deko'a* woraus
**de temps en temps** von Zeit zu Zeit 24
**de toutes façons** *de tut fa'ßõ* sowieso
**de là** daher
**demain (matin/soir)** morgen (früh/abend) *72*
**déballer** *dehba'leh* auspacken
**(au) début** (am) Anfang 22
**décembre** Dezember 25
**décharger** *dehschar'~~seh~~eh* entladen
**déchiré** gerissen 126
**déchirer** *dehschi'reh* zerreißen *126*
**décider** *dehßi'deh* entscheiden *166*
**décision** *f* *dehßiß'jõ* Entscheidung
**déclaration** Anzeige 184
**déclarer** anzeigen 184 *20*
**décoller** starten 96
**décors** *m* Bühnenbild 136
**dedans** *de'dã* drinnen
**défaut** *m* *deh'fo* Defekt
**défendre** *deh'fãdre* verteidigen
**dégagé** *dehga'~~seh~~eh* lose
**dégoter** entdecken 79
**degré** *m* Grad 170
**déhors** *deh'ɔr* draußen *39*
**déjà** *90 95*
**déjeuner** *m* *deh~~seh~~ö'neh* Mittagessen
**délit** *m* Delikt
**délivrer** *dehliw'reh* abliefern
**demain** morgen 24 *97*
**demander** *demã'deh* bitten
**démarrer** ablegen 102 *98 104*
**démarreur** *m* Anlasser 107
**demi** *de'mi* halb
**démodé** altmodisch 82
**démonter** ausbauen 106
**dénicher** aufstöbern
**dénoncer** *dehnõ'ßeh* anzeigen
**dent** *f* Zahn 181
**dentifrice** *f* *dãti'friß* Zahnpaste
**dentiste** *m* Zahnarzt/-ärzin 149
**dépannage** Reparatur 106
**départ** *m* *deh'par* Abreise *95*
**dépêcher** *dehpä'scheh* beeilen *33*
**déplacer** *dehpla'ßeh* verschieben
**depuis** *52*
**dépuis** *dehpü'i* seit
**déranger** *93*
**dernier** *94*
**derrière** hinter 22 181
**dès** *deh* seitdem
**glaçons** *m* Eiswürfel 40
**descendre (de)** abfahren/aussteigen (aus) 31 131 *32*
**descente** *f* Gefälle/ Abfahrt 21 131
**désespérer** *dehßäßpeh'reh* verzweifelt
**déshabiller** *dehsabi'jeh* ausziehen
**desinné,e** gemustert 83
**désir** *m* *deh'sir* Sehnsucht
**désirer** *dehsi'reh* wünschen *38 40 81*
**désordre** *m* *dehs'ɔrdre* Unordnung
**dessert** Nachtisch 57
**dessin** *m* Muster 83 116
**dessin animé** *m* Zeichentrickfim 138
**dessous** *m* Unterwäsche 84
**destin** *m* *däß'tã* Schicksal
**destinataire** *m* Empfänger 68

**détour** *m* *deh'tur* Ausrede
**détruire** *dehtrü'ir* vernichten
**deutsche Mark** *m* DM 65
**deux** zwei
**deuxième classe** *86*
**dévancer qn** *dehwã'ßeh* (jdm) zuvorkommen
**devant** vor 22
**développer** entwickeln 160
**déviation** *f* Umleitung 103
**déviner** *dehwi'neh* erraten
**devoir** *dewo'ar* schulden *19 32*
**dévoré de désir** *dehwo'reh de deh'sir* sehnsüchtig
**diable** *m* *di'able* Teufel
**dieu** *m* *d'jö* Gott
**différemment** *difehra'mã* andersartig
**différence** *f* *difeh'rãß* Unterschied
**différent** *difä'rã* verschieden
**difficile** *difi'ßil* schwierig
**difficulté** *f* *difikül'teh* Schwierigkeit
**diffusion (en direct)** *f* Sendung (life) 141
**dimanche** Sonntag 24
**dinde** Truthahn 58
**dingue** *19*
**dioptrie** *f* Dioptrie *71*
**dire** *17*
**direct** *di'räkt* direkt *32*
**directeur** *m* *diräk'tör* Direktor
**direction** *f* Richtung 103 *34*
**discipline** *f* Unterrichtsfach 147
**discussion** *f* *dißküß'jõ* Diskussion
**discuter** *dißkü'teh* diskutieren
**disparaître** *dißpa'rätre* verschwinden
**disque (compact)** *m* Schallplatte (CD) 139
**distance** *f* Entfernung
**distant** *diß'tã* entfernt
**distingué** *dißtä'geh* vornehm
**distributeur** *m* Verteiler 109
**diviser** *diwi'seh* teilen
**divorcé,e** geschieden 145
**dix** zehn
**dix-mille** zehntausend
**dixaine** *f* etwa zehn 23
**documentaire** *m* Dokumentarfilm 138 141
**documentation** *f* Katalog 168
**doigt** *m* Finger 182
**dollar** *m* Dollar 65
**dôme** *m* Kuppel 115
**domicile** *m* Wohnort 145 *65*
**dommage** *m* Schaden 127
**donc** *dõk* also
**donner** *dɔ'neh* geben
**donner (un conseil)** *dɔ'neh ɔ̃ kõ'ßäj* (Rat) geben *19*
**doré,e** gold 83
**dormir** schlafen 43
**dos** Rücken 58 *123*
**dose** *180*
**douane** *f* Zoll 29
**double** *duble* doppelt
**doubler** überholen (beim Fahren) 103
**douche** *f* die Dusche 38 41
**douleur** *f* *du'lör* Schmerz *180*
**doute** *m* *dut* Zweifel
**douter** *du'teh* bezweifeln
**doux** mild 61 170
**douzaine** *f* Dutzend 23 77
**drap** *m* *dra* Bettuch
**drapeau (rouge)** *m* (rote) Fahne 121
**drisse** *f* Startschot 127
**droits** *m* **de douane** Zollgebühren
**drogue** *f* Rauschgift 185
**droguerie** *f* Drogerie 76
**droit** *dro'a* gerade 148
**du brouillard** neblig 170
**(du) nord** *dü nɔr* nördlich (von)
**papier à écrire** Schreibpapier 40
**dur** hart 71
**dur d'oreille** *dür dɔ'räj* schwerhörig
**durée de séjour** *f* Aufenthaltsdauer 28
**durer** *33 86*

**E**

**eau** *f* **(de mer)** (Meer-) Wasser 80 122 *52*
**eau de vie** Schnaps 60 79
**eau** *f* **(minéral/ potable)** (Mineral/ Trink-) Wasser 43 60
**eau** *f* **vivante** Qualle 121
**eau-forte** *f* Radierung
**échange** *m* Austausch 147 169
**échanger** auswechseln 106
**échappement** *m* Auspuff 107 *105*
**échelle** *f* *eh'schäl* Leiter
**écluse** *f* Schleuse 128
**éclusier** *m* Schleusenwärter
**école** *f* **(commercia-le)** (Handels-)Schule 147 164
**école** *f* **d'initation** Einführungskurs 126
**école polytéchnique** Technische Universität 147
**economie** Wirtschaft 142
**écoulement** *41*
**écouter** hören 139
**écouter qn** zuhören 153
**écran** *m* Leinwand 138
**écrevisse** *f* Krebs 80
**écrire** *eh'krir* schreiben *17 23*
**écrit** *eh'kri* schriftlich
**écrivain** Schriftsteller/ -in 149
**écureuil** *m* Eichhörnchen
**édition** *f* Ausgabe 142
**éducation** *f* *lehdükaß'jõ* Erziehung
**éduquer** *ehdü'keh* erziehen
**effet** *m* *ä'fã* Wirkung
**efficace** *äfi'kaß* wirksam
**effort** *m* *ä'fɔr* Anstrengung
**effrayer** *äfrä'jeh* erschrecken
**également** *ehgal'mã* ebenfalls
**église** *f* Kirche 115 *113*
**éléctricien,ne** Elektriker/-in 148
**électricité** *m* *ehläktrißi'teh* Elektrizität
**électrique** *ehläk'trik* elektrisch
**éléctrotechnique** *f* Elektrotechnik 148
**élégant** *ehleh'gã* elegant
**élève** Schüler/-in (jung) 149
**elle** *äl* sie (sg.) *20*
**éloigner** *ehloan'jeh* entfernen
**emballer** *75*
**embarquement** *95*
**embrasser (qn)** *ãbra'ßeh* küssen (umarmen) 153
**embrayage** *f* Kupplung 107
**émission** *f* Sendung 141
**emmailloter** wickeln 164
**emmener** *97*
**employé,e** Angestellte/-r 148
**employeur** *m* Arbeitgeber/-in 167
**empoigner** *ãpoan'jeh* packen
**emprisonnement** *m* *ãprißɔn'mã* Haft
**emprunter** *ãprɔ̃'teh* leihen
**en arrière** rückwärts 22
**en avance** *39*
**en avant** vorwärts
**en bas** *ã 'ba* hinunter
**en ce temps-là** *ãßtã'la* damals
**en chemin** *ãsch'mã* unterwegs
**en colère** *ãkɔ'lär* zornig
**en éspèces** bar 65 *75*
**en face** gegenüber 22
**en fausse communication** falsch verbunden 70
**en haut** *ã_o* hinauf 22
**en panne** defekt 41 *104 105*
**en plus** *ã 'plüß* außerdem
**en provenance** *92*
**en retard** verspätet 96 *95*
**encaisser** einlösen (Scheck) *65*
**encore** *ã'kɔr* noch *18 41 52*
**encre** *m* *ãkre* Tinte
**endroit** *114*
**énervement** *ehnärw'mã* Aufregung
**énerver** *ehnä'weh* aufregen
**enfant** *m* Kind 164
**enfin** *ã'fã* schließlich
**enfin!** *ã'fã!* endlich!
**enlever** *ãle'weh* wegnehmen
**ennui** *m* *ãnü'i* Ärger
**ennuyant** *ãnüi'jã* langweilig
**ennuyer** *ãnüi'jeh* langweilen
**ennuyeux** *ãnü'jö* ärgerlich
**enseignement** *m* Unterricht 147
**ensemble** *ã'ßãble* gemeinsam
**ensoleillé** sonnig 37
**ensuite** *ãßü'it* danach
**entre-temps** *ãtre'tã* inzwischen
**entrée** *f* Einfahrt 28 102 138 *51 114*
**entreprise** *f* **(de transport)** Unternehmen (Spedition) 168
**entrer (dans)** *ãt'reh* eintreten (in)
**entretien** *lãtre'tjã* Unterhaltung (Gespräch)
**enveloppe** *f* Briefumschlag 68
**environ** *ãwi'rõ* ungefähr *33*
**environnement** *ãwirɔn'mã* Umwelt
**environs** *m* *ãwi'rõ* Umgebung
**envoyer** 68
**envoyer (un fax)** absenden (faxen) 70
**épaule** *f* Schulter 182
**épicerie** *f* Lebensmittelgeschäft 76
**épices** *m* Kräuter und Gewürze
**épinard** *m* Spinat 79
**épingle** *leh'pãgle* Nadel
**epoche** *f* Epoche 115
**épouse** *f* **époux m** Ehefrau/Ehemann 145
**épuisé** *ehpüi'seh* ausverkauft
**équilibrer** auswuchten 106
**équipement** *m* **(de plongée/de ski)** (Taucher/Ski-) Ausrüstung 122 131
**erreur** *m* *ä'rör* Irrtum *52*
**escalier** *m* Treppe 116
**escalope** Schnitzel 58
**escargot** *m* Schnecke 57 173
**espace** *m* **(cosmique)** *äß'paß kɔß'mik* (Welt-) Raum
**espérance** *f* *äßpeh'rãß* Hoffnung
**espérons que!** *äßpeh'rõ ke* hoffentlich
**essai** *ä'ßäj* Versuch
**essayer** *äßä'jeh* (aus)probieren *81*
**essence** *f* Benzin 102
**essuie-glace** *m* Scheibenwischer 108
**est** Ost 124
**est-ce que** *13*
**estimer** *äßti'meh* schätzen
**estomac** *m* Magen 181
**et** *eh* und
**étage** *m* Stockwerk 43
**étal** *m* Marktstand 79
**étale m, embouteilla-ge** *m* Stau 103

**étanche** *eh'tãsch* dicht
**étang** *m* *leh'tã* Teich
**état** *m* *leh'ta* Staat
**état** *m* **de famille** Familienstand 28
**été** Sommer 25
**éteindre** ausschalten 141
**éthnologie** *f* Ethnologie 148
**étoile** *m* Stern
**vedette** *f* Filmstar 138
**étonnement** *ehtɔn'mã* Verwunderung
**étrange** *eh'trã~~sch~~* fremd
**étranger** *ehtrã'~~sch~~eh* Ausland
**étranger/gère** *ehtrã'~~sch~~eh/~~sch~~är* Ausländer
**être** *19*
**être assis** *ätre a'ßi* sitzen
**être coupable de** *ätre ku'pable de* schuld sein an
**être d'accord** *m* *ätre da'kɔr* einverstanden sein
**être d'avis** *m* *ätre da'wi* meinen
**être dans la lune** in Gedanken sein 152
**déformé** beschädigt 105
**être en passage** *65*
**être né** *ätre neh* geboren werden
**être parents** *ätre pa'rã* verwandt (sein)
**être pressé** *33*
**être stationné** *105*
**étroit** *ehtro'a* eng
**étude** *f* **des langues latines** Romanistik 148
**études** *f* *eh'tüd* Studium
**étudiant,e** *ehtüd'jã,t* Student,in
**étudier** *ehtüd'jeh* studieren
**étui** *m* **(à lunettes)** (Brillen-) Etui 71
**événement** *m* *ehwän'mã* Ereignis
**exact** *äkß'akt* genau
**exagérer** *äkßa~~sch~~eh'reg* übertreiben
**exception** *f* *äkßäpß'jõ* Ausnahme
**exciter** *äkßi'teh* erregen
**excursion** *f* Ausflug 115 *114*
**Excusez-moi, svp** Entschuldigung, bitte 153
**exemplaire** *m* Exemplar 142
**exigeable** fällig 167
**exister** *äkßiß'teh* existieren
**expéditeur** *m* Absender 68
**explication** *f* *äkßplikaß'jõ* Erklärung
**expliquer** *äkßpli'keh* erklären
**exportateur** *m* Exporteur 167
**exportation** *f* Export 167
**exposer** belichten 160
**exposition** *f* Ausstellung 115

F

**fabriquer** *fabri'keh* herstellen
**fac(ulté)** *f* Uni(versität) 147
**façade** *f* Fassade
**facteur** *m* Briefträger 68 148
**facture (pro-forma)** *f* (Proforma) Rechnung 168
**fadasse** fade 77
**faible** *fäble* leise
**faim** Hunger 163
**faire** machen 155 *16* *52*
**faire attention** *fär atäß'jõ* aufpassen (auf) *122*
**faire bouillir** *fär bu'jir* abkochen
**faire du ski** Skilaufen 131
**faire du stop** trampen 87
**faire la barbe** rasieren 72
**faire la bise** Küßchen geben 153
**faire la collection** *fär la kɔläkß'jõ* sammeln
**faire la connaissance de qn** kennenlernen 153 *68 150*
**faire la cuisine** *fär la küi'sin* kochen
**faire la queue** *fär la kö* Schlange stehen
**faire la vaisselle** abwaschen 46
**faire le numéro** wählen 70
**faire le plein** *110*
**faire les courses** einkaufen 76
**faire mal** *fär 'mal* wehtun *180*
**faire sensation** *fär ßãßaß'jõ* auffallen
**faire ses adieux** *m* **à qn** verabschieden 153
**faire signe** *fär 'ßinje* winken
**faire son plein** tanken 110
**faire une promenade** spazierengehen 153
**faisan** Fasan 58
**falloir** *28*
**famille** *f* Familie 145
**farci** gefüllt 58
**farine** *f* *fa'rin* Mehl
**farineux,farineuse** mehlig 77
**fatigué** *fati'geh* müde
**fatiguer** *fati'geh* anstrengen
**faute** *f* *fot* Fehler
**faux** *fo* falsch
**faux-filet** *m* Filet 80
**Félicitations!** (meine) Glückwünsche! 15
**femme** *f* *fam* Frau
**fenêtre** *f* Fenster 38 *93*
**fenouil** Fenchel 59
**ferme** *f* *färm* Bauernhof
**fermé,e** geschlossen 76
**fermer** (**à clé**) *fär'meh a kleh* (zu)schließen *75*
**ferry-boat** *m* Fähre 87
**fête** *f* *fät* Feier
**fêter** *fä'teh* feiern *136*
**feu** *m* Feuer,Ampel 108
**feu d'arrêt** *m* Bremslicht 107
**feux (de route/ stationnement)** (Fern/Stand-) Licht 107 109
**février** Februar 25
**fiche de contact** *f* Stecker 44
**fièvre** *f* *fjäwre* Fieber
**figue** *f* Feige 78
**fil (métallique)** *m* *fil mehta'lik* Garn (Draht)
**filet** *m* Netz 132
**fille** *f* Tochter 146 *162*
**film (super-huit)** *m* (Super-8-) Film 160 *138*
**filmer** filmen 160
**fils** *m* Sohn 146
**filtre (á air)** *m* (Luft-) Filter 108 160
**(à la) fin** *m* *fẽ* (am) Ende 22
**fin,fine** fein 77
**finance** Finanzen 142
**fixation** *f* Bindung 131
**fixer (une date)** *72* *165*
**flache** *f* Schlagloch 103
**flanelle** *f* Flanell 82
**fleur** *f* *flɔr* Blume
**flirter** flirten 152
**foie** *m* Leber 80
**foire** *f* Messe 168
**fois** *146*
**fonctionner** *fõkßjɔ'neh* funktionieren *105*
**fond (de la mer)** *m* (Meeres-) Grund 121
**fondé/e** durchgebrannt 105
**fontaine** *f* Brunnen 115
**football** *m* *fut'bɔl* Fußball
**force (du vent)** *f* *fɔrß* (Wind-) Stärke/Kraft 124
**forcer** *fɔr'ßeh* zwingen
**fôret** *m* Wald 113
**forfait (de jour/demi-jour/hébdomadaire)** *m* Halb-/Tages-/ Wochenkarte 130
**formation (générale/ professionelle)** *f* *fɔrmaß'jõ ~~sch~~ehneh'ral* (Allgemein/ Berufsaus-) Bildung 147
**formulaire** *m* Formular 175
**fort** *fɔr* laut *122*
**fou** *fu* verrückt
**foudre** *f* Blitz 170
**fouiner** herumstöbern 79
**fourchette** *f* Gabel 53
**fourneau** *m* *fur'no* Herd
**fournis** *m* Ameise 172
**fournisseur** *m* Lieferant 168
**fourrure** *f* *fu'rür* Fell
**foyer** *m* Foyer 136
**fracture** *f* Bruch 175
**frais, fraîche** frisch 77
**fraise** *f* Erdbeere 78
**framboise** *f* Himbeere 78
**français** *17*
**France** Frankreich 142
**francs suisse** *m* Schweizer Franken 66
**frapper** *fra'peh* anklopfen
**frayeur** *f* *frä'jɔr* Schreck
**frein (à main)** *m* (Hand) Bremse 107 *105*
**freiner/donner un coup de frein** bremsen 102
**frelon** *m* Hornisse
**frère** *m* Bruder 145
**frères** *m* **et sours** *f* Geschwister 146
**fret (aérien)** *m* (Luft-) Fracht 167 168
**fric** *m* "Kohle" (Geld) 155
**frictionner** *123*
**frigo** *m* *fri'go* Eisschrank 43
**frites** *m* *frit* Pommes frites
**froid** kalt 124 170 *52* *123*
**fromage (blanc)** *m* Käse (Quark) 80 *16*
**front** *m* Stirn 181
**frontière** *f* *frõt'jär* Grenze
**fruit,s** *m* *frü'i* Frucht,Obst 78
**fruité** fruchtig 61
**fumée** *f* *fü'meh* Rauch
**fumer** *fü'meh* rauchen *93*
**fumeur/non-fumeur** Raucher/ Nichtraucher 93 *95*
**funiculaire** *m* Gondel 131
**fureur** *f* *fü'rɔr* Wut
**furieux** *füri'jö* wütend

G

**gagner** gewinnen 132
**galérie** *f* Galerie 115
**gambas** Garnelen 59
**gants** *m* Handschuhe 83
**garage (souterrain)** *m* (Tief-) Garage 103 *105*
**garantie** *f* Garantie 167
**garçon** *m* *gar'ßõ* Junge *62 162*
**garde forestier** *m* Förster 148
**gare (routière)** *f* (Bus-) Bahnhof 21 93 *86* *34*
**garer** parken 103 *39*
**gaz** *m* *gas* Gas
**gazoil** *m* Diesel *110*
**geler** frieren (Wetter) 170
**gênant** *~~sch~~ä'nã* peinlich
**gêner** *93*
**général** *~~sch~~ehneh'ral* allgemein
**genou** *m* Knie 182
**gens** *m* *~~sch~~ã* Leute
**gentil** *~~sch~~ã'tij* nett
**géographie** *f* Geographie 148
**géologie** *f* Geologie 148
**germanistique** *f* Germanistik 148
**geste** *m* *~~sch~~äßt* Geste
**gilet (de sauvetage)** *m* (Schwimm-) Weste 98
**girolle** *f* Pfifferling 79
**glace** *f* Eis 80
**glacé** gefroren 131
**glacier** *m* Gletscher 131
**glisser** gleiten 127
**gloche** *f* *glɔsch* Glocke
**gobelet** *m* *gob'lä* Becher
**gonfler** aufpumpen 106

**gorge** *f* Hals (Kehle, Rachen) 181
**gorges** *f* Schlucht 113
**gosse** *f* Göre 155
**goutte** *f gut* Tropfen *180*
**gouvernement** *m guwärn'mã* Regierung
**gramme** Gramm 77
**grand magasin** *m* Kaufhaus 76
**grand, grande** groß 37 77 *38 65*
**grand-mère** *f Großmutter* 146
**grand-père** *m* Großvater 146
**grandes ondes** *f grãds_õd* Langwelle (Radio) 141
**grandeur** *f* Größe 160
**grands-parents** *m grãpa'rã* Großeltern
**gratin** Überbackenes 60
**gratuit** kostenlos 168
**grave** *graw* schlimm
**gravier** *m* Kies 121
**gravillons** Rollsplitt 102
**gravure** *f* Stich
**grêle** *f* Hagel 170
**grenade** *f* Granatapfel 78
**grenouille** *f* Frosch 173
**grincer** *41*
**gris,e** grau 83
**gronder** *grõ'deh* schimpfen
**gros** *gro* dick,grob 77
**gros-mot** *m gro'mo* Schimpfwort
**grotte** *f* Höhle 113
**groupe** *f grup* Gruppe
**groupement d'entreprises** *m* Konzern 168
**guêpe** *f* Wespe
**guère** *gär* kaum *17*
**guerre** *f gär* Krieg
**gueule** *f göl* Mau
**gueuler** rumbrüllen 155
**guichet (automatique)** *m* Fahrkartenschalter (Geldautomat) 29 31 65 87
**guide** *m* (Reise-/Veranstaltungs-) Führer 87 142
**guitare** *f* Gitarre 139

## H

**habitant** *m abi'tã* Einwohner
**habitat** *abi'ta* Siedlung
**habiter** wohnen 43 *147*
**habitude** *f abi'tüd* Gewohnheit
**haché** Gehacktes 58
**halles** Markthallen 115
**haricots** *m* Bohnen 79
**hasard** *m a'sar* Zufall
**hâte** *f at* Eile
**haut** hoch 66 124
**haut-parleur** *m* Lautsprecher 93
**hauteur** f *o'tör* Höhe
**hébdomadaire** wöchentlich 24
**hélicopter** *m* Hubschrauber 88
**herbe,s** *f ärb* Gras,Kräuter 78 79
**hérisson** *m m* Igel
**heure** *f ör* Stunde *19 52*
**heure** *f* **(du départ/de pointe)** (Abfahrts/Hauptverkehrs-) Zeit 31 103
**heures d'ouvertures** *75 114*
**heureusement** *örös'mã* zum Glück
**hibou** *m* Eule
**hier** gestern 24
**histoire** *f* Geschichte 148
**hiver** Winter 25
**homard** Hummer 59
**homme** *ɔm* Mann
**homme d'affaires** Kaufmann/-frau 149
**honnête** *ɔ'nät* ehrlich
**hôpital** *m* Krankenhaus 175
**horlogerie** *f* Uhrmacher 76
**horrible** *ɔ'rible* schrecklich
**hospitalisation** *f* Krankenhausbehandlung 175
**hôte** *ot* Gastgeber
**hôtel** *m* **(moins cher)** Hotel (biliges) 43 *18 37 147*
**hôtesse** *f* **de l'air** Stewardess 149
**huile** *m* Öl 164 *104*
**huit** acht
**huîtres** *f* Austern 80
**humide** *ü'mid* feucht
**hypermarché** *75*

## I

**ici** hier 22 *13 17 18 32*
**idée** *19 135*
**il fait froid** *il fä fro'a* es ist kalt
**il faut que** *il 'fo ke* müssen
**il n'y a pas de …** es gibt kein – 41
**île** *f* Insel 98
**ils,elles** *il,äl* sie (pl.)
**image** *i'ma~~sch~~* Bild
**imité** *imi'teh* unecht
**important** *ãpɔr'tã* wichtig
**importation** *f* Import 168
**importer** *ãpɔr'teh* importieren
**impossible** *ãpɔ'ßible* unmöglich
**incendie** *m läßã'di* Brand
**inconnu** *ãkɔ'nü* unbekannt
**indicateur** *m* Fahrplan 31 87
**indiquer** *32 101*
**infirmier,-ère** Krankenpfleger/-schwester 149
**inflation** *f* Inflation 66
**information** *f läfɔrmaß'jõ* Information *141*
**informer** *ãfɔr'meh* benachrichtigen
**infusion** Kräutertee 60
**ingénieur (industriel)** (Bau-) Ingenieur 148 149
**innocent,e** unschuldig 185
**insolation** *f* Sonnenstich 122
**inspection** *f ãßpäkß'jõ* Besichtigung
**installations** *f* **sanitaires** Sanitäranlage 46
**instant** *m ãß'tã* Augenblick
**institut** *m* Institut 147
**intelligent** *ãtäli'~~sch~~ã* intelligent
**interdire** *ãtär'dir* verbieten
**interdit** *138*
**intéressant** *ãtehrä'ßã* interessant
**interprète** Dolmetscher/-in 148
**interrogatoire** Vernehmung
**interrupteur** *m* Lichtschalter 43
**intestin** *m* Darm 181
**inventer** *ãwã'teh* erfinden
**invitation** *f ãwitaß'jõ* Einladung
**invité** *m ãwi'teh* Gast
**inviter** *19*
**itinéraire** *m* Strecke 21

## J

**jadis** *~~sch~~a'diß* früher
**jalouser qn** *~~sch~~alu'seh* neidisch sein
**jalousie** *f ~~sch~~alu'ßi* Neid
**jamais** nie 24
**jambe** *f* Bein 182
**jambon** *m* Schinken 80
**jante** *f* Felge 107
**janvier** Januar 25
**jardin (public)** *m* (Stadt) Garten
**jardinier** *m* Gärtner 149
**jarretelles** *f* Strapse 84
**jaune** gelb 83
**jauni** *~~sch~~o'ni* vergilbt
**je** *~~sch~~e* ich *29*
**jeans** *m* Jeans 84
**jeudi** Donnerstag 24
**jeunesse** *f ~~sch~~ö'näß* Jugend
**joie** *f ~~sch~~o'a* Freude
**joindre mal** undicht sein 105
**joyeux** *~~sch~~oa'jö* froh, fröhlich, vergnügt
**joli** *~~sch~~o'li* hübsch
**jouets** *m* Spielzeug 164
**joueur** *m* Spieler 132
**jouir** *~~sch~~u'ir* genießen
**jour (ouvrable)** *m ~~sch~~ur uw'rable* (Werk-) Tag 24
**journal** *m ~~sch~~ur'nal* Tagebuch *142*
**juge** *m* Richter/-in
**juillet** Juli 25
**juin** Juni 25
**jupe** *f* Rock 84
**juridiction** *f* Gerichtsstand 167
**jus (de fruits)** *m ~~sch~~ü* (Frucht-) Saft 60
**jusqu'à** *33*
**jusqu'à présent** *~~sch~~üß'ka preh'sã* bisher
**jusque** *~~sch~~üßk* bis
**juste** *~~sch~~üßt* gerecht
**justice** *f ~~sch~~üß'tiß* Gerechtigkeit

## K

**K7** (Musik-) Kassette 139
**kayak** *m* Kajak *128*
**kilo** *m* Kilo *77*
**kilomètres (supplémentaires)** *kilo'mätre* Kilometer (-pauschale) 111 *101*
**kiosque** *m* Zeitungsstand 142

## L

**là** da 22 *69*
**la** *la* die
**là derrière** da hinten 22
**(faire la) vaisselle** Geschirr (waschen) 46
**là-bas** dort 22 *97*
**laboratoire photographique** *m* Fotolabor 160
**lac (artificiel)** *m* (Stau-) See 21 113
**laid** *läd* häßlich
**laine** *f* Wolle 82
**laisse** *f läß* Leine
**laisser** *lä'ßeh* lassen *39 70*
**lait** *m* Milch 80
**laitue** *f* Kopfsalat 79
**lame de rasoir** *f* Rasierklinge 44
**lampe** *f* Lampe 44
**lancer** *lã#ßeh* werfen
**langer** *163*
**langouste** Languste 59
**langue** *f lãg* Sprache 181
**lapin** Kaninchen 58
**laque** *f* Haarspray 72
**large** *lar~~sch~~* breit
**larme** *f larm* Träne
**lavabo** *m* Waschbecken 38 46
**laver** waschen 110
**laverie, la blanchisserie** *f* Wäscherei 76
**le** *le* der *17*
**collège** (etwa) Gesamtschule 147
**lycée** Gymnasium 147
**boulanger,ère** Bäcker/-in 148
**collègien,ne** Schüler/-in (älter) 149
**fiancé,e** Verlobte/-r 146
**fonctionnaire** Beamte/-r 148
**journaliste** Journalist/-in 149
**lycéen,ne** Gymnasiast/-in 149
**parent,e** *pa'rã,t* Verwandte,r
**prof(esseur)** Lehrer/-in 149
**représentant,e** Vertreter/-in 169
**retraité,e** Rentner/-in 149
**secrétaire** Sekretär/-in 149
**supérieur** Vorgesetzte/-r 169
**comédien/ne** Laienschauspieler 136
**voisin,e** *woa'sã,sin* Nachbar
**leçons** *f* **(de ski)** (Ski-) Unterricht/Kurs 131
**léger** leicht 61
**légume** *m leh~~sch~~üm* Gemüse
**lent** langsam 33
**lentement** *17 69*
**lentilles (cornéennes)** (Kontakt-)Llinsen 59 *71*
**lettre (de chargement/recommandée)** *f* (Fracht/Einschreibe-) Brief 68 167 *67*
**lèvre** *f* Lippe 181

**lézard** *m* Eidechse 173
**liberté** *f* *libär'teh* Freiheit
**libraire** *m* Buchhändler/-in 148
**librairie (d'occasion)** *f* Buchhandlung (Antiquariat) 76
**libre** frei *33*
**licence** *f* Lizenz 168
**lier** *li'eh* zubinden
**lieu** *m* Ort
**lieu (de naissance)** *m* *l'jö* (Geburts-) Ort 28
**lièvre** Hase 58
**ligne (numéro ...)** *f* Linie (Nr. ...) 89 *34*
**limite (de neige)** *f* (Schnee) Grenze 131
**lin** *m* Leinen 82
**linge (de lit)** *m* *lä~~sch~~* (Bett-) Wäsche 44
**liquide** *li'kid* flüssig
**liquide (à nettoyage/ pour freins)** *m* (Reinigungs/Brems-) Flüssigkeit 71 107
**lire** *lir* lesen
**liste (des prix)** *f* (Preis-) Liste 168
**lit** *m* Bett 44 *38 41*
**lit (d'enfant)** *m* (Baby-) Bett 164
**litre** *m* Liter 77 *110*
**livraison** *142*
**livre** *m* Pfund 78
**livret d'épargne postal** *m* Postsparbuch 66
**location de voitures** *f* Autovermietung 102
**locomotive** *f* *lokomɔ'tif* Lokomotive
**loge** *f* Loge 136
**logement** *m* *lo~~sch~~'mã* Unterkunft *37*
**loger pour la nuit** übernachten 43
**loi** *f* *lo'a* Gesetz
**loin (de)** *lo'ä̃* fern,weit(von) 22 *18*
**long** *lõ* lang 124
**longueur** *f* *lõ'gɔ̈r* Länge
**loucher** schielen 71
**louer** mieten 98 *111*
**lourd** *lur* schwer 61 170
**luciole** *f* Glühwürmchen
**lumière** *f* Licht 43
**lundi** (diesen) Montag 24 *97*
**lune** *f* Mond
**lune de miel** *f* *lün de 'mjäl* Flitterwochen
**lunettes (de soleil)** (Sonnen-) Brille 71, 185 121 *71*
**lutter** *lü'teh* kämpfen
**luxe** *m* *lükß* Luxus
**lynx** *m* Luchs

## M

**machine (à coudre)** *f* *ma'schin a kudre* (Näh-) Maschine
**mâchoire** *f* Kiefer 181
**maçon** *m* Maurer 149
**magasin** *m* Geschäft 76 *75*
**magnétophone** *m* Kassettenrecorder 139
**mai** Mai 25
**maigre** *mägre* mager
**maillot de bain** *m* Badeanzug 121
**main** *f* Hand 182
**maintenent** *mät'nã* nun,jetzt 24 *33*
**mais** *mä* aber *93*
**maison** *f* *mä'sõ* Haus
**mal de gorge** *m* *mal de 'gɔr~~sch~~* Halsweh
**mal élevé** *mal ehle'weh* ungezogen
**malade** *ma'lad* krank *176*
**maladie** *f* Krankheit 175
**malaise** *m* *ma'läs* Unwohlsein *178*
**malentendu** *m* *malãtã'dü* Mißverständnis
**maleur** *m* *ma'lɔ̈r* Unglück
**malheureux** *malɔ̈'rɔ̈* unglücklich
**malin** *ma'lä̃* schlau
**manger** *mã'~~sch~~eh* essen *13*
**manque d'égards** *f* *mãk deh'gar* Rücksichtslosigkeit
**manquer** *mã'keh* fehlen
**manteau** *m* Mantel 83
**maquereau** Makrele 59
**maquiller** *maki'jeh* schminken
**marchandises** *f* Waren 29
**marché** *m* Markt 21
**marcher** *18*
**mardi** Dienstag 24
**marée (basse/haute)** *f* Ebbe/Flut 124
**marée noire** *f* Ölpest 121
**marié,e** verheiratet 145
**marier** *mari'jeh* heiraten
**mariés** *m* *mari'jeh* Brautpaar
**marin** *m* *ma'rä̃* Matrose
**marmite** *f* *mar'mit* Kochtopf
**marque** *f* Marke 168
**marrant** witzig 155
**marriage** *m* *mari'ja~~sch~~* Ehe
**marron,e** braun 83
**mars** März *25*
**marsch** *f* *marsch* Stufe
**marteau** *m* Hammer 106
**martre** *f* Marder
**mât (de tente)** *m* Mast (Zeltstange) 46 127
**mat (de bain)** *m* (Bade-) Matte 121
**match** *m* *matsch* Fußballspiel
**matelas pneumatique** *m* Luftmatratze 43
**maternelle** *f* Kindergarten 164
**math(ématiques f)** Mathe(matik) 148
**matin** *m* *ma'tä̃* Morgen 24
**matinée** *f* *mati'neh* Vormittag
**mauvais** schlecht 170
**maux** *m* **de tête** *mo de 'tät* Kopfweh
**mec** *m* Kerl 155
**méchanicien** *m* Mechaniker 149
**médecin** *m* Arzt/Ärztin 175 *176*
**médecine** *f* Medizin 148
**médicament** *177*
**meilleur** *mä'jɔ̈r* besser (adj)
**melon** Melone 60
**même (si)** *mäm 'ßi* sogar (obwohl)
**menacer** *mena'ßeh* bedrohen
**ménagement** *m* *mehna~~sch~~'mã* Rücksicht
**ménagère** *f* Hausfrau 149
**mendiant** *m* *mãd'jã* Bettler
**mendier** *mã'djeh* betteln
**mener** *18*
**mensonge** *m* *mã'sõ~~sch~~* Lüge
**menton** *m* Kinn 181
**menuisier** *m* Schreiner/-in 149
**menus** *51*
**mer** *f* *mär* Meer *39 98 123*
**merci** *mär'ßi* Danke *97*
**Merci beaucoup!** Vielen Dank! 153 *42*
**mercredi** Mittwoch 24
**merde** *f* *märde* Mist 155
**mère** *f* Mutter 146
**message** *70*
**mesure** *f* *mä'sür* Metermaß
**métal** *m* *meh'tal* Metall
**météo** *f* Wetterbericht 141
**métier** *m* *meht'jeh* Handwerk
**mètre** *m* *mätre* Meter *18*
**metteur en scène** *m* Regisseur 136
**mettre** *mätre* stellen
**mettre aux arrêts** verhaften 185
**mettre en communication** durchstellen 70
**mettre qc en ordre** *mätre kälk'schos ã_'ɔrdre* Ordnung bringen
**meuler** schleifen 105
**midi** *m* *mi'di* Mittag 24
**miel** *m* Honig 80
**mieux** *m'jö* besser (adv)
**milieu** *m* *mil'jö* Milieu
**mille** tausend
**mille-pattes** *m* Tausendfüßler
**million** *m* (eine) Million
**mince** *mä̃ß* dünn
**mini-jupe** *f* Minirock 84
**minibus** *m* Minibus 87
**ministre** *m* *mi'nißtre* Minister
**minute** *f* *mi'nüt* Minute *92*
**miroir** *m* Spiegel 43
**mise en scène** *f* Spielleitung 136
**mobylette** *f* Mofa 87
**moderne** modern 82
**moi** *mo'a* mir, mich *16 19*
**moineau** *m* Sperling 172
**moins chèr** billig 37 *39*
**mois** *m* Monat 25
**moitiè** *f* *moat'jeh* Hälfte
**moment** *m* *mõ'mã* Moment *90*
**monastère** *m* Kloster 115
**monatlich** mensuel 24
**monde** *m* Welt 142
**moniteur** *m* Skilehrer 131
**monnaie** *f* Kleingeld 66
**monsieur** *möß'jö* Herr *78*
**mont** *m* Berg 21
**montagne** *f* Gebirge 21 *114*
**montant** *m* Betrag 65 124
**montée** *f* Steigung 21
**monter** einbauen 31 106 *45 97 125*
**montre** *f* Uhr 185
**montrer** *mõ'treh* zeigen *39 75*
**monture** *f* Brillengestell *71*
**monument** *m* Denkmal 115
**morceau** *m* Stück (von) 78
**mordre** *mɔrdre* beißen
**mort** *f* *mɔr* Tod
**mosaiquée** *f* Mosaik 115
**mosquée** *f* Moschee 115
**mot** *m* *mo* Wort
**moteur** *m* Motor 108 *104*
**motif** *m* Motiv 160
**moto** *f* Motorrad 46
**mou/molle** weich 71 78
**mouche** *f* Fliege 172
**mouchoir** *m* *muscho'ar* Taschentuch
**mouillé** *mui'jeh* naß
**mourir** *mu'rir* sterben
**moustache** *f* Schnurrbart 72
**moustique** *f* Mücke 172
**mouton** *m* Schaf
**mouvement commercial** *m* Umsatz 168
**mouvoir** *muwo'ar* bewegen
**Moyen Âge** *m* Mittelalter 115
**muet** *mu'ä* stumm
**multiplication** *f* Vervielfältigung 161
**mur** *m* *mür* Mauer
**mûr,e** reif 78
**mûres** Maulbeeren 60
**muscle** *m* Muskel 181
**musée** *m* Museum 115 *18*
**music-hall/le variété** *m* Singspielhalle 136
**musicien** *m* Musiker/-in 149
**musique (au vivant/ classique/pop)** *f* (Life-/klassische/ Pop-)) Musik *139*
**myope** kurzsichtig 71

## N

**nager** schwimmen 121 *122*
**naissance** *f* *nä'ßãnß* Geburt *25*
**nappe** *f* *nap* Tischtuch
**nation** *f* *naß'jõ* Nation
**nationalité** *f* Staatsangehörigkeit 29
**nature** *f* *na'tür* Natur
**naturel** natürlich 82
**naturellement** *natüräl'mã* selbstverständlich (adv)

**ne plus marcher** *104*
**ne rien** *28*
**ne...pas** *ne pa* nicht
**négatif** *m* Negativ 160
**neige (poudreuse)** *f* (Pulver) Schnee 131 170
**nerf** *m* Nerv 181
**nerveux** *när'wö* nervös
**nettoyage (à sec)** *m* *nätoa'jaseh (a 'ßäk)* (chemische) Reinigung
**nettoyer** *nätoa'jeh* putzen
**neuf** neun
**neveu** *m* Neffe 146
**nez** *m* Nase 181
**niais** *ni'ä* albern
**nièce** *f* Nichte 146
**niveau d'huile** *m* Ölstand 108
**noeud** *m* Knoten 127
**noir,e** schwarz 83
**noix (de muscade)** *f* (Muskat-) Nuß 59 78
**nom** *m* Name
**nom (de famille)** *m* *nõ* (Nach-) Name 28 145 *90*
**nombre** *m* *nõbre* Anzahl
**non** nein 13
**non-sens** *m* *nõ'sã* Unsinn
**nord** Nord 124
**nord-est** Nordost 124
**nord-ouest** Nordwest 124
**normal** *nɔr'mal* normal
**noter** *nɔ'teh* aufschreiben
**nounours** *m* Teddy 164
**nourisson** *m* Säugling 164
**nourrir** füttern 164
**nourriture** *f* *nuri'tür* Nahrung
**nous** *nu* uns *25*
**nouvelle** *f* Nachricht 141
**(nouvelle) lune** *f* *nu'wäl lün* (Neu-) Mond
**novembre** November 25
**nu** *nü* nackt
**nuage** *m m* Wolke 171
**nuageux** bewölkt 170
**nuit** *f* *nü'i* Nacht 24 *39 152*
**null part** *nül 'par* nirgends
**numéro** *m* Nummer
**numéro (de la chambre)** *m* *nümeh'ro* (Zimmer-) Nummer 43 70 *32 90*

O

**obélisque** *m* Obelisk 115
**objectif** *m* Objektiv 160 161
**objet** *ɔb'sehä* Gegenstand
**oblique** *ɔb'lik* schief
**observer** *ɔbßär'weh* beobachten
**obstacle** *m* Hindernis
**occupé** besetzt 70
**octobre** Oktober 25
**odeur** *ɔ'dɔ̈r* Duft
**oeuf** *m* Ei 57 80
**office du tourisme** *m* Touristeninformation 29
**oie** Gans 58
**oignons** Zwiebel 59
**oil** *m* *oj* Auge
**oiseau** *m* *oa'so* Vogel
**ombre** *m* Schatten 46
**ombreux** schattig 37
**omelette** *f* *ɔm'lät* Rührei
**on** *õ* man *13*
**oncle** *m* Onkel 146
**ondes** *f* **moyennes** *õd mɔ'jän* Mittelwelle (Radio)
**ongle** *m* *õgle* Fingernagel
**onze** *õs* elf
**opéra** *f* Oper 115
**opération** *f* Operation 175
**opinion** *166*
**opticien** *m* Optiker 76 149
**optimiste** *ɔpti'mißt* optimistisch
**or** *ɔr* Gold
**orage** *m* Gewitter 170
**orageux** stürmisch 124
**orange** *f* Apfelsine 78 83
**orchestre** *m* Orchester 136
**ordinaire** *f* Normalbenzin *72 110*
**ordre** *m* *ɔrdre* Befehl
**ordures** *f* *ɔr'dür* Müll,Abfall
**oreille** *f* Ohr 181
**oreiller** *m* Kopfkissen 40 43 44
**organiser** *ɔrgani'seh* organisieren
**orgue** *f* Orgel 115
**origan** *m* Oregano 78
**original** original 138
**origine** *f* *ɔri'sehin* Entstehung
**orteil** *m* *ɔr'täj* Zehe
**os** *m* Knochen 181
**ou** *u* oder
**où** *u* wo,wohin 17
**ouate** *f* *u'at* Watte
**oublier** *ubli'jeh* vergessen
**ouest** West 124
**ouf au miroir** *of o miro'ar* Spiegelei
**oui** ja 13 *39*
**ours** *m* Bär
**oursin** *m* Seeigel 121
**outils** Werkzeug 106
**ouvert,e** *u'wär* offen,geöffnet 76
**ouverture** *f* Blende 160
**ouvrier,ouvrière (professionel,le)** Arbeiter/-in 148 167
**ouvrir** *uw'rir* öffnen *28 32 75 93*
**ovre artistique** *owre artiß'tik* Kunstwerk

P

**P.T.T.** Post 21
**pagaie** *m* Paddel 128
**pagayer** paddeln 128
**paille** *f* *paj* Strohhalm
**pain** *m* Brot 80 *13 52*
**palais** *m* Palast 115
**pâle** *pal* blaß
**panne** *f* Panne 103
**panneau** *m* *pa'no* Schild 103
**pansement** *m* Pflaster 175
**pantalon** *m* Hose 84
**papeterie** *f* Schreibwarengeschäft 76
**papier,s** *m* *pap'jeh* Papier,e 185
**papillon** *m* Schmetterling 173
**papilotte** *f* Lockenwickler 72
**paquet** *m* Paket 68 *67*
**par avion** (mit) Luftpost 68
**par erreur** *par ä'rɔ̈r* versehentlich
**par hasard** *par a'sar* zufällig
**par jour** *128*
**par là** *par la* dorthin
**par** *par* durch
**parapluie** *m* *paraplü'i* Regenschirm
**parasol** *m* Sonnenschirm 122
**parc** *m* Park 115
**parce que** *parß'ke* weil
**parcours pittoresque** *m* landschaftlich schöne Strecke 21
**Pardon** *par'dõ* Entschuldigung *32*
**pardonner** *pardɔ'neh* verzeihen
**pare-brise** *m* Scheibe 109 110
**pare-chocs** *m* Stoßstange 109
**pareille** *pa'räj* gleich
**parents** *m* Eltern 145
**parking (surveillé)** *m* Parkplatz (überwacht) 21 103
**parler** *par'leh* sprechen,reden 153 *17 69*
**participer** *partißi'peh* teilnehmen
**partir (pour)** abreisen (nach) 43 87 103 *20 42 95*
**partout** *par'tu* überall *72*
**pas** *m* *pa* Schritt *17*
**pas encore** *pas_ã'kɔr* noch nicht
**passage (en douane)** *m* Durchreise (Zollabfertigung) 29 65
**passager** *m* Beifahrer 102
**passé** *m* *pa'ßeh* Vergangenheit
**passeport** *m* Paß 66 185 *65*
**passer** *16 104*
**passerelle** *m* Steg 98
**passport** *m* *paß'pɔr* (Reise-)Paß
**pastis** *62*
**pâtes** Pasta (Nudeln) 57
**pâtes** *f* Nudeln 80
**patience** *f* *paß'jäß* Geduld
**pâtisserie** *f* Konditorei 76
**patron m, patronne** *f* Chef 167
**pause** *f* *pos* Pause
**pavillon** *m* *pawi'jõ* Flagge
**payer** *pä'jeh* bezahlen 66 *39*
**pays** *m* *päj* Heimat (geogr.)
**paysage** *m* *päj'ßaseh* Landschaft
**paysan** *m* *päi'sã* Bauer
**péage** Mautstelle 102
**peau** *f* Haut 181
**pêche** Pfirsich 60
**pêcher** *pä'scheh* fischen
**pêcheur** *m* *pä'schɔ̈r* Angler 148
**pédalo** *m* Tretboot 122
**pédiatre** *m* Kinderarzt 164
**peigne** *m* Kamm 72
**peigner** *pän'jeh* kämmen
**peindre** *pãdre* malen
**peintre** *m* Maler 115
**pellicule (à couleurs/ noir et blanc/pour diapos)** *f* (Farb/ Schwarzweiß/Dia-) Film 160 *161*
**pendant** *pã'dã* während *39*
**pénible** *peh'nible* mühsam
**pénis** *m* Penis 181
**pensée** *f* *pã'ßeh* Gedanke
**penser (à)** *pã'ßeh a* denken (an) *104*
**pension** *f* Pension 43
**perdre** verlieren 132 *71 104*
**père** *m* *pär* Vater 146
**permettre** *pär'mätre* erlauben
**permis (de conduire)** *m* Führerschein 103, 185
**permis (de séjour/de travail)** *m* (Aufenthalts/Arbeits-) Genehmigung 28
**persil** Petersilie 59
**personne** *pär'ßɔn* keiner 46 *37*
**perte** *f* *pärt* Verlust 167
**pèser** *pä'seh* wiegen
**petit, petite** *p'ti* gering,klein 77 *65*
**petit déjeuner** *m* Frühstück 43 *39*
**petit noir** *62*
**petit pain** *m* *pe'ti pã* Brötchen
**petit paquet** *m* *p'ti pa'kã* Päckchen
**petit-fils** *m* *p'ti 'fij* Enkel
**petit-pois** Erbsen 59
**petites ondes** *f* Kurzwelle 141
**peu** *pö* wenig
**peuple** *m* *pɔ̈ple* Volk
**peur** Angst 163 *33*
**peut-être** vielleicht
**phare (code)** *m* Scheinwerfer (Abblendlicht) 107 108
**pharmacie** *f* Apotheke 76 *177*
**pharmacien** *m* Apotheker/-in 148
**philo(sophie)** *f* Philosophie 148
**photo** *f* Foto 160
**photographe** *m* Fotograf 160
**phrase** *f* *fras* Satz
**physicien** *m* Physiker/ -in 149
**physique** *f* Physik 148
**piaule** *f* Bude 155
**picoler** *pikɔ'leh* saufen
**pièce** *f* Stück,Münze 66 78
**pièce d'identité** *f* Ausweis 65
**pièce de réchange** Ersatzteil *106*
**pied** *m* Fuß 182
**pieds nus** *pjeh nu* barfuß

**pierre (précieuse)** *f* *p'jär prehß'jös* (Edel-) Stein
**pigeon** Taube 58
**pile** *f* Batterie 160
**pilier** *m* Pfeiler
**pilote** *m* Pilot/-in 96 149
**pince** *f* Zange 106
**piquer** *pi'keh* stechen
**piquet de tente** *m* Hering 46
**piqûre** *f* Spritze 175
**piscine** *f* Schwimmbad 43 121
**piste** *f* Piste 131
**pistolet** *m* Pistole 185
**piston** *m* Kolben 107
**place** *f* Platz 46 95 *18 93*
**plage** *f* Strand 122 *97*
**plaire** *plär* gefallen *39 42 146*
**plaisanterie** *f* *pläsã'tri* Witz
**plaisir** *m* *plä'sir* Vergnügen
**plan** flach 126
**plan de ville** *m* Stadtplan 40 87 *75*
**planche,s** *f* *plãsch* Brett,Skier 131 *125*
**plante** *f* *plãt* Pflanze
**planter** *plã'teh* pflanzen
**plaque (d'immatriculation)** *f* Nummernschild 108
**Plâques** *m* *plak* Ostern
**plat du jour** Tagesteller 57 *51*
**plein** voll 110
**pleine lune** *f* *plän 'lün* Vollmond
**pléthore** *f* Überfluß 79
**pleurer** weinen 164
**plonger** tauchen 122
**pluie** *f* Regen 170
**plume** *f* *plüm* Feder
**plupart du temps** *f* *la plü'par dü 'tã* meistens
**plus (de)** *plü* mehr
**plus court** kürzer 82
**plus long** länger 82
**plus petit/plus grand** kleiner/größer 82
**plus que** *38*
**plus tard** *plü tar* später
**plus tôt** *plü 'to* eher
**plusieur** *plüs'jɔr* mehrere
**pneu** *m* Reifen 108
**poème** *m* *pɔ'äm* Gedicht
**poids** *m* Gewicht 68
**poignée** *f* **(de main)** *poan'jeh* Griff (Händedruck) 152
**poignet** *m* Handgelenk 181
**pointure** *81*
**poire** Birne 60
**poireau** Lauch 59
**poisson** Fisch 57
**poitrine** Brust 58
**poivre** Pfeffer 59
**poivron** *m* Paprika(schote) 59 79
**poli** *po'li* höflich
**police (routière/judiciaire)** *f* (Verkehrs/Kriminal-) Polizei 21 103 184
**politique** Politik 142
**pollution** *f* Verschmutzung 103
**pomme** Apfel 60
**pomme de terre** *f* Kartoffel 59 79
**pompe (d'injection)** *f* (Einspritz-) Pumpe 107 109 129
**pont** *m* Brücke 21
**population** *f* *pɔpülaß'jõ* Bevölkerung
**porc** Schwein 58
**port** *m* Hafen 68 98
**portail** *m* Portal 115
**porte** *f* Tor 109 116 *32*
**porte-monnaie** *m* Geldbörse 185
**porter** *pɔr'teh* tragen
**portier** *m* der Portier 41
**posséder** *pɔßeh'deh* besitzen
**possible** *pɔ'ßible* möglich *71*
**poste (de radio)** *m* Radio (Empfänger) 38 139 141
**poste aérienne** *f* *pɔßt aehri'jän* Luftpost
**poste de police** *m* Polizeirevier 185
**poste restante** postlagernd *68*
**pot** *62*
**pot catalytique** *m* Katalysator 107
**pot-au-feu** Gemüseeintopf 60
**pou** *m* Laus
**poubelle** *f* *pu'bäl* Mülleimer
**poudre** *f* Puder 164
**Poulet** Huhn 58
**poumon** *m* Lunge 181
**poupée** *f* Puppe 164
**pour** *pur* für *18*
**pour ainsi dire** *pur ã'si dir* sozusagen
**pour rien** *pur r'jã* umsonst
**pourboire** *m* *pubo'ar* Trinkgeld
**pourquoi** *purko'a* warum *20*
**pourri,e** faul 77
**pourtant** *pur'tã* dennoch
**pousser** *pu'ßeh* drängeln
**poussette** *163*
**poussière** *f* *puß'jär* Staub
**poussiéreux** *pußjä'rö* staubig
**poussin** *m* Küken
**pouvoir** *puwo'ar* können *13 23*
**précipitations** *f* Niederschlag
**premier/ière** *prem'jeh/'jär* erste(r, s) *94*
**première** *f* Erstaufführung 136 138
**première classe** *92*
**prendre** *prãdre* greifen *16 19 39*
**prendre froid** *prãdre fro'a* erkälten
**prénom** *m* Vorname 28
**près (de)** nahe (bei) 22 33 *18 51*
**prescription** *f* *präßkripß'jõ* Vorschrift
**présent** *m* *preh'sã* Geschenk
**présenter qn** vorstellen 153
**président** *m* *prehsi'dã* Präsident
**presque** *präßke* fast
**pressant** *prä'ßã* eilig
**presse** *f* Presse 142
**pression (de gonflage)** *f* (Reifen) Druck 60 107 108 *62*
**prétendre** *preh'tãdre* behaupten
**prêter** *104*
**prêtre** *m* Priester 115
**preuve** *f* *prɔ̈w* Beweis
**prévenir** *prehw'nir* warnen (vor)
**primeurs** *m* Frühobst/-gemüse 79
**printemps** *m* Frühling 25
**prise (de courrant)** *f* Steckdose 44 107
**prison** *m* Gefängnis 104
**privé** *pri'weh* privat
**prix (d'achat/de vente)** *m* *pri* (Einkaufs/Verkaufs-) Preis 167 169
**problème** *m* *prɔb'läm* Problem
**procès** *m* Prozeß
**prochain,e** *90 ,33*
**prodige** *m* *prɔ'diseh* Wunder
**production** *f* Herstellung 168
**produit** *75*
**profession** *f* Beruf 145
**profiter de** *prɔfi'teh* ausnutzen
**profits** *m* Gewinne 167
**profond** *pro'fõ* tief
**promesse** *f* *prɔ'mäß* Versprechen
**proposer** *propo'seh* vorschlagen
**propre** *prɔpre* sauber
**propriété** *f* *prɔprijeh'teh* Eigentum
**prospectus** *m* Prospekt 168
**protéger** *prɔteh'seheh* beschützen
**proue** *f* Bug 98
**provisoire** *prowißo'ar* vorläufig
**prune** Pflaume 60
**psychologie** *f* Psychologie 148
**publication** *f* *püblikaß'jõ* Bekanntmachung
**publicité** *f* Werbung 169
**puer** *pü'eh* stinken
**puis** *pü'i* dann
**pull** *m* Pullover 84
**punition** *f* *püniß'jõ* Strafe

**qu'est-ce que** *14*
**qu'est-ce que c'est** *13*
**quai** *m* Bahnsteig 89
**qualité** *f* Qualität 168
**quand** *kã* wann
**quand même** *kã'mäm* trotzdem
**quantité** *f* Menge 168
**quart (d'heure)** *m* *kar 'dor* Viertel (-stunde) 78 *105*
**quartier** *m* Stadtviertel 21
**quatre** vier
**que** *17*
**quel** *19*
**quelconque** *käl'kõk* irgendein
**quelqu'un (d'autre)** *käl'kɔ̃* jemand (anders)
**quelque chose** *kälke'schos* etwas *28*
**quelque part** *kälke'par* irgendwo
**quelquefois** manchmal 24
**querelle** *f* *kä'räl* Streit
**question** *f* Frage
**qui** *19*
**quincaillerie** *f* Eisenwaren 76
**quittance** *f* Quittung 66
**quitter** *ki'teh* verlassen *42 69*
**quotidien** täglich 24

**raccrocher** auflegen 70
**racine** *f* *ra'ßin* Wurzel
**raconter** *rakõ'teh* erzählen
**radiateur** *m* Kühler 107 *104*
**radio** *140*
**radiographie** *f* Röntgenaufnahme 175
**radiotéléphone** *m* Funktelefon 70
**raie** Rochen 59 72
**raisin** Traube 60
**raissonable** *räsõ'nable* vernünftig
**ralentir** langsamer fahren 102 *33*
**rame** *f* Ruder 128
**ramer** rudern 128
**rangée** *f* Reihe 138
**ranger** *rã'seheh* aufräumen
**rapide** schnell 33 *128*
**rapidement** *71*
**rappeller** *70*
**rarement** selten 24
**rasoir électrique** *m* Rasierapparat
**rassurer** *raßü'reh* beruhigen
**rat** *m* Ratte 173
**ratatouille** Gemüsepfanne 60
**rattraper** *ratra'peh* einholen
**rayé,e** gestreift 83
**rayon** *m* Abteilung 76
**recevoir** *reßewo'ar* bekommen
**recharger** *105*
**réchaud à gaz** *m* Gaskocher 46
**réchauffer** *rehscho'feh* wärmen
**récolte** *f* *reh'kɔlt* Ernte
**récolter** *rehkɔl'teh* ernten
**recommander** *37*
**reconfirmer** *94*
**reconnaissant** *rekɔnä'ßã* dankbar
**récréation** *f* *rehkrehaß'jõ* Erholung
**récupérer** *71*
**reddition** *f* Rückgabe 111
**réduction** *f* Ermäßigung 76 164 *38*
**réel** *reh'äl* eigentlich
**réfléchir** *rehfleh'schir* überlegen *167*
**réfrigérer** *rehfriseheh'reh* kühlen
**regard** *m* *re'gar* Blick

**regarder (la télé)** *regar'deh* schauen (fernsehen) 141 *81*
**région** *f rehsch'jõ* Gebiet *51*
**règle** *f rägle* Regel
**régler** *rehg'leh* abrechnen 106
**regretter** *93 151*
**régulier** gleichmäßig 124
**répondre** *reh'põdre* antworten
**reine** *f rän* Königin
**religion** *f relisch'jõ* Religion
**remède** *m re'mäd* Arzneimittel
**remercier** *remärß'jeh* bedanken
**remettre (en ordre)** *41*
**remorque** *f* Anhänger 46
**remorquer** abschleppen 105 106
**rempart** *m* Stadtmauer/Wall 116
**remplacer** ersetzen 106
**remplir** ausfüllen 65
**renard** *m* Fuchs 172
**rencontrer** *rãkõ'treh* treffen
**rendez-vous** *m* Verabredung 153
**rendre** zurückgeben *42 111*
**renoncer à** *renõ'ßeh* verzichten auf
**renseignement** *m* Auskunft 70
**renversé** *rãwär'ßeh* verkehrt
**renverser** *rãwär'ßeh* verschütten
**réparer** reparieren 106 *71*
**repas** *m re'pa* Mahlzeit *52*
**répéter** *rehpeh'teh* wiederholen *17*
**réponse** *f reh'põß* Antwort
**réportage** *m* Reportage 141
**réporter** *m* Reporter 142
**réserver** buchen 43 87 *93 94*
**réservoir** *m* Tank 109
**respirer** *räßpi'reh* atmen *180*
**ressemblant** *rehßã'blã* ähnlich
**restant** *33*
**restaurant** *m räßtɔ'rã* Restaurant *51 135*
**rester** *38*
**résultat** *m* Ergebnis 132
**retard** *m* Verspätung 93 *92*
**retirer** (Geld) abheben 65
**retour** *m re'tur* Rückkehr
**rétroviseur** *m* Rückspiegel 108
**réunion** *f* Besprechung 167
**rêve** *f räw* Traum
**réveil (-matin)** *m* Wecker 43
**réveiller** *rehwä'jeh* aufwecken 43 *40*
**revenir** wiederkommen 43 *69*
**rêver** *rä'weh* träumen *152*
**revoir qn** wiedersehen 153 *151*
**revue (de sport)** *f* (Sport-) Zeitschrift 142
**rez-de-chaussée** *m rehdschɔ'ßeh* Erdgeschoß
**rhume (de cerveau)** *m rüm de ßär'wo* Schnupfen (Erkältung)
**richesse** *f ri'schäß* Reichtum
**rideau** *m ri'do* Gardine
**rien** *ri'jã* nichts
**rigoler** scherzen 153
**rigolo** *m* Brecheisen 106 156
**rire** *rir* lachen
**ristourner** stornieren 168
**rive** *f riw* Ufer
**rivière** *f* Fluß 98
**riz** *m* Reis 80
**robe** *f* Kleid 83 *81 151*
**robinet** *m* Wasserhahn 44 *41*
**rocher** *m* Felsen 113
**rognon** Niere 58
**roi** *m ro'a* König
**roman** *m rɔ'mã* Roman
**romantique** romantisch 116
**romarin** *m* Rosmarin 78
**rond** *rõ* rund
**rose** rosa 83
**rosée** *f ro'seh* Prügel
**roue (avant/arrière/de secours )** *f* (Vorder/Hinter/Reserve-) Rad 107 108 109
**rouge** rot 57 83
**rouillé/e** verrostet 105
**rouler** fahren (Fahrzeug) 102
**route** *101*
**routule** *f* Kniescheibe 181
**rue** *f* Straße 102 103 *18*
**ruine** *f* Ruine 116 *114*
**rustique** einfach

**sable** *m* Sand 121
**sac** *m* **(à dos/de couchage)** *sak* (Ruck/Schlaf-) Sack 46 185
**sac (à main)** *m ßak a 'mã* (Hand-) Tasche
**sachet** *m ßa'schä* Beutel
**sacré** *ßak'reh* heilig
**saignant** *51*
**sain** *ßã* gesund
**saisir** *ßä'sir* begreifen
**saison** *f* Jahreszeit 25
**salade** *f* Salat 57 79
**salaire** *m* Gehalt 167
**sale** *ßal* dreckig *41*
**sali** verschmutzt 105
**salle** *f* Raum 41 87 136
**salle de bains** *f* Bad 38
**salon de coiffure** *m* Friseur 72 76
**saluer** begrüßen 152
**salut, ciao** Tschüß 15
**salutation** *f* Begrüßung 152
**samedi** Samstag 24
**saigner** *ßän'jeh* bluten
**sandales** *f* Sandalen 84
**sang** *m* Blut 181
**sans** *ßã* ohne
**sans cour** *ßã 'kor* herzlos
**sans plomb** bleifrei 102 *110*
**santé** *f ßã'teh* Gesundheit
**satisfait** *ßatiß'fä* satt
**satutations** *f ßalütaß'jõ* Grüße
**sauf** *ßof* außer
**saumon** Lachs 59
**sauver** *ßo'weh* retten
**sauvetage** *m ßow'tasch* Rettung
**savoir** *18 28*
**savon** *m ßa'wõ* Seife
**savoureux, épicé** würzig 61
**Schlauchboot** canot pneumatique 121
**schnorchel** *m* Schnorchel 121
**schreien** pleurer 164
**scie** *f ßi* Säge
**scooter** *m* Roller 87
**scorpion** *m* Skorpion
**sculpteur** *m* Bildhauer 115
**sculpture** *f* Skulptur 116
**se** *104*
**séance** *f* Vorstellung 138
**sec, brut** trocken 61
**sécher** *ßä'scheh* trocknen
**seconde** *f ße'kõd* Sekunde
**secouer** *ßeku'eh* schütteln
**sécours** *176*
**secret** *m ßäk'rä* Geheimnis
**sécurité** *f ßehküri'teh* Sicherheit
**seiche** Tintenfisch 59
**seins** *m* Busen 181
**sel** *m* Salz 53
**selle** *f* Sattel 108
**semaine** *f ße'män* Woche *146*
**sens unique** Einbahnstraße 102
**sensible** *sã'ßible* empfindlich
**sentier pédestre** *m* Wanderweg 113
**sentiment** *m ßãti'mã* Gefühl
**sentir** *ßã'tir* riechen
**sentir qc** *ßã'tir* duften (nach)
**séparé,e** getrennt 145
**sept** sieben
**septembre** September 25
**sérieux** *ßehri'jõ* ernst
**serpent** *m* Schlange 173
**serré** *82*
**serrer** anziehen
**serrurier** *m* Schlosser 149
**serviette** *f* Handtuch 40 44 53
**servir** *ßär'wir* bedienen *52 78*
**seul,e** *ßɔ̈l* allein
**seulement** *ßɔ̈l'mã* nur
**shampooing** *m* Shampoo
**short** *m* Shorts 84
**show** *m* Show 141
**si** doch 13 *38 93*
**sida** *m* Aids 175
**siècle** *m* Jahrhundert 115
**siège** *m* Sitz 108 164
**sieste** *f* Mittagsschlaf 164
**signal** *m ßin'jal* Signal
**signature** *f* Unterschrift 66
**signer** unterschreiben 66 *65*
**silence** *f ßi'lãß* Ruhe
**silencieux** *ßilãß'jö* ruhig
**simplement** *ßãple'mã* bloß
**sincère** *ßã'ßär* aufrichtig
**six** sechs
**socio(logie)** *f* Soziologie 148
**soie** *f* Seide 82
**soif** Durst 163
**soir** *ßo'ar* Abend 24 *19*
**sol** *m ßɔl* Boden
**soldat** *m ßɔl'da* Soldat
**sole** Seezunge 59
**soleil** *m* Sonne 171 *170*
**sombre** *ßõbre* dunkel
**somme** *f ßɔm* Summe
**sommeil** *m ßɔ'mäj* Schlaf
**sommet** *m ßɔ'mä* Gipfel
**son** *m ßõ* Ton
**sonner** *ßɔ'neh* klingeln
**sonnette** *f ßɔ'nät* Klingel
**sono/le hifi** *m* Stereoanlage 139
**sorbet** Eisspeise 60
**sorte** *f ßɔrt* Sorte
**sortie (de sécours)** *f* (Not-) Ausgang/Ausfahrt 87 96 102 *95*
**sortir** *ßɔr'tir* ausgehen *151*
**souci** *m ßu'ßi* Sorge
**soufflé** Auflauf 60
**soumis à la douane** zollpflichtig 29
**soupe** Suppe 57
**soeur** *f* Schwester *146*
**source** *f* Quelle 113
**sourire** *ßu'rir* lächeln
**souris** *f* Maus
**sous** unter
**sous-titres** *m* Untertitel 138
**soutenir** *ßute'nir* unterstützen
**souterrain** *m* U-Bahn 31
**soutien** *m ßut'jã* Unterstützung
**souvenir** *m ßuwe'nir* Andenken
**souvent** oft 24
**spécial** *ßpehß'jal* besonders *152*
**spécialité** *51*
**spectateur** *m* Zuschauer 132
**sport** Sport 142 *16*
**station (d'essence/-service )** 103 *34*
**statue** *f* Statue 116
**style** *m* Stil 116
**stylo** *m* Stift 17
**succès** *m* Erfolg 138
**sucer** nuckeln 164
**sucre** *m* Zucker 80
**sud** Süden 124
**sud-est** Südost 124
**sud-ouest** Südwest 124
**suisse** Schweizer 145
**suite** *f ßü'it* Fortsetzung
**super** *m* Superbenzin *110*
**supermarché** *m* Supermarkt 76 *14*
**supporter** *ßüpɔr'teh* aushalten/ertragen

**supplément** Aufpreis 57 92 93
**sûr** *ßür* sicher
**sur** *ßür* auf 22 *20*
**surchauffé/e** überhitzt 105
**surf** *m* Wellenreiten 122
**surface** *m ßür'faß* Fläche
**surprise** *f ßür'pris* Überraschung
**surveillé** bewacht 46
**svelte** *ßwält* schlank
**sympathique** *ßãpa'tik* sympathisch
**syndicat d'initiative** *m* Touristenbüro 21
**système nerveux** *m* Nervensystem 181

## T

**ta, ton** *ta,tõ* dein *25*
**tabac** *m ta'ba* Tabak
**table (de chevet)** *f table* (Nacht-) Tisch 44 *51*
**table et la logis** *f* Kost und Logis 43
**tableau** *m* Gemälde 115
**tâche** *f tasch* Fleck
**taille** *f taij* Größe (Kleidung) *65 81*
**tailleur** *m* Schneider/-in 149
**tampon d'ouate** *m* Wattebausch 164
**tante** *f* Tante 146
**tapis** *m ta'pi* Teppich
**tard** *tar* spät
**tarte** Kuchen 60
**tas** *m ta* Haufen
**tasse** *f* Tasse 53
**taureau** *m* Stier
**taux d'échange** *m* Wechselkurs 66 *64*
**taxamètre** *m* Taxiuhr 33
**taxi** *m* Taxi 33 *42*
**technicien** *m* Techniker/-in 149
**teindre** färben 72
**teinturerie** *f* Reinigung 76
**hôtel** *m* **de ville** Rathaus
**télé** *f* Fernsehapparat 38 43 *141*
**télécarte** *69*
**téléfax** *m* Telefax 70
**télégramme** *m* Telegramm 68
**téléphone** *m* Telefon 29 41 70 168
**téléphoner** telefonieren 70 *69*
**télévision** Fernsehen 142
**température** *f* Temperatur 171
**tempête** *f* Sturm 124
**temple** *m* Tempel
**temps** *m* Wetter 171 *18*
**tendu** *tã'dü* gespannt (sein)
**tenir** *te'nir* festhalten
**tennis** *m* Tennis 132
**tente** *f* Zelt 46 *45*
**tenton** *m* Sehne 181
**terminer** *tärmi'neh* beenden
**terminus** *m* Endstation 87
**terre** *f tär* Erde
**terrine** *f tä'rin* Schüssel
**tête** *f* Kopf 182
**tétine** *f* Schnuller 164
**thé** *m* Tee 80
**théâtre** *m* Theater 116
**théologie** *f* Theologie 148
**thermes** *f* Thermen
**thon** Thunfisch 59
**thym** *m* Thymian 78
**ticket** *m* Fahrkarte 96 *89*
**tiède** lau 170
**timbre** *m* Briefmarke *68*
**timide** *ti'mid* schüchtern
**tique** *f* Zecke
**tirage** *m* Abzug 142 160
**tirer** *ti'reh* losen
**tissu** *m* Stoff 76 82
**tissu,e** gewebt 82
**toi** *20*
**toit** *m to'a* Dach
**tomate** 79
**tombeau** *m* Grabmal 115
**tomber** *tõ'beh* fallen *104*
**tomber amoureux** *tõ'beh amu'rö* verlieben in
**tomber malade** *tõ'beh ma'lad* krank werden
**tonalité** *f* Freizeichen 70
**tonnerre** *m* Donner 170
**torturer** *tɔrtü'reh* quälen
**tôt** *to* früh
**total** *tɔ'tal* völlig
**toujours** *tu'schur* immer *62*
**tour** *f* Turm 116 127
**tour de ville** *m* Stadtrundfahrt
**tourne-disque** *m turne'dißk* Plattenspieler 139
**tournée** *62*
**tourner** abbiegen 102 103
**tournevis** *m* Schraubenzieher 106
**tousser** *tu'ßeh* husten *180*
**tout** *tu* alles
**tout à coup** *tuta'ku* plötzlich
**tout à la fois** *tut_a la fo'a* auf einmal
**tout complet** *37*
**tout de suite** *tudßü'it* sofort
**tout droit** geradeaus 22
**trace** *f* Spur 103
**traduire** *tradü'ir* übersetzen
**trafic** *m tra'fik* Verkehr
**tragédien** *m* Schauspieler 136
**train** *m* Eisenbahn 87 *20 92*
**traîner** schleppen 103
**traitement** *178*
**traiter** *trä'teh* behandeln
**tram** *m* Straßenbahn 31
**tranquille** ruhig 37
**transmission** *f* Übertragung 141
**travail** *m tra'waj* Arbeit
**travailler** *trawa'jeh* arbeiten
**traverser** *travär'ßeh* überqueren
**trente** *trãt* dreißig
**trépied** *m* Stativ 160
**très** sehr *52 97*
**tresse d'ail** *f* Knoblauchbund 78
**tribunal** *m* Gericht 184
**tricot de corps** *m* Unterhemd 84
**tricoté,e** gestrickt 82
**tripes** Innereien 58 80
**triste** *trißt* traurig
**trivial** *triw'jal* ordinär
**trois** drei
**tromper (qn)** *trõ'peh* irren (betrügen)
**tromperie** *f trõp'ri* Betrug
**trop** *tro* zu
**trop cher** *37 39*
**trottoir** *m* Bürgersteig 102
**trou** *m tru* Loch
**trouver** *tru'weh* finden *29 75*
**truc** *m* Ding 156
**tu** *tü* du *19*
**tunnel (de lavage)** *m* Tunnel (Waschstraße) 110
**turbot** Steinbutt 59
**tutoyer** *166*

## U

**ultérieur** *ültehri'ɔr* weiter
**un peu** *33 72*
**uni** *uni* 83
**unique** *ü'nik* einmalig
**université** *f* Hochschule 116 147
**urgent** *ür'schã* dringend *177*
**urine** *f* Urin 181
**usé** abgenutzt 105
**usine** *f lü'sin* Fabrik
**utile** *ü'til* nützlich
**utiliser** *ütili'ßeh* benutzen

## V

**vacances** *f wa'kãß* Ferien *97 146*
**vache** *f* Kuh 173
**vagin** *m* Vagina 181
**vague** *f* Welle 98 124 *122*
**vaisselle** *f wä'ßäl* Geschirr
**valable** gültig
**valeur** *f wa'lɔr* Wert
**valise** *f* Koffer 89 *28*
**vallée** *f* Tal 113
**valve** *f* Ventil 109
**variable** veränderlich 171
**veau** Kalb 58
**veiller** *wä'jeh* wach sein
**venaison** Wild 58
**vendeur** *m* Verkäufer 169
**vendre** verkaufen 169
**vendredi** Freitag 24 *86*
**venir** *we'nir* kommen *13 19 20*
**vent** *m* Wind 171 *126*
**vente** *f wãt* Verkauf
**venteux** *wã'tö* windig
**ventre** *m* Bauch 181
**vérifier** überprüfen 106 *110*
**vérité** *f wehri'teh* Wahrheit
**verre** *m* Brillenglas 53 *52 71*
**(ren)verser** umkippen 103
**vert,e** grün 83
**vertikal** *wärti'kal* senkrecht
**veste** *f* Jacke 84
**vestiaire** *m* Garderobe 136
**veston** *m* Sakko 84
**vêtements** *m* Bekleidung 83 185
**viande** *f* Fleisch 57 80
**vidange** *m* Ölwechsel 108
**vidanger** entleeren (Tank)
**vide** *wid* leer
**vie** *f wi* Leben *158*
**vieu,vieille** *wjö,wjäj* alt
**vif** *wif* lebhaft
**village** *m* Dorf 21
**ville** *f* Stadt 21 *90*
**vin** *m* Wein
**vinaigre** *m* Essig 53
**violet** violett 83
**virage** *m* Kurve 103
**vis** *f* Schraube 106
**visa** *m* Visum 29
**visage** *m* Gesicht 181
**visite** *f* Besuch 29 115 *114*
**visiter** besichtigen/besuchen 115 *113 114*
**vitesse** *f wi'täß* Geschwindigkeit
**vitrine** *f witre* Schaufenster
**vivre** *wiwre* (er)leben 145
**vivres** *m wiwre* Lebensmittel
**voyage** *m woa'jasch* Reise
**voie d'écoulement** *f* Abfluß 46
**voilà** *39*
**voile** *f* Segel 127
**voir** *39*
**voiture** Auto 46 88 *39 33* 104
**voiture-couchettes** *f* Liegewagen 93
**voix** *f* Stimme 181
**vol** *m* Diebstahl 184 *94*
**vol (de ligne)** *m* (Linien-) Flug 96
**volaille** *f* Geflügel 80
**volant** *m* Lenkrad 108
**voler** *wɔ'leh* stehlen *184*
**voler** fliegen 96
**voleur** *wɔ'lɔr* Dieb 184
**volleyball** *m* Volleyball 122
**voltage** *m* (Netz-) Spannung 43
**votre** *28*
**vouloir** *wulo'ar* wollen *14 17*
**vous** *23*
**voûte** *f* Gewölbe
**voyage** *86*
**voyager** reisen 87
**voyageur** *m* der/die Reisende 87
**vrai** *wrä* echt
**vraiement** *wrä'mã* wirklich
**vue** *f* Aussicht 43

## W

**wagon (-lit)** *m* (Schlaf-) Waggon 92 93
**week-end** *m wik'änd* Wochenende 24

## Y

**yacht** *m* Jacht 87
**yaourt** *m* Joghurt 80
**yeux** Augen 181

## Z

**zéro** null
**zinc** *m sãk* Theke
**zone (piétonne)** *f* (Fußgänger-) Zone 21

# Index